当代中国乡村教育研究

DANGDAI ZHONGGUO XIANGCUN JIAOYU YANJIU

李 森 张鸿翼 主编

SPM 南方出版传媒

全国优秀出版社　全国百佳图书出版单位　广东教育出版社

·广州·

图书在版编目（CIP）数据

当代中国乡村教育研究／李森，张鸿翼主编. —广州：
广东教育出版社，2018.12
ISBN 978-7-5548-2347-7

Ⅰ. ①当… Ⅱ. ①李… ②张… Ⅲ. ①乡村教育—研
究—中国 Ⅳ. ①G725

中国版本图书馆CIP数据核字（2018）第142210号

策　　划：李朝明　李敏怡
责任编辑：李敏怡
责任技编：黄　康
装帧设计：陈国樑

广东教育出版社出版发行
（广州市环市东路472号12-15楼）
邮政编码：510075
网址：http://www.gjs.cn
广州市岭美彩印有限公司印刷
（广州市荔湾区花地大道南海南工商贸易区A幢）
787毫米×1092毫米　16开本　23.25印张　465 000字
2018年12月第1版　2018年12月第1次印刷
ISBN 978-7-5548-2347-7
定价：59.00元
质量监督电话：020-87613102　邮箱：gjs-quality@gdpg.com.cn
购书咨询电话：020-87615809

前　言

第六次全国人口普查数据显示，我国居住在乡村的人口占总人口的50.32%。关注乡村教育，对于促进教育公平和增进社会和谐有着重要的意义。鉴于此，我催生了写作一本《当代中国乡村教育研究》的想法。在这些年的教育教学实践中，我更深切感受到加强乡村教育研究的重要性和紧迫性。于是，我做出了一些尝试性的努力，围绕着乡村教育的基本理论和现实问题发表了系列文章，指导了系列博士、硕士学位论文。本书就是在所发表文章和系列学位论文的基础上写成的。

关于当代中国乡村教育探讨的问题，学者见仁见智。在我看来，它所要解决的首要问题是乡村教育是什么、乡村教育问题在哪里（为什么）、乡村教育怎么办的问题。首先，乡村教育是什么，即乡村教育的本体追寻和乡村教育的价值取向探讨问题。基于乡村教育的内涵、乡村教育的特征和乡村教育的战略选择，进行了乡村教育的本体探寻；基于国家价值取向、社会价值取向和育人价值取向，进行了乡村教育的价值取向探讨。其次，乡村教育问题在哪里，是社会和广大研究者关注的重要课题，其中涉及乡村教育的现实困境、乡村学校师生关系、乡村学校教师专业发展、乡村学校教学资源开发、乡村教育教学改革、乡村教育教研形式等。还有一个问题不能回避，就是乡村教育的质量问题，即乡村教育的质量和乡村教育的效果怎样，好还是差，好在哪里，差的程度怎么样，需要通过教育评价来进行检测和判断，这就牵涉乡村教育质量监测问题。最后，是乡村教育怎么办的问题。需要根据乡村教育发展的基本规律，来对乡村教育的未来发展做出判断。以上问题，既有乡村教育的基本理论问题，也有乡村教育实践问题。探讨乡村教育理论和实践问题，是乡村教育研究的重要任务。

根据上述思路，本书在体系上由五个板块构成，共十章。第一章、第二章和第三章为本书的第一板块，主要探讨乡村教育的本体论问题，即探讨乡村教育的基本概念、乡村教育的基本特征、乡村教育的战略选择、乡村教育的现实困境以及乡村教育的国家价值取向、乡村教育的社会价值取向、乡村教育的育人价值取向、乡村教育价值取向的实现理路等。第四章和第五章为第二板块，主要探讨乡村教育的主体及乡村学校教师专业发展问题，包括乡村学校师生关系、乡村学校关怀型师生关系、乡村学校教师教学胜任力现状调查、乡村学校教师教学胜任力提升的主要依据、乡村学校教师教学胜任力提升的影响因素、乡村学校教师教学胜任力提升的基本路径等。第六章、第七章和第八章为第三板块，主要探讨乡村教育教学资源、教学教研问题，包括乡村学校教学资源开发、乡村学校教学改革、乡村学校校际联合教研形式等。第九章为第四板块，主要探讨乡村教育质量监测问题，包括乡村教育质量监测内涵与功能、乡村教育质量监测的特点、乡村教育质量监测体系构建等。第十章为第五板块，主要探讨乡村教育发展趋势，包括乡村教育发展的基本规律和乡村教育发展的趋势。

本书的特色主要表现在以下几个方面。第一，对乡村教育进行了系统研究。乡村教育是由乡村教育本体论、乡村教育价值论、乡村教育主体论、乡村学校教师专业发展、乡村学校教学资源、乡村学校教学改革、乡村教育教学研究和乡村教育质量监测等相互联系所构成的有机整体。这反映在本书内容即体例上，既有乡村教育的本体论、价值论，也有乡村教育教学改革、教学研究和质量监测等实践问题，从而全方位地探讨了乡村教育的理论与实践问题。第二，吸收了国内外最新研究成果，丰富了乡村教育研究的内容。如教师教学胜任力、学生有效学习教学策略、城乡学校校际联合教研、乡村教育质量监测等最新研究成果在书中都做了介绍，拓展了乡村教育研究的视野。第三，坚持继承与创新相结合，突出当代性。当代中国乡村教育研究是建立在已有乡村教育研究成果基础之上的，没有传统中国乡村教育研究，就没有当代中国乡村教育研究。传统中国乡村教育和当代中国乡村教育是相互依存、对立的统一。第四，对乡村学校关怀型师生关系、乡村学校教师专业发展、乡村学校数字化教学资源开发、乡村教育教学改革、城乡学校校际联合教研等进行了实证调研，根据实证调研结果提出了相应的对策和建议。

在写作过程中，我们参考了国内外许多学者的研究成果，本书研究团队为本书收集或整理了不少资料。本书由李森拟定提纲，各人具体分工如下：李森（前言、第一章、第二章第一节），杜尚荣（第二章第二节），王天平（第三章），陈丹（第四章），韦庆灵（第五章），张琴（第六章），淡培哲

（第七章），董静静（第八章），李怡明（第九章），张鸿翼（第十章）。最后由李森、张鸿翼统稿和定稿。本书的出版得到了广东教育出版社李朝明副社长及编辑李敏怡、熊力闻的大力支持，在此对他们表示衷心的感谢！

李　森

2017年9月

目　　录

乡村教育本体追寻

乡村教育是乡村社会的有机组成部分，对乡村儿童的健康发展、乡村文化的传承与创新，以及乡土社会的重建发挥着举足轻重的作用。然而，在新型城镇化进程中，我国乡村教育遭遇着诸多现实困境，严重制约着城乡教育的一体化发展和新型城镇化的内涵式推进。因此，明确新型城镇化进程中我国乡村教育可持续发展的战略意义，厘清我国乡村教育的内涵、特征，探讨新型城镇化进程中我国乡村教育可持续发展战略，有助于促进我国乡村教育的健康发展，推进城乡教育的均衡与公平。

第一节　乡村教育的内涵

可持续发展概念于20世纪60年代末被提出，20世纪80年代在相关政府文件中出现，到20世纪90年代，尤其是《21世纪议程》的出台，可持续发展概念被广泛接受，并在经济、社会、环境与生态等领域被大量使用。目前，学界普遍认同和使用的定义是由世界环境与发展委员会（WCED）于1987年在《我们共同的未来》的报告中提出的概念，即认为可持续发展是指"既满足当代人的需求，又不对后代人满足其自身需求的能力构成危害的发展"。可持续发展概念内涵丰富，蕴含着人与自然、人与社会、人与人的和谐共处与协同发展之意，旨在"探寻人类活动的理性规则，人与自然的协同进化，发展轨迹的时空耦合，人类需求的自控能力，社会约束的自律程度，以及人类活动的整体效益准则和普遍认同的道德规范"等内容，通过平衡、自制、优化与协调，最终达到人与自然之间的平衡、人与社会之间的协同以及人与人之间的公正。基于此，新型城镇化进程中我国乡村教育可持续发展是指立足于新型城镇化的时代背景，乡村教育与新型城镇化建设、乡村教育与城市教育以及乡村教育系统自身的动态平衡与协同共进，从而充分发挥乡村教育的乡村重建和乡土文化传承功能，促进乡村儿童的健康成长。具体而言，新型城镇化进程中我国乡村教育可持续发展具有三层意蕴：

首先是特定的时代背景。新型城镇化建设是国家的大政方针和战略举措，它既为我国乡村教育的可持续发展创造了机遇，同时也带来了诸多挑战，全面评估新型城镇化对我国乡村教育可持续发展的影响以及深度分析我国乡村教育对新型城镇化建设的价值是促进我国乡村教育可持续发展的关键。因此，新型城镇化建设与乡村教育发展的动态平衡是我国乡村教育走出边缘境地的前提以及乡村教育可持续发展的重要保障。

其次是多重关系之间的协调统一。新型城镇化进程中我国乡村教育可持续发展蕴含三类关系：一是时间维度上乡村教育的历史、现状与未来的关系；二是空间维度上乡村教育与全球化发展、新型城镇化建设的关系，乡村教育与乡村社会之间的关系，乡村教育与城市教育的关系以及乡村教育系统内部的关系；三是价值维度上乡村教育的传统与现代、后现代的关系，乡村教育的先进文化与落后糟粕的关系等。在新型城镇化进程中，我国乡村教育可持续发展蕴含着错综复杂的关系之间的和谐与统一。因此，诸多关系之间合理张力的形成与运作是修复乡村教育系统与其他系统断裂问题，实现乡村教育整体性与开放性发展的关键，也是我国乡村教育可持续发展的核心内容。

再次是任重而道远的责任。在新型城镇化进程中，我国乡村教育可持续发展意味着任重而道远的责任担当。一方面是乡村教育的本体责任，即乡村教育通过改革和完善，提升教育质量，从而有效地培养健康向上的乡村儿童，使其更好地融入现代文明，成为和谐社会的建设者和享受美好生活的幸福人。另一方面是乡村教育的延伸责任。作为乡村社会的有机组成部分，乡村教育必然承担着乡村社会建设的责任，即通过自身的文化优势，为乡村社会的发展提供智力支持；作为文化的重要传播方式之一，乡村教育势必担负着乡村文化的传承与创新责任，即乡村教育不仅要善于整理、保存和传播历史悠久的乡村文化，并赋予其新的时代意义，而且还要通过对乡村文化的开发、乡土教材的编撰等，不断创新乡村文化，并通过学校教育、社区教育的形式使乡村文化得以传承和创新；作为社会风尚的引领者，乡村教育必然担负着缔造健康的乡村风俗与构建积极的乡村文明的责任，即通过社会主义核心价值观与优秀文化的宣传、社区文艺活动的举办、传统文化节日的回归等方式，塑造积极向上、幸福和谐的乡风文明，从而促进乡村社会的长治久安与国家的和谐稳定。因此，多重责任的自觉担当是我国乡村教育回归乡土本质、张扬乡土意蕴与融入现代文明的重要举措，也是我国乡村教育可持续发展的应有之义。

第二节　乡村教育的特征

事物的表征是事物基本性质的体现，也是一事物区别于其他事物的关键特质。通过对事物表征的甄别与剖析，有助于全面掌握事物的现实样态与深入理解事物的深刻本质。新型城镇化进程中我国乡村教育可持续发展并非是线性的、机械式的与分割式的发展，而是一种整体性、关系性与协同性的系统化提升。具体而言，新型城镇化进程中我国乡村教育可持续发展具有如下四重表征：

第一，整体性。系统论专家贝塔郎菲（Bertalanffy）认为，所谓的系统是指整体，是由密切相关的各部分有机构成的统一体。我国著名科学家钱学森指出，"系统是由相互作用和相互依赖的若干组成部分合成的具有特定功能的有机整体，而且这个系统本身又是它所从属的一个更大系统的组成部分"。由此可见，整体性是系统的基本表征，系统是各要素有机构成的整体，具有特定的功能，系统的整体功能大于部分功能，因而整体性是系统各个部分有机构成、良性运转与功能发挥的保证。新型城镇化进程中我国乡村教育可持续发展是一种整体性的发展，主要表现在三个方面：一是突破空间间隔，即立足全球化的时代背景、新型城镇化建设的当下场境与城乡教育一体化发展的趋势，我国乡村教育跳出乡村社会的空间局限，高瞻远瞩，谋求全局性和整体性的长远发展。二是注重时代定位，通过梳理与剖析乡村教育发展的历史经验，检视与反思当下乡村教育发展的现实问题，想象与展望乡村教育发展的未来愿景，从而把握我国乡村教育发展的时代定位，实现历史、现实与未来的整体性统一。三是统整乡村教育系统内部各要素，通过结构的优化重组，实现乡村教育功能的最大化。

第二，开放性。开放性是系统实现动态平衡的前提，是系统与外部环境实现物质、能量与信息自由顺畅地输入和输出的基本属性。开放性是系统打破封闭格局，实现系统与环境双向互动的关键，是系统运转动力得以源源不断地输入和系统自我更新的保证。新型城镇化进程中我国乡村教育可持续发展体现出开放性的特征，主要表现在摄入和输出两个方面：前者是指乡村教育随着全球格局的变动与社会政治、经济、文化的革新而不断汲取最新信息，调整战略、重组结构，从而积极应对和适应环境的变化；后者是指基于对外部环境和时代发展的科学研判，乡村教育通过文化创新、人才培养、社会服务等促进乡村社会的建设和新型城镇化的内涵式发展。因此，通过物质、能量和信息的输入和输出，推进乡村教育与外部环境的动态平衡与和谐发展，是乡村教育开放性的必然状态，也是新型城镇化进程中我国乡村教育可持续发展的应然诉求。

第三，自组织性。自组织是有机体的基本功能，是有机体维持运行活力，确保系统自身与外界环境保持动态平衡的前提。在有机体与外界进行物质、能量和信息的交换过程中，由于两者之间的不对称性和差异性，致使有机体与外界之间的平衡态被打破，使得有机体偏离生态位，阻碍有机体的良性运行。然而，有机体能够合理地发挥自组织功能，通过物质、能量和信息的调控，促进有机体与外部环境建立新的平衡态，从而维持有机体的生机与活力。新型城镇化进程中我国乡村教育可持续发展具有自组织性的特征，这不仅是外部环境的现实要求，更是我国乡村教育可持续发展的内在本性。譬如，随着新型城镇化建设和城乡一体化发展，国家在广大农村地区实施了"撤点并校"政策，以期通过乡村学校的结构调整，促进教育资源的优化配置，从而提升教育质量。但考虑到儿童的适应能力、家校距离、成本分担等因素，部分乡村学校并未实施简单的学校撤并，而是因地制宜和因时而行。因此，新型城镇化进程中我国乡村教育可持续发展的自组织性主要体现为乡村教育能够根据外部环境的变化，因地适时地调整策略，保持与外部环境的动态平衡。

第四，公平性。公平性是可持续发展的内在属性，可持续发展意指既满足当代人的需求，又不对后代人满足其自身需求的能力构成危害，强调同代之间和代际之间实现资源共享和合理分配。处于同一地球空间的人们，公平地获得自我发展和参与社会事务的机会，平等地享有各项基本权利。新型城镇化进程中我国乡村教育可持续发展是一种公平性的发展，主要体现在三个方面：一是在政策上，国家制定和实施城乡教育公平发展的政策，并适当向乡村教育倾斜；二是在资源配置上，重视和加强乡村教育基本实施建设，建设标准化学校，提供足够的经费支持，同时引进优秀的教师资源，确保师资质量水平；三是在发展机会上，乡村教育与城市教育均等地享有各种发展机会，如学校信息化建设、教改试验、教师培训等。

第三节　乡村教育的战略选择

战略是指具有整体性、全局性、远见性和实效性的行动纲领和策略体系。它基于对历史背景和现实情境的全面细致分析，从而高屋建瓴地预测未来发展趋势；它既是对事物发展的宏观把握，也是缩小事物发展的现实状态和目标状态之间差距的行动路径。新型城镇化进程中我国乡村教育可持续发展战略是指在充分汲取乡村教育发展历史经验，立足于新型城镇化现实背景的基础上，对当前及未来乡村教育可持续发展的整体性预测和多维行动路向。具体而言，新型城镇化进程中我国乡村教育可持续发展战略包括理性定位战略、有效决策战略、主体联动战略与合理调控战略。

一、新型城镇化进程中我国乡村教育理性定位战略

《中庸》有言："喜怒哀乐之未发，谓之中；发而皆中节，谓之和。中也者，天下之大本也；和也者，天下之达道也。致中和，天地位

焉，万物育焉。"由此可见，"中和"之道使事物各安其位，从而孕育外物。《中庸》提出的"中和"之道、"位育"之道，表明万物的动态平衡与生机勃兴在于"中和"的境界和合理的定位。因此，合理定位是事物维持平衡态的关键，新型城镇化进程中我国乡村教育可持续发展的前提在于合理的定位。首先是角色定位。只有正确的角色定位，才能形成合理的角色认同。乡村教育是国民教育的重要组成部分，是我国教育体系的有机构成，包括村落中的学前教育、小学教育，以及乡镇的学前教育、义务教育和高中教育。乡村教育与城市教育承担着共同的责任，享有平等的权利，这是乡村教育消除内、外部边缘化的基础。其次是时代定位。当前，我国乡村教育可持续发展以全球化为时代背景，以新型城镇化建设为现实场景。在此基础之上，我国乡村教育可持续发展需要抓住全球化和新型城镇化建设的时代契机，以西方发达国家新型城镇化建设和乡村教育发展的经验为借鉴，充分利用现代文明技术，推进乡村教育的现代化发展。再次是价值定位。在明确乡村教育角色定位的基础上，充分认识我国乡村教育的战略性价值，尤其是对构建和谐社会、推进新型城镇化建设以及实现国家现代化发展等发挥的积极作用。同时，我国乡村教育可持续发展有助于推进教育治理体系和治理能力的现代化，从而构建现代化的国民教育体系。最后是目标定位。新型城镇化进程中我国乡村教育可持续发展肩负多重责任，其目标在于：一是构建和完善乡村教育治理体系，提升乡村教育质量，促进乡村儿童健康发展；二是通过乡村教育与城市教育的交流、互动和资源共享，推进城乡教育均衡与公平发展；三是通过乡村文化进学校、进课堂等形式，传承、传播和创生乡村文化；四是疏通乡村学校与乡村社会的有机联系，通过两者的有效互动，促进文明、和谐乡村社会和新型城镇化的建设。因此，在对新型城镇化进程中我国乡村教育可持续发展进行合理定位的基础上，需要构建符合乡村教育可持续发展的科学道路，在国家教育发展规划中彰显乡村教育的战略意义，提高乡村教育在国家教育发展布局中的战略地位，使之上升为国家发展战略，从而在政策上为我国乡村教育可持续发展提供有力保障。同时，在制定教育整体发展战略中，消除乡村教育的边缘化状况，秉承城乡教育一体化发展理念，推进乡村教育的信息化发展，提升乡村教育的现代化水平。

二、新型城镇化进程中我国乡村教育的有效决策战略

决策是指人们在改造客观世界和主观世界的过程中，以对事物发展规律及主客观条件的认识为依据，寻求并决定某种最优化目标和行动方案，它是人们基于对过去和现在实践的认识，并对未来做出科学预测的基础上见之于客观行动之前的主观活动，是决策者制定、选择和实施行动方案的一种系统的、完整的与动态的过程。新型城镇化进程中我国乡村教育可持续发展的决策战略包括信息收集和研判、决策方案形成和决策方案实施三方面内容。信息收集和研判是指通过对历史经验的借鉴、现实背景的分析和未来趋势的评估，从而判断事物的发展路向并做出合理的选择；决策方案的形成是指决策主体在对决策信息进行全面深入分析的基础上，通过讨论、辩护、表决等方式制定决策方案的过程；决策方案的实施是指通过上传下达、内外衔接、协力推进方案落实的过程。新型城镇化进程中我国乡村教育可持续发展必须充分发挥有效决策战略的积极作用，才能够制定科学的发展政策和实施方案。首先，需要发挥各级力量，深入乡村社会，走进乡村学校，深度调研乡村教育的发展现状，合理借鉴乡村教育发展的历史经验，全面分析乡村教育与全球化发展、新型城镇化建设以及城市教育的内在关系，为我国乡村教育可持续发展奠定扎实的决策信息。其次，多方决策主体（教育行政官员、城乡学校领导、教师代表、社会人士代表、家长）围绕我国乡村教育可持续发展的问题展开充分的讨论、辩护、批判，并通过民主表决的方式形成决策方案。最后，将决策方案以政府政策、学校发展规划纲要的形式颁布，并通过逐级下达、部门衔接与相互监督等方式，推进决策方案的实施。

三、新型城镇化进程中我国乡村教育的主体联动战略

联动即联合行动之意,是指相关主体通过协商、审议、合作等方式协同应对和处理问题的过程。新型城镇化进程中我国乡村教育可持续发展需要多方主体的协同联动,才能形成正向的合力,推动乡村教育充满活力的、持续性的和健康的发展。具体而言,新型城镇化进程中我国乡村教育可持续发展的主体联动战略包括横向联动战略和纵向联动战略。横向联动战略包括乡村教育与社会政治、经济、文化的联动以及乡村教育与城市教育的联动:在乡村教育与社会政治、经济、文化的联动方面,由于乡村教育以基础教育为主体,因而主要是通过奠定乡村儿童的知识基础与能力基础,提升乡村儿童的综合素养,为高一级学校输送人才,从而间接为社会的发展培养合格人才。同时,由于一部分人接受基础教育后将进入社会,参与社会建设,因此乡村教育,尤其是高中教育需要考虑社会的需求,合理设置课程与调整教学方式等,促进乡村教育与社会的有机衔接。在乡村教育与城市教育的联动方面,由于乡村教育处于弱势地位,需要建立乡村教育与城市教育之间的平等关系,从而实现互促互进。一方面,通过构建城乡教育交流机制,如校长轮岗制、教师轮岗制、责任考核制、奖励推进制等,推动城乡校长、教师之间的交流,促进优秀管理资源和教师资源的公平共享;另一方面,通过合理和优化配置城乡教育资源,充分发挥城市学校的示范帮扶作用,引领乡村学校的发展。纵向联动战略主要是指中央教育行政部门、地方教育行政部门、学校、社区等的有机联动。纵向联动战略是确保政策方案顺利实施的保障,是各级部门实现信息互通共享、提高政策执行效率的关键。新型城镇化进程中我国乡村教育可持续发展的纵向联动表现在平等的审议协商制度、自上而下的政策下达制度和自下而上的反馈制度。平等的协商审议制度是指乡村教育发展的相关责任主体就乡村教育的问题进行集中研讨和审议;自上而下的政策下达制度是指在政策制定和纲要规划

的基础上，通过逐级下达，各级部门有效地执行相关政策；自下而上的反馈制度是指在政策执行过程中，基层部门对政策实施后的效果和存在的问题及时上报，从而进一步修改和完善政策。因此，新型城镇化进程中我国乡村教育可持续发展需要各级部门互通信息、上传下达，科学制定发展政策，并促进政策的有效执行。

四、新型城镇化进程中我国乡村教育的合理调控战略

调控即调节控制之意，是指主体运用各种手段对对象进行调节和控制，使其符合事物发展规律的过程。新型城镇化进程中我国乡村教育可持续发展的调控战略是指相关主体充分利用政策、经济、行政、法律等手段，对影响和制约乡村教育可持续发展的相关因素进行调节和控制，从而协调和处理乡村教育发展面临的各项复杂关系，使乡村教育系统内部和外部形成和谐关系，并保持动态平衡。新型城镇化进程中我国乡村教育可持续发展的关键在于如何处理好乡村教育与新型城镇化建设、乡村教育与城市教育以及乡村教育系统内部各要素之间的复杂关系。这些关系错综交织，任何因素发生变化都可能打破系统的动态平衡，影响乡村教育的可持续发展。因此，为了在整体上全面处理好这些关系，就需要充分发挥调控战略的积极作用。调控战略包括两种基本方式，即人为调控战略和环境调控战略。前者是指相关教育主体在全面调研的基础上，遵循教育规律，对乡村教育系统及其各种复杂关系进行有目的、有计划的调节和控制；后者是指乡村教育的外部环境，如乡村社会、新型城镇化、产业结构等根据乡村教育是否满足其需求水平，来决定对乡村教育的投入而实现的调控，即社会政治、经济、文化与科技等对乡村教育的反作用而实现的调控。人为调控是一种自觉自为的调控，具有目的性、主动性、计划性与全面性等特点，而环境调控则是一种自在自发的调控，遵循市场规律和产业结构平衡规律，体现出盲目性、片面性与随意性等特征。因此，新型城镇化进程中我国乡村教育可持续发展需要综

合利用人为调控战略和环境调控战略，才能推动乡村教育持续健康地发展。首先，在人为调控方面，教育行政部门需要充分运用政策、法律、经济等手段，如颁布政策、实施规划、调配资源等方式调控乡村教育的发展目标、课程教学以及各项错综复杂的关系等方方面面的内容。其次，在环境调控方面，相关主体需要充分关注与研究乡村教育外部环境的特点、需求以及趋势，发挥环境调控的积极作用，从而构建乡村教育内、外部环境之间的和谐关系。再次，由于人为调控和环境调控并非截然分开的关系，因此，促进两者的有机结合和高效运用，才能实现调控效果的最大化，促进乡村教育的良性发展。

乡村教育现实困境

XIANGCUN JIAOYU XIANSHI KUNJING

陶行知先生曾说，"乡村学校做改造乡村生活的中心，乡村教师做改造乡村生活的灵魂"。在传统社会中，乡村教育是乡村社会的有机构成部分，是乡村社会的文化中心，更是乡村人民的殷切"希望"。乡村教育扎根于乡村社会，与乡民生活融为一体，与乡村社会共治共荣。随着社会进程的推进，受城乡二元结构的制约，相对于城市而言，乡村已经成为"落后"的代名词，乡村教育正经历着多重边缘化，处于乡村社会中名副其实的边缘境地。

第一节　乡村教育的现状

一、乡村教育的"边缘化"问题

首先，由于受地理位置的制约，乡村教育正经历着地理的边缘化。乡村社会远离城市中心，尤其是"老少边穷"地区，更是与城市相距甚远，相对于城市教育而言，乡村教育正处于地理的边缘位置，导致乡村教育难以获得应有的发展机会，成为现代文明的"离弃者"。其次，由于受现代城市思维的影响，乡村社会意味着"落后""愚昧""贫穷"，乡村教育的灵魂，即身处乡村社会的乡村教师难以形成合理的身份认同，导致乡村教师身份的边缘化，这是乡村教育边缘化的现实表现。一方面由于地理或者人际交往的原因，乡村教师与城市教师联系较少，另一方面由于乡村社会的发展，尤其是现代文明在乡村的渗透，导致乡村教师很难涉足乡村事务。因此，在一定程度上而言，乡村教师处于城市与乡村的双重边缘位置，无论在名义上，还是现实中，乡村教师都不属于城市，这无疑加剧了乡村教育的边缘化。再次，尽管国家大力呼吁关注乡村教育，如在乡村教师方面，开展寻找"最美乡村教师"活动，实施乡村教师生活补贴等，但这些都仅是杯水车薪。在一定程度上而言，"道德刺激"或者"道德绑架"是对乡村教师最大的不公平，乡村教师首先是作为个体的人而存在，然后才是作为培养乡村儿童、建设乡村社会的教师，乡村教师不仅需要崇高的师德，同时也有基本的生活、健康与精神需要。最后，在国家颁布的相关政策中，关于乡村教育的条款较少，乡村教育处于制度的边缘是一个毋庸置疑的事实。在《国家中长期教育改革和发展规划纲要（2010—2020年）》等政策文件中，

"乡村教育"的字眼已被"教育"二字遮蔽，或者也仅仅是由"重点发展农村学前教育"寥寥数语覆盖，这种普遍化的规定实则是对乡村教育的遗忘。

二、乡村教育的"断裂化"问题

在传统社会中，乡村教育与乡村社会、乡土文化融为一体，不仅参与着乡村社会的建设，而且还发挥着乡土文化的守护和传承功能。乡村教育以自身的文化优势引领着乡村文化的发展。然而，伴随着现代文明的发展、社会流动的加剧、新兴文化的渗透以及乡村教育结构的改变，乡村教育逐渐远离乡村社会，乡村教育与乡村社会、乡土文化之间的天然纽带正被现代文明逐渐吞噬，乡村教育面临着结构上的"断裂化"问题。

首先，在乡村教育与乡村社会的结构上，乡村教育正疏离于乡村社会。一方面，由于现代文明的渗透，尤其是电视、计算机等媒介进入乡村社会，乡村人民可以较为便捷地了解国家大事和新兴信息，加上社会流动的加速，广大村民通过进城务工、创业等不仅给乡村社会带来了新的信息和奇闻趣事，而且部分致富能手成为乡村人民的榜样，这在很大程度上消解了乡村教育，尤其是乡村教师的文化权威，导致乡村教师被动地远离乡村、疏离村民，加剧了乡村教育与乡村社会的割裂和分离。另一方面，由于乡村社会的文化变迁，乡村人民对乡村学校、乡村教师的无意识疏离，致使乡村教师主动地远离乡村社会，成为乡村社会的"异乡人"和"寄居者"，乡村教师的活动范围逐渐地局限于学校之内，进一步肢解着乡村教育与乡村社会的天然纽带。其次，在乡村教育与乡土文化的结构上，乡村教育逐渐远离乡土文化，沦为乡土文化的"他者"和"陌路人"。乡土文化是乡村人民世代生活的历史积淀，是乡村社会的精神之根，濡化着一代代乡村人民。在传统社会中，乡村教育的主体乡村教师凭借着自身的文化优势，往往和乡村社会中德高望重的老者一同整理乡土文化典籍，参与主持各种乡村活动仪式。然而，随着乡村教师与乡村社会的疏离，乡村教师不仅为城市取向的教育内容所束缚，而且日益发达的网络文化无孔不入地笼罩着乡村教师的日常生活。在现代文明的冲击下，极具情境性、差异性与特色性的乡土文化呈现出衰落之势，乡村教育与乡土文化之间呈现出"断裂化"趋势。

三、乡村教育的"现代化"问题

随着城乡一体化进程的推进，乡村教育是为城市教育所"俘虏"，还是坚持走自己的路？是作为城市教育的翻版，还是保持自身的特色？是秉持自身的"优良传统"，还是彻底无根的"现代化"？这些问题时刻拷问着乡村教育。乡村教育是否该"现代化"，如何实现"现代化"？这是乡村教育遭遇和亟须解决的问题。

在全球化进程中，现代文明是时代发展的必然趋势。乡村教育如何处理好"现代化"问题，是乡村教育时代定位的关键。因此，乡村教育需要处理好传统与现代、后现代之间的关系问题。在乡村教育发展中，乡村教师的现代化问题尤为突出。由于乡村教师，尤其是年龄较大的教师谙熟并受益于传统文化，因此对传统文化保持着天然的敬畏情感，是传统文化的坚定拥护者。然而，现代文明的发展，新型城镇化进程的推进，势必要求乡村教师不断学习新的文化，掌握新式的教育教学手段。但是，由于乡村教师长期身处乡村社会，相对于城市教师而言，对现代文明的接触较少，对现代技术的掌握较为欠缺，尤其是在现代多媒体技术应用方面显得捉襟见肘，从而导致乡村教师形成对现代技术的抵触思维，部分年龄较大的教师甚至对现代技术持拒绝心态。此外，尤为值得关注的是，随着后现代文化的渗入，后现代思维方式深刻地影响着教师的教育教学。在日常教学中，如何处理好教师的引导与学生的建构、学生自主性的发挥等问题往往困惑着乡村教师。因此，如何传承优良的传统文化，积极地汲取现代文明，实现思维方式的现代转换是新型城镇化进程中我国乡村教育发展面临的关键问题。

第二节 乡村教育存在的主要问题

乡村孩子的教育是农民的一块"心病"，或者可以说是整个中国教育事业的"心病"。要根除这块"心病"，我们认为可从以下几个方面着手思考。

一、继续关注"普九"，着实扫除"后遗症"

逐年来，我国的"普九"工作已近尾声。然而，这个看似可以结束的工作却始终难以画上一个完整的句号。现实中，已经暴露出的"后遗症"，如欠下的教育债务、儿童失学率反弹等现象，必须引起我们进一步的关注。这些问题产生的原因是多方面的，但以下三个方面因素是最为突出的。一是为了"普九"而"普九"。"普九"期间，有的地方严重缺乏教师，而补充师资又是"普九"的一项重要指标，这样一些地方政府为了"按时保量"地完成任务，于是请了大量代课教师，甚至降低入教门槛，这样一方面大量不合格的人员流向教师队伍，同时也由于代课教师的增加而加大了教育开支，无形增加了教育机制运行负荷量。二是"新读书无用论"导致学生逐渐失去学习兴趣直至逃学，使失学率反弹。一些中小学毕业生面临"升学无望、就业无门、致富无术"的尴尬，加上大批大中专毕业生毕业就不了业而不得不回村待业，这更是让乡村孩子对学习失去最根本的动力（大多农村孩子读书的内在动力就是梦想将来走出农村进城找份好工作）。三是留守儿童的增加是导致乡村孩子失学率直线反弹最为重要的因素。随着改革开放的深入，乡村农民进城打工既时髦又潮流。可恰恰是这股潮流带走了乡村孩子的温暖，带走了孩子的"春梦"，有的甚至把孩子带进城当生活助手。那么，留给孩子的却是孤独、无助，是没人看管，即使有人管也是跟他们难以沟通的人（如爷爷、奶奶、叔叔、阿姨或代管人）。这样，孩子的心思早就不在教室里那朗朗的读书声中，连吃饭、做梦都在思念那帮时常混在一起的"铁哥们儿"，因为只有和这些人在一起，孩子才能感觉到兴奋和快乐，甚至才能感觉到自己的存在。

因此，我们认为，关注"普九"，关注乡村孩子的教育，不应该仅是学校的事，而应是整个社会公共协作下方能完成的事。至少应该重视以下几点：一是加强教师队伍改造，提高教师素质。教师素质的高低是决定教育教学效果好坏的关键性因素。因而，必须把师资队伍建设理所当然地纳入乡村教育问题解决中去。二是构建新型就业观。改变人们的就业观念，积极鼓励大家自主创业，消解乡村孩子心中的"读书无用"观念，让他们理解知识的重要性。三是加速乡村本土经济发展。从历史看来，长期务工不是农民的最佳出路，应该加大乡村本土经济的整合与开发。事实上，中国最大的经济资源应该在农村，农村有着极丰富的可开发资源，或者可以说未来经济发展的走向也是在农村。中国走城镇化发展道路是对的，但是不应当把"城镇化"机械地理解为农村人口大批量地向大城市转移。应当是大力发展乡村经济，使乡村自然资源得到充分高效的开发，从而把村民的注意力吸引到建设家乡的战线上来，以至吸引大量大学毕业生把就业倾向由必须在大城市就业转移到乡村建设上来。

二、深入课程改革，适应乡村教育需要

人们认为，教育是培养对社会有用的人才。确实，教育要为社会经济服务，至少当下的教育是这样的。在大力发展乡村经济建设理念的支持下，乡村教育必须立足于乡村现实条件。这就是说乡村教育应当是以乡村现有实际为基点，为了乡村建设的现实需要而进行的育人活动。那种脱离乡村实际的教育是危险的。韩少功先生这样说道："我发现精神爽朗、生活充实、实干能力强、人际关系好的乡村青年，大多是低学历的……如果你在这里看见面色苍白、人瘦毛长、目光呆滞、怪癖不群的

青年，如果你看到他们衣冠楚楚从不出现在田边地里，你就大致可以猜出他们的身份：大多是中专、大专、本科毕业的乡村知识分子。"这就是对脱离农村生活，以逃离农村为旨归的已有教育的最大嘲讽与报应。因此，必须对乡村教育的课程做相应的改革，让乡村教材在立足乡村实际的基础上，揭示知识的真理一面。具体来说，可以从这几个方面进行思考：一是为什么乡村课堂效果不好？可以从教材选材源上下功夫。虽然影响课堂效果的因素是多方面的，但是教材内容的生活化是一个重要性因素。这大概就是为什么×学生家旁边的那棵梧桐树能够成为他一生中难忘的经历，而全国公认的北京香山红叶却令他无动于衷的原因。二是为什么孩子学起来那么吃力？可以在教材趣味性上下功夫。事实表明，乡里孩子并不是不聪明，而是他们的兴趣点不在学习上。其实乡里孩子骨子里就有一股创造意识，因为，乡里孩子从小就在山地里摸爬滚打，玩具、工具等都得自己想办法造，就地取材，实地创新等。或许可以这样说，不是他们没有创新意识，而是他们的创新意识没有被正确而有效地引导到学习中。三是为什么孩子"不想上学"？可以从教材的教育性上下功夫。教材一定要注重教育性，而这种教育性不是像热爱科学、热爱劳动等口号式的，而是关注孩子们的实际生活，比如关注乡村孩子心理成长、考虑把家长纳入课程资源等。

三、重建现代化价值体系，丰富乡村人的精神生活

有学者针对乡村孩子精神世界的缺失做了这样的总结："问题出现在现在的年轻一辈的农民除了追求享乐外，没有什么大的理想，没有什么精神追求。但是二十年前的情况似乎还并不是这样的，之所以发生这种转变，恐怕是和社会制度上的变革有关系。"这启示我们，要理解乡村孩子的精神生活视界，还得追溯到社会制度层面。从社会经济学的角度来说，农村人民精神生活的这种边缘化现象，来自农民自我价值体系的异化。"农民对自我价值的认识完全趋于利益化，钱成了衡量自我价

值的唯一标准。这种私欲化、利益化的农民主体，对农村社会造成的破坏是非常严重的"。当农民被这种私欲化、利益化所驱使时，在他们之间很难形成一种强力的凝聚力，必定陷入一盘散沙的局面。人与人之间除了攀比就是猜忌，整个社会缺乏和谐的氛围。

可见，重构一种新型的现代化乡村价值体系势在必行。现在横行乡村的消费主义的意识形态，严重缺乏与之相抵的正面价值系统，乡村孩子的价值观念和生活方式也缺乏一个正确的引导。我们认为，人的思维方式变化从根本上决定着生活方法的变化，而人的思维方式的形成和发展又需要一种正向的价值观念的引导。可见，要改变乡村的生活方式，首先得建构一种他们能够认同、接受的价值体系。通过现代化乡村价值体系的重建，使乡村孩子摆脱消费主义和享受主义的腐蚀性的影响，从而养成一种健康的生活方式。当然，现代化价值体系的重建不能只局限于乡村内部，而必须对整个社会价值体系进行调整。同样，对消费意识形态的正向引导也不能限制在乡村社会当中，而必须在整个社会环境下展开，包括城市和乡镇，只有这样，把城乡统筹起来，共同构建正向的消费观念和消费意识，这样的努力才会产生根本性效益，才符合现代化发展趋势。

四、加大乡村教育投入，缩小城乡差距

乡村孩子接受教育的经费问题是乡村教育中最为核心问题之一。这个问题正不同程度地影响着乡村教育的发展。因此，我们还必须注意到以下几个方面的问题。

首先，是解决孩子教育消费问题。孩子的教育消费应该包括两个方面，一是孩子上学的学杂费问题，这个问题自全国实现免费义务教育以来已基本得以解决，但是这又引出了一个新的问题，那就是学校没了这笔来自学生的学杂费，而国家按每个学生划拨的有限的经费时常使得学校开支入不敷出，那些学生多的学校其办公经费相对多些，要是只有几

十个人的乡村学校（常常是没有工资的代课教师任教），这些经费一般连教师的基本生活都难以维持，可以想象这种状况下教师的积极性和努力能投入多少，而最终受影响的还是乡村的孩子。二是作为教育系统能够为孩子提供良好的教学资源的消费，比如电影、讲座、文艺演出、参观访问、科技创作等方面的消费。这消费看似与课堂教学无关，但在现代化视野下，能够为孩子提供这些消费对开拓孩子的知识视野、培养孩子的创新意识是绝对重要的。三是受教育机会均等问题。在教学资源的供应方面，乡村孩子比较少有接受优质教育的机会，整天就靠捧着教科书过日子，其他资源少之又少。很显然，一个赤脚和一个穿着跑鞋的运动员赛跑，结果显而易见。

其次，改善乡村教育条件，缩小城乡教育差距。教育条件涉及很宽泛，最关键和核心的问题所涉及的主要包括教学实施、教学手段、现代化的教育信息等，这些属于教学环境资源范畴。现在的乡村教育中少有或者说几乎没有现代化的教学手段和信息，整个乡村教育几乎处于"封闭""原始"的教学状态。特别是西部地区的网络大多只通到镇上，在村里不说孩子就是教师也难以接触到网络资源，绝大部分孩子连"PPT""投影仪"之类的信息化教学工具都没有听说过。这就要求我们必须加大乡村教育的经费投入。不仅解决乡村孩子的学杂费问题，还应注意到乡村教师的生活保障问题；不仅让乡村孩子"有书读"，还应该让他们"读好书"；不仅关注乡村孩子是否努力读书的问题，还应该关注他们读好书之后做什么的问题。只有给予乡村教育足够的关注，方能实现城乡孩子接受教育的相对公平。

五、重建现代化乡村文化，营造乡村教育本土氛围

"良好的教育需要学校文化与个人生存其中的隐性文化、本土文化的和谐与补充，个人周遭的缄默知识乃是个人成长重要的精神资源，在个人生命发育的过程中实际上有着无可替代的作用。"事实上，这句话

表明了这样一个意思，乡村教育所置身的乡村文化是由学校文化与乡村空间所隐含的隐性文化相互融合的共同体，而学生精神视野的蒙发也来自学校文化与他们所经历其中的本土文化之间相互和谐与补充的过程。具体来说，构成乡村文化的因素，主要包括四个方面：一是乡村独特的自然生态景观；二是置身自然生态系统下的村民们自然状态下的生存方式与行为；三是乡村生活中那些相对稳定的不断孕育与传递的民间故事、文化与情感的交流融合；四是通过学校教育实现的创新文化与本土文化的相互吸收与重组的过程。由此，乡村文化可以理解为这四个方面因素在相互交融、不断实现和谐中形成的文化生态系统。正如湖南师范大学刘教授所说，"乡村地域文化中原本就潜藏着丰富的教育资源。传统的乡村教育体系正包含着以书本知识为核心的外来文化与以民间故事为基本内容的民俗地域文化有机结合，外来文化的横向渗透与民俗地域文化的纵向传承相结合，学校正规教育与自然野趣之习染相结合，专门训练与口耳相授相结合，知识的启蒙与乡村情感的孕育相结合"。这就不仅表明了乡村文化的发展是一种外来文化与乡村本土化彼此融合的过程，更表明了乡村教育必须立足乡村本土文化，基于本土文化而又为了本土文化，在充分解读、吸收乡村本土文化内涵的基础上，不断挖掘和丰富深邃的乡村文化。

然而，由于乡村文化的异化与缺失，时常出现"抱着金娃娃讨饭吃"的现象。这就要求必须重建乡村文化，构建一种立足于乡村本土的现代化的新乡村文化气息，为乡村教育健康发展营造良好氛围。然而，要构建新型乡村文化，还必须做到两个方面：一是需要着实理解乡村社会；二是需要着实理解乡村孩子的知识视界。要通过构建新乡村文化空间，来充分引导乡村孩子在吸收乡村教育资源的同时，把自己真实地置身于乡村文化气息中，孕育一种深厚的乡村情感与意识，牢树坚定的文化自信与生存自信，而不是生活在对未来走出农村的想象中。

第三章

DI SAN ZHANG

乡村教育价值取向

XIANGCUN JIAOYU JIAZHI QUXIANG

在统筹城乡经济社会发展的背景下，新型城镇化、社会主义新农村建设、美丽乡村建设等都对乡村建设提出了美好的期望，迫切需要乡村社会发展实现华丽转身，从而妥善解决"三农"问题，实现农业现代化。不过，现实的情况是：与蓬勃发展的城市建设相比较，乡村建设显得式微，出现了乡村社会空心化、乡村经济边缘化、乡村文化城市化、乡村教育荒芜化等现象。而乡村教育对乡村社会具有不可替代的凝聚力，彰显着乡村社会的特色。在社会转型期，乡村教育在城市文明和乡村文明之间出现错位，传统的乡村文化被异化和撕裂，不能有效地支持乡村社会发展。这首先涉及乡村教育的价值问题。只有准确地厘清乡村教育的价值取向，恰当地定位乡村教育的价值，才能够有效地引领乡村教育健康、持续、和谐地发展，为乡村社会发展提供必需的精神引领和智力支持，从而构建新时代的美丽乡村。

第一节　乡村教育价值取向的内涵

要理解乡村教育价值取向，就有必要厘清教育价值、教育价值取向等基本概念，才能准确地分析乡村教育价值取向的内涵，并在此基础上系统地审视乡村教育价值取向的实然概貌。

一、教育价值

价值是对象性客体对于主体需求的满足程度。这是基于主客体关系说的。主客体关系有两个基本过程：一是主体客体化，指客体对主体的作用与影响；二是客体主体化，指主体对客体的作用与影响，后者是所谓"价值"的实质内容。[①]客体主体化是指主体依据自身的尺度，从物质与观念上去接触、影响、改造客体，在客体身上显现和直观自己的本质，使客体具有主体所赋予的特征，从而实现主体的发展。客体主体化具有鲜明的主体特征，因为任何价值现象的特点，都依主体的特点而形成，并主要表现出来自主体一方的规定性。[②]一是为我性，"当物按人的方式同人发生关系时，我才能在实践上按人的方式同物发生关系"。这表明价值是因"我"而存在的，为"我的发展"而服务。二是需要性，"'需要'产生于主体自身的结构规定性和主体同周围世界的不可分割的联系，是人的生存发展对外部世界及自身活动依赖性的表现"。这也说明价值的存在是源于主体自身发展对自身活动及外部世界的依赖性。三是效益性，主体的需要与目的通过客体转化成为现实的客观形态，客体同化于主体，客体为主体服务，价值就得以实现。

---

① 李德顺. 价值论：一种主体性的研究[M]. 北京：中国人民大学出版社，2013：43—45.

② 同上书，2013：57.

23

对于教育价值，受到广泛认可的是基于马克思主义的关系说的。教育价值属于关系范畴，客体是教育活动，主体是与教育活动关涉的个人与社会，两者的关系就是与教育活动关涉的主体的需要与教育活动这一对象性客体的属性之间的关系。从客体主体化的角度来看，教育活动关涉的主体依据自己的需要及目的、主体结构及其规定性，从观念、行为、活动等方面影响、变革、构建教育活动，使得教育活动显现和直观与教育活动关涉的主体的本质、特性等，从而促进与教育活动关涉的主体进步与发展。

二、教育价值取向

价值取向是"一定主体基于自己的价值观在面对或处理各种矛盾、冲突、关系时……所表现出来的基本价值倾向"。在这个意义上，教育价值取向是与教育活动关涉的主体基于自己的教育价值观，在面对或处理与教育活动有关的矛盾、冲突、关系时秉持的基本价值倾向。首先，教育价值取向内在地包含教育价值观。教育价值观是与教育活动关涉的主体基于自身的特定需求、主体所处的不同情境等对教育活动的"有用性"做出的判断。这为每一个主体评估、认可和支持特定的教育价值取向提供了内在的参照标准。其次，教育价值取向是基于与教育活动关涉的主体的共同需求的。有关的矛盾、冲突、关系是由不同主体的需求之间、主体的不同需求方面之间、主体的前后需求之间相互作用而产生的。与教育活动关涉的主体需要经过协商而调整自己的需求，形成教育利益适度化、均衡化的共同教育需求。再次，教育价值取向是教育活动关涉的主体根据自己的需求，在自身条件、所处环境、文化传统、社会特征等规约下形成的、代表社会发展方向的、处于优势地位的、共同的教育价值观念，这就构成了一种基本教育价值倾向。此外，这种教育价值倾向表明与教育活动关涉的主体的共同教育需求是基于教育活动的客观属性的，且可能实现的。

综上所述，从主客体关系的视角来看，教育价值作为客体主体化的过程，呈现出独特的主体性，而符合及满足主体共同教育需求的教育价值观在长期的教育认知活动与教育实践活动中则被凝结成为教育价值取向。教育价值取向在实质上是教育价值的一种属性或一种外在表现。由于教育价值观的差异与冲突根源于不同主体教育需求的差别与矛盾，不同主体基于自己的教育价值观处理与教育活动有关的矛盾、冲突、关系的过程，就是基于自身教育需求而进行教育利益博弈与协调的过程。因此，回到教育需求这一起点就能更为准确地从本质上分析教育价值取向。在这个意义上，可以这样看待教育价值取向：与教育活动关涉的主体根据各自的发展诉求、所处的现实环境、社会发展趋势等，通过利益博弈而形成了基本一致、共同的教育需求，这种共同的教育需求符合教育活动的客观属性，并且是通过努力而可能实现的，从而通过主客体关系的连接而在总体上构成了教育价值取向的观念系统。

三、乡村教育价值取向

乡村通常指人口稀少和分散的村落，以农业生产为主要经济基础，在行政区域规划上与城市和城镇相对应。乡村教育指乡村中与村民的生存与发展相关的教育体系，包括乡村学校教育、乡村成人教育、乡村职业教育等，其核心是乡村学校教育。乡村教育价值指与乡村教育活动关涉的主体的需要与乡村教育活动这一对象性客体的属性之间的关系，即乡村教育主体依据自己的需要及目的、主体结构及其规定性等，从观念、行为、活动等方面影响、变革、构建乡村教育活动，使得乡村教育活动显现和直观与乡村教育活动关涉的主体的本质、特性等，在此过程中使得乡村教育活动关涉的主体进步与发展。与乡村教育相关的主体包涵国家、社会、家庭、村民、学校、教师和学生等，这些主体在乡村教育需求方面存在差异，对乡村教育价值的认知表现出不同的样态，这就形成了乡村教育价值观。

乡村教育价值取向就是与乡村教育活动关涉的主体基于自己的乡村教育价值观，在面对或处理与乡村教育活动有关的矛盾、冲突、关系时秉持的基本价值倾向。从教育需求的角度出发，乡村教育价值取向指与乡村教育关涉的主体根据各自的发展诉求、所处的现实环境、社会发展趋势等，通过教育利益博弈而形成了基本一致、共同的乡村教育需求。当然，这种乡村教育需求是符合乡村教育的客观属性并可能实现的，在主客体关系范畴内构成了乡村教育价值取向的观念系统。

乡村教育价值取向作为一种优势的、为社会总体上所认可和共享的教育价值观，必然要反映时代进步和社会发展的特征。同时，乡村教育价值取向的基本作用是引导乡村教育在特定的时代背景下走向何处。因此，分析乡村教育价值取向，需要理解乡村教育发展所处的时代背景和社会条件。这可以比较确切地发现乡村教育价值取向的真实走向，有效地回答"为什么乡村教育价值取向会是如此"。

从存在论的角度来看，与乡村教育活动关涉的主体有三个方面：一是以国家为代表的主体，包含国家、民族、教育行政管理部门、代表国家实施教育活动的学校及教师等。二是乡村社会，是乡村教育存在的、最直接的现实社会环境。三是受教育者，主要包括乡村的学生、村民等在乡村教育活动中获益的个人和群体。因此，从国家、乡村社会、受教育者三个层面，结合乡村教育所面对的现实需求，系统地分析乡村教育价值取向。

第二节　乡村教育的国家价值取向

教育是国家发展的奠基工程，对国家的政治、经济、文化等都发挥着重要而深远的影响，因此从国家层面审视乡村教育价值取向，可以阐明其对乡村教育所产生的、非常深刻的、高屋建瓴的引领作用。当下，乡村教育价值的国家取向主要集中在现代化、新型城镇化、国家安全等方面。

一、乡村教育的人化现代化价值取向

目前乡村教育价值的现代化取向出现一种消极趋向，认为可以用城市教育替代乡村教育，让乡村教育在城市教育现代化的过程中自然消亡，这一结论是建立在当下乡村社会式微的背景下的。但是现实中，乡村社会在逆城市潮流、新型工业革命、中华文化传承等方面表现出了特有的生机。根据国际经验，许多发达国家出现了"逆向城市潮流"，人口由人口密集的城市向人口稀少、环境清静的农村流动。新型工业革命指依靠生产要素集聚、以环境污染为代价的传统工业生产方式向发掘乡村资源、依托绿色能源、构建生态文明的现代工业生产方式转变，新型工业化、新型生态农业、旅游观光农业以及现代农村社区服务业的崛起，将引导人口向乡村回流。"原来中国社会是以乡村为基础，并以乡村为主体的；所有文化，多半是从乡村而来，又为乡村而设，法制、礼俗、工商业等莫不如是"。在中国这个以乡村为根基建立的社会，乡村文化是中华传统文化的重要代表，难以被城市文化所切断和替代。源远流长的乡村文化，需要以现代化精神来改造，构建现代化的乡村文化和乡土文化。在现代化进程中，这些乡村社会的特征与趋势表明，如果乡村教育消失，乡村儿童将难以接受到符合现代化发展要求的教育，难以在社会中获得向上流动的机会，也难以构建起符合现代化精神的乡村文化。

以工业化和城市化为基本方式的现代化主要表现为"物"的现代化，强调教育对于物质生产的支持作用，也引导着教育朝着"物"的现代化方向发展。通常而言，乡村教育为整个教育体系的基础部分，也是具有物化特征的教育服务。特别是在乡村教育资源相对不足、乡村经济社会相对落后、村民社会地位相对较低等的背景之下，村民将乡村教育当作乡村儿童改善经济条件和提升社会地位的途径与方式，导致乡村教育被物化的程度更为严重。但教育是一个以培育人为旨归的人化活动，这就需要改造物化的教育现代化，实现人化的教育现代化。因为只有当人化的教育现代化真正实现，教育才有可能让受教育者按照人化的方式去引领、规划其他社会生活领域的现代化。乡村教育亦然，迫切需要物化的乡村教育现代化发生转向，实现人化的乡村教育现代化。

二、乡村教育的新型城镇化价值取向

城镇化是中国现代化进程中的一个重要标志，在实施过程中却出现了以置换土地资源、大规模造城等方式而将农村人口简单聚集于城市或城镇的现象。在这种背景下，随着教育资源不断往城市或城镇流动，乡村教育资源就更加稀缺，使得村民竭力涌向城市或城镇而获取优质教育资源。一个直接的表现就是"择校现象"，从20世纪90年代以来，择校现象越来越严重，越是禁止择校，择校就越严重。其中，城市择校的主要动因之一就是乡村儿童以随迁子女和流动儿童的身份追寻城市的优质教育资源。在这种粗放式城镇化过程中所形成的乡村教育价值取向驱动之下，乡村教育势必发生式微、萎缩，甚至退步。

新型城镇化是大中小城市、小城镇、新型农村社区协调发展、互促共进的城镇化，不以牺牲农业和粮食、生态和环境为代价，着眼农民，涵盖农村，将乡村建设成为生产发展、生活宽裕、乡风文明、村容整洁、管理民主的新型农村社区。在这个意义上，乡村教育价值取向要秉持新型城镇化的精神。由于长期以来"以农村为中心的农本主义和以城市为中心的城本主义"的影响，乡村教育价值取向在农本主义与城本主义之间形成一个价值选择上的悖论，乡村教育发展基于农本主义，但其发展目标却支持城本主义。因而，乡村教育价值取向需要在新型城镇化的引领之下，回归农本主义的立场，促进乡村儿童的健康发展，推动乡村社会可持续发展和特色化发展，进而为城乡统筹发展服务。

三、乡村教育的国家安全价值取向

乡村空心化是城镇化过程中农村人口流失之后所产生的乡村社会现象。随着大量的进城务工人员将子女带到城市接受教育，以及撤点并校让一部分偏远乡村的儿童向城镇中心学校流动，乡村空心化就更为突出，这在一定程度上将影响到国家安全。首先，乡村空心化使得国土安全受到挑战。如果因为乡村教育被弱化，严重的乡村空心化致使乡村社会大面积消亡，广大的农村地区将被忽视，从而引起固疆守土方面的困难。极端的情况是，在一些边境地区的村落，由于缺少学校而成为"空心村"，这给他国居民趁机非法越境生产和居住提供了机会，从而影响了边境国土安全等。因为边境地区各族人民是建设边疆、巩固边防的重要力量。边境地区乡村教育质量较高，才可能将乡村儿童与村民留在边境乡村，有效地实现稳边固边和维护国家领土安全。其次，随着乡村人口大量涌进城市，当下许多乡村因只剩下老弱病残，无力有效耕种土地，乡村土地的荒芜将影响到国家的粮食安全。因为作为一个人口大国，国家粮食安全的保障方式绝不可能完全以工业化的成果来从国际市场上置换农业成果。因此，乡村教育价值取向必须顾及国家安全。作为乡村社会的一个核心，乡村教育可以凝聚乡村社会，稳定乡村社会，促进乡村经济和劳动力的再生产，从而保障国家安全，尤其是固疆守土和粮食安全。

第三节 乡村教育的社会价值取向

乡村教育处于乡村社会中，其存在的意义之一就是要满足乡村社会发展的特定需求。长于斯，服务于斯。乡村教育价值取向在一定程度上受到乡村社会发展需求的引领。这就需要根据乡村社会发展需求，在批判继承乡村社会传统的基础上，遵循乡村社会现代化、新型城镇化、社会主义新农村建设等时代要求，审视乡村教育价值的社会取向。

一、乡村教育的社会聚合价值取向

不可否认，与蒸蒸日上的城市社会和传统繁荣的乡村社会相比，当前乡村社会缺少足够的活力，对村民就缺少必要的吸引力，村民纷纷离开乡土，这使得乡村社会总体上处于一种被边缘化的状态、一种被解构的状态。但是"中国社会的基层是乡土性的，那是因为我考虑从这基层上曾长出一层比较上的乡土基层不完全相同的社会……我们不妨先集中注意那些被称为土头土脑的乡下人。他们才是中国社会的基层"。在数千年的农业文明中，中国的农业文明为中国社会烙下了深厚的文化底色和社会基因，加之现实的"三农"问题还是一个影响社会发展的、重中之重的全局性问题，因此中国社会的基本形态仍然是乡村社会。乡村社会继续在农业文明向工业文明的转换过程中发挥着不可替代的支撑作用，乡村社会发展的速度、水平及品质将直接影响，甚至在一定程度上决定国家现代化、新型城镇化的进程与效果。在这个意义上，乡村社会需要改造与重建，在新的时代境遇之下焕发新的生命力，更为有力地推动中国社会的可持续发展。

在当下"与乡镇'悬浮型政权'相伴而生'文字上移''学校进城'，学校更似一座孤岛悬浮在乡村及其普通人的生活之上"。代表着"文字下移"的乡村学校远离了乡村而进入城市或城镇，使得"文字不再下乡"或者"文字上移"，这些上移的学校就如悬浮于乡村社会之上的孤岛。除了已经被集中到城市和城镇的学校成为在空间上远离乡村社会的孤岛，即使还在乡村中的学校，因很多教师完全采取从城镇到乡村之间的"走教"方式，居住在城镇，每天定时到校上课，上课结束之后即刻返回城镇，事实上教师对乡村学校的不认同与低投入也使得乡村学校成为与乡村社会隔离的"飞地"。这些孤岛在心理上和精神上切断了乡村教育与乡村社会的连接，出现了这种奇特的现象："农民群众的话说得更直白：学校迁走了，孩子荒了，土地荒了，老人荒了！有这样一句打动人心的话：一个村庄没有了学校，就如同一个家庭没有了孩子。"在这种情况下，乡村社会出现人去楼空的现象，乡村社会自然就衰落了。这从反面证明了乡村教育对于乡村社会的存在与发展具有非常重要的黏合作用。由此看来，基于存在的乡村社会改造与重建需要乡村教育发挥特定的聚合力，通过为乡村儿童提供良好的教育机会，将村民的心与根留在乡村，促进乡村社会稳定与发展，这就是乡村教育价值对于乡村社会发展的聚合取向。

二、乡村教育的社会发展价值取向

乡村社会所秉持的农业文明在强势的工业文明冲击之下失去了强有力的社会竞争力，原因在于乡村社会原有的政治、经济、文化等被工业文明所解构，并且在工业文明的影响之下农业文明的内生性转型、改造、再生还远没有完成。在这种情况下，乡村社会对于村民的生存与发展所提供的机会极大地少于城市社会，于是村民为寻找更好的发展机会而离开乡土。由此看来，乡村社会的存在在一定程度上仅仅给予村民提供了留下来的可能，而只有乡村社会得到发展，并且是较好的发展，村民才能真正愿意留在乡村，甚至已经离开乡土的村民才会重新回到乡村。

在社会主义新农村建设中，乡村教育需要积极发挥自身的作用，在经济、政治、文化等方面促进乡村社会发展。其一，乡村中小学需要利用地方课程与校本课程，挖掘乡村及学校周围的课程资源，构建学校与社区共进的教育模式，促进乡村社会经济发展。如成都浦江就利用茶业产业优势，构建学校+企业+农民+社区"四位一体"学校社区发展模式，通过"茶史茶情"校本课程来传递茶乡文明，将学生培养成为茶技"小先生"，让他们回家提升农民的茶技。其二，在传统的乡村社会中，教师是乡贤，在乡村的政治生活、文化生活中发挥着非常重要的作用。因

此，在乡村社会建设过程中，乡村教师需要走出校园，扎根乡村，带领学生服务农村社区，在助推乡村民主、弘扬乡土文化、纯化乡风民俗等方面做出贡献。其三，乡村根据自身的发展实际，构建农民教育机构和乡村职业教育学校，培训农民的生产技能、生活技能和政治技能等。如山西永济蒲韩社区办了农民学校，为全区3800多户农户每年免费培训种棉相关的技术，同时乡村学校的儿童也可以利用周末的时间到农民学校和农场学习种棉、纺纱、织布等技术。

第四节　乡村教育的育人价值取向

教育价值有对于教育的价值，即对于受教育者的价值，相应地对于受教育者而言就需要秉持特定的价值取向。在这个意义上，对于乡村受教育者而言，乡村教育同样需要秉持特定的乡村价值取向。在乡村教育中，在受教育者层面，主要的教育价值主体是乡村儿童，因而乡村教育价值取向就是乡村教育对于"乡村儿童成为什么样的人"的价值取向。

一、乡村教育的乡土价值取向

在一定程度上，"乡村"是一个落后的代名词，"乡巴佬""土里土气"等带有贬义色彩的词汇通常被用来描绘乡下人。这使得乡村社会对城市生活艳羡不已，乡村儿童一出生就受到这种观念的熏陶，当进入学校以后，这种鄙夷乡村、艳羡城市的观念就更加被强化。"那些将自己的孩子送到现代学校里去的人绝大多数是'农业专家'……当年轻人从学校回到生养自己的地方以后，对农业却一无所知。不仅如此，他们还从心底藐视自己父母的职业……自己所受的教育就是要使他与他的传统文化决裂"。在工业文明里生发的现代教育，对于乡村的态度是漠视的、决裂的。事实上，乡村教育是代表工业文明的城市教育在乡村的延伸，乡村教育首先是服务于城市社会的，通过一系列选拔机制为工业文明与城市文明输送人才。这就使得从泥土里生长起来的乡村儿童一旦接触乡村教育，就自觉地选择离开农业文明与乡村文明，在自身的人格体系中将乡土特质自动驱除出去，而缺少乡土气息的、来自乡村的人才势必成为一个被工业文明撕裂的、异化于乡村的、片面发展的人。对于美丽乡村、生态文明、和谐社会等的建设与发展而言，与乡村文明和传统乡土文化相决裂的、生长于乡村的人才难以有效地肩负起这些重要的历史使命，而至于生长于城市、浸润于工业文明和城市文明的人才就更加困难了。由此看来，乡村教育在价值取向上要让乡村儿童的人格体系具有接纳、包容乡土的特质，"促进乡村青少年发展的基础上，面对当下乡村少年生存的现实，引导他们更多地认识脚下的土地，建立个人与乡土的和谐联系，培育他们的文化自信，从整体上促进乡村少年健全人格的养成"。

事实上，随着现代化和城镇化的发达程度不断提高，农业现代化将减少从事农业生产所需的劳动力，更多的农村劳动力将转移到非农产业，使得乡村人口在总人口中所占比例继续下降。在乡村人口向城市流动的大趋势还未根本变化的情况下，乡村教育价值的乡土取向并不完全是将乡村儿童培育成为必须待在乡村、服务乡村的村民，而是即使他们离开长于斯的乡土，也需要让他们在价值观念层面具有乡土意识、乡土认同、乡土情怀。乡村教育要激发乡村儿童的乡土意识，让他们认识到自己生于乡村、长于乡村，乡土是自己生命中不可磨灭的、不可或缺的一个重要成分，来自乡土的纯朴与磨砺对自己的人生具有非常重要的价值与意义。乡村教育还要激发乡村儿童的乡土认同，引导乡村儿童认同自己生活的乡村社会，热爱养育自己生长于斯的乡土，孝敬养育自己的父母等。乡村教育更要激活乡村儿童的乡土情怀，无论乡村儿童在长大后生活在乡村还是离开乡村，都应该时刻关注乡村的发展，为乡村的发展贡献自己的力量。更为重要的是，乡村教育需引导乡村儿童形成新型的乡村生活方式。在当下，乡村生活的传统封闭性已经被打破，经济现代化和信息现代化的共同作用使

得乡村社会自觉或不自觉地被敞开，需引导乡村儿童意识到自己是乡村生活的主体，提升乡村儿童与乡村自然、社会的原初沟通，丰富他们对与乡村社会的生活体验，基于此生出现代乡村社会的生活方式，构建起基于现代经济、科技等的新型乡村生态文明。

二、乡村教育的公民价值取向

在城乡发展差距较大的状态下，村民被认为是处于社会最底层的、愚昧的、土里土气的。生于乡村、在乡村学校受教育的儿童，天然地带有乡村的气息。在不断地摆脱乡村、走向城市的过程中，乡村儿童通常不断地屏蔽自己身上的乡村气息，甚至刻意地回避自己曾经是村民的事实，尽力用城市生活、城市风尚、城市人的标准来要求自己，将自己的村民身份改造成为市民身份。但是，在公民社会里，市民和村民都是公民，都是社会中平等的一员，可以依据自己的需求对城市生活和乡村生活进行自由选择。在社会主义新农村建设的要求下，从村民组到农村社区、从落后的农村到宜居的美丽乡村，都在一定程度上凸显乡村生活，倡导村民与市民在国家公民层面上的平等。这就要求乡村教育将乡村儿童在国家公民层面进行教育，培养乡村儿童的公民意识和公民素养。

乡村教育需让乡村儿童理解乡村是一种独特的存在，乡村对于国家而言与城市一样重要，村民是国家公民的不可或取的一个组成部分。为此，乡村学校课程知识需要更多地纳入乡村知识和乡村文化，像城市知识和城市文化一样赋予它们同等重要的生活意义。对于有关城市知识与城市文化的学校课程知识，需要基于乡村儿童的认知特征、学习习惯等进行解读与重构，让乡村儿童基于乡村生活世界更好地理解。此外，乡村教育需要培育乡村儿童作为一个好公民所需要的素养，包括知识文化素养、法律素养、道德素养等。尤其是让乡村儿童理解乡村的风土人情、文化传统、发展历史等地方性知识，结合国家对公民素养的普遍要求，培育出适宜于乡村生活的公民素养。

第五节　乡村教育价值取向的实现理路

价值取向的核心功能是引领主体实现价值选择。"价值理论研究应当指引人们正确的行动方向，应当提供给人们价值判断的正确标准，应当告诉人们什么样的价值观是正当的、合理的、高尚的，什么样的价值观是不合理的、不正当的、不高尚的，并鼓励人们坚持前者，抛弃后者。"因此，根据乡村教育价值取向，引导乡村教育主体实现乡村教育价值选择，发挥促进乡村教育发展的正向引导功能，就是值得探讨的问题。

一、明晰乡村教育价值取向的系统功能

在过去较长时间的现代化过程中，乡村成为城市发展的人力与资源的输送地，乡村社会自觉地模仿城市发展模式，在一定程度上城市的工业现代化遮蔽了乡村的农业现代化。受此影响，乡村教育表现出明显的城市化取向，在乡村农业现代化发展相对缓慢的进程中，这一取向更为凸显，从而导致乡村教育去乡村化、忽视乡村儿童的发展需求等。为此，需要明晰乡村教育价值取向的系统功能。首先，明确乡村教育价值国家取向的引领性。乡村教育价值国家取向是国家依据发展需要而对乡村教育提出的价值诉求，对乡村教育价值取向系统具有引领作用。乡村教育价值取向不能过于局限于城市化，需要系统考虑国家现代化、新型城镇化、国家安全等对乡村教育发展的要求。其次，固着乡村教育价值社会取向的发展性。乡村教育远离乡村社会而更加接近城市教育，使得乡村教育促进乡村社会的发展功能变弱。因而，乡村教育价值社会取向需要乡村教育回归乡村社会，将乡村教育的根牢牢地固着在乡村社会，让乡村教育更多地关注、促进乡村社会的发展。再次，强化乡村教育价值育人取向的核心性。乡村教育的核心价值在于给乡村儿童提供合适的

教育，促进乡村儿童健康地成长，为乡村儿童的终身发展奠定良好的基础，才可能有效地实现乡村教育的国家取向和社会取向。

二、提升乡村教育价值取向的科学水平

乡村教育价值取向能否有效地引领乡村教育发展，在一定程度上取决于乡村教育价值取向是否实现合目的性与合规律性的统一。"动物只是按照它所属的那个种的尺度和需要来建造，而人却懂得按照任何一个种的尺度来进行生产，并且懂得怎样处处把内在尺度运作到对象上去，因此，人也按照美的规律来建造。"因此，乡村教育价值取向的合目的性表明国家、乡村社会、乡村儿童等核心主体对乡村教育的需求是有差别的，甚至有时还出现冲突，强化国家对乡村教育需求的引领性，夯实乡村儿童对乡村教育需求的根本性，发挥乡村社会对乡村教育需求的促进性，从而将三类主体对乡村教育的需求整合起来，形成一个对于乡村教育的总体需求。乡村教育的客观属性就是乡村教育发展、乡村儿童健全成长的内在属性，以及乡村教育促进乡村社会发展、国家进步的外在属性，并将这两种属性整合起来，构成乡村教育的客观属性体系。乡村教育价值取向的合规律性就是通过客体主体化的过程，将乡村教育主体的总体需求与乡村教育的客观属性体系连接起来，既要反映乡村教育主体的总体需求是合理的，也要阐明乡村教育的客观属性体系在特定程度上是可以满足这种总体需求的。

三、设定乡村教育价值取向的合理限度

在某种意义上，特定的乡村教育价值取向代表着特定时期人们对于乡村教育的理想诉求，可以引领着乡村教育朝着理想的、美好的方向发展。但是乡村教育价值取向的实现是不能脱离现实的，需要坚持现实条件与理想追求相统一。这使得乡村教育价值取向的产生、作用、效果等需要基于乡村教育主体的生存发展需求、所处的现实境遇、所承载的历

史传统等。如乡村教育仅是乡村社会的构成要素之一，乡村社会发展水平、乡村的文化传统、村民对乡村教育的认识与支持等都影响到乡村教育价值取向的落实。这种情况实质上调整了在特定时空中乡村教育主体的总体需求得到乡村教育的客观属性体系的满足程度。

第四章

DI SI ZHANG

乡村学校师生关系

XIANGCUN XUEXIAO SHISHENG GUANXI

　　师生关系是指教师和学生在教育教学过程中，为实现教育教学目标，以各自独特的身份通过教育教学交往活动而形成的特殊的人际关系和社会关系。关怀型师生关系倡导一种平等交流、有效互动的师生相处模式，师生之间真诚相待，在这个过程中，大部分学生能够积极投入教学实践中，在教师的关怀和与他人的协同合作中学会认识关心、培养关怀品质等。研究借鉴诺丁斯的关怀教育理论，运用问卷调查、访谈、课堂观察、文献研究等方法，研究乡村学校师生关系的现状，构建一个完整的乡村学校关怀型师生模型，旨在建立和维系和谐的乡村学校师生关系，使得课堂教学能够在愉悦、积极的氛围中有效展开，学生能够在教师的关怀中快乐地成长，并且学会回应教师、关心他人，进而培养关怀品质，而教师则在对学生的关怀和学生对自己的回应中，获得积极的自我认知和提升。

第一节　乡村及乡村学校

"乡村"在《辞海》中，亦作"乡邨"，一般指村庄，如今亦泛指农村，也可指乡里、家乡。《辞源》一书中，乡村被解释为主要从事农业、人口分布较城镇分散的地方。在我国一般被称为"农村"，"农村"和"乡村"的概念在目前的研究中是经常混用的。

我们研究中采用"乡村"的含义，是指乡镇和村落之和。乡，即中国行政区划基层单位，属县或县以下的行政区领导，我国最低一级政权单位。村，则在乡之下，中国农村中的居民点。乡和镇往往由几个村构成。我们研究的对象主要集中在乡镇和村落的学校，即称乡村学校。

由于我们在本研究有较多的问卷和访谈，基于年龄太小的学生的理解能力和表达能力有限，我们将调查对象范围缩小到乡村学校四、五、六年级的学生，以确保最终调查数据和结果的有效性。

第二节　乡村学校师生关系

师生关系是学校中最常见、最重要的人际关系之一，师生关系状况直接影响到教育质量的高低和学生的健康发展。师生关系的界定，往往没有明确的定义。不同的学者从不同的学科视角出发提出不同的师生关系观点：从法学角度主张的师生关系，是一种权利义务相互一致的平等和相互尊重的关系；从心理学角度主张的师生关系，其本质是心理关系；从社会学角度主张的师生关系，师生在交往中是完全平等的两个实践群体；从文化反哺视野提出的师生关系，是应建立面向未来、民主平等、合作互动、积极创新的新型师生关系。

传统型师生关系主要包括"教师中心说""学生中心说""教师主导、学生主体""师生互为主客体"等有关学说。

"教师中心说"的代表人物是赫尔巴特。他认为在教育过程中，学生对教师必须保持一种被动状态，强调教师权威，忽视学生积极性。

"学生中心说"的师生关系学说的代表人物是杜威。他认为儿童不仅是教育的中心和起点，还是教育的最终目的，教学关注的是"儿童的"——儿童的生长、儿童的发展。所以在教育过程中，应当把儿童当成整体来考虑，尊重他们在教学活动中应该享受的主体地位，注意到他们的兴趣特长和他们的个性特征。

"教师主导、学生主体"的学说则更像是在"教师中心说"和"学生中心说"之间寻求平衡产生的结果。它强调教师在教学活动中的重要作用，教师是教学的组织者、领导者；同时承认学生是学习活动的主体，尊重他们的主观能动性。本研究沿用这一说法。

师生关系（Teacher-Student Relation）是指教师和学生在教学实践过程中，通过相互影响和作用而形成和建立起来的一种特殊的人际关系。乡村学校的师生关系，由于乡村的特殊环境，又由于乡村学校目前留守儿童众多、寄宿制普遍的现状，师生之间的相处不限于课堂，因而关系更加复杂而深刻。师生关系就微观而言，主要是指师生之间在教育过程中所发生的直接交往和联系，包括为完成教育任务而发生的工作关系，以满足交往而形成的人际关系，以组织结构形式为表现的组织关系，以情感、人事等交往为表现形式的心理关系。

必须注意的是，任何一种关系都不可能脱离其他关系单独存在。如在教学关系中，心理关系、伦理关系和个人关系都同时存在、不可分割。师生之间的教学关系，是为完成一定的教育任务而产生的关系，它在教师主导作用和学生积极主动性相互协调和促进中得到表现。心理关系是因师生情感的交流和沟通而产生的，它能够很好地表现师生关系的亲密和融洽程度。相对于教学关系而言，心理关系并不正式，但是它对于教学氛围和情境的调节作用意义重大。如果师生之间的关系是融洽、可交流的，则表明师生的心理距离比较贴近，教师和学生之间交流、互动的愿望强烈，那么有利于形成更为亲密和谐的师生关系，学生也更容易将教学内容内化为自身的心理结构并积极反馈给教师，从而使教学进行得更加顺利；相反，如果师生之间的关系不相容，甚至是对抗的，则说明心理距离比较淡漠，关系疏远，师生之间不愿意进行交流，那么课堂教学中缺乏有效的师生互动，必然会影响教学效果。

师生关系从最简单的空间和社会联系开始，直到最复杂的具有稳定性质的社会行为，无一不受一定社会规范的影响和制约，无一不遵循一定社会的伦理要求，从而保持自身的伦理结构。因此，师生关系能够集中反映社会的伦理文化，表现为一种鲜明的伦理关系。这种关系应当是师生关系体系中最高层次的关系形式，对其他关系形式具有约束和规范的作用。

而本研究讨论的乡村师生关系则是指教师和学生在课堂教学实践的交往关系。毋庸置疑，师生关系对于教学的影响是重大的，和谐、平等的师生关系有益于教学的展开，进而促进学生的成长和发展。反之，紧张的师生关系则会阻碍教学的正常进行。这种关系的维持，不仅需要教师做出大量的努力，还需要学生的感知和回应。通过大量的不同角色的交流，教师和学生在相互的认知中，就不再是单一的道德体现者和承受者，而是完整的人在相互交流，进而引发更多的认同和发展，以此便可形成良性循环。

师生关系影响学生的个性社会化发展。教师是学生的重要他人，不仅教学活动中的知识、技能的传授影响学生的成长，伴随其中的情感交流和相互作用也深刻地影响着学生的个性发展。师生关系作为学校组织中的重要人际关系，可以说是对学生成长起着环境的作用。古往今来，许多伟大人物都在自己成长过程中受到某一位或多位教师的深远影响。首先，学生在与教师的相互作用与关系中，学习到一定的社会规范行为

准则，逐渐形成个性化的价值观念。其次，学生在与教师的交往中，可以不断构建人际交往经验，调整行为，逐步培养起倾听、表达、参与、决策等社会能力。再次，师生关系对自我意识的形成和发展具有重要作用。学生通过与教师的交流和沟通认识自我、评价自我，促使自我意识向健康方向发展。相反，师生关系不良，不仅不能使学生学到必要的价值观念和社会能力，而且会形成抑郁、孤独、自卑冷漠、嫉妒和对抗等一些不好的性格特征。这势必大大降低学生的社会适应能力，阻碍学生个性社会化的进程。

师生关系影响教师的专业成长。师生关系和谐与否关系教师的自我评价，一个教师如果能够与学生保持良好的关系，能够得到学生的积极反馈，他将能够更准确地把握学生的现状信息和需求，也能够有针对性地进行自我调整与完善，从而不断成长和超越。同时，教师也能在与学生的交往中正确认识自我，获得成就感和幸福感。

师生关系影响教师和学生的教学动力。教学动力与教师教的动力和学生学习动力有着密切的联系，但又不是两者的简单叠加。准确地讲，教学动力=教的动力×学习动力，两者缺一不可。教学的每一个过程都伴随着师生关系的不断发展，只有师生交互作用，教学过程才能运行、发展。教师教的动力最直接的影响来自教学活动本身：一个是与理智有关的教学成功感与失败感；另一个是与道德、情感有关的对师生关系状况的体验。如果师生之间具有良好的关系，学生对教师充满信心，把教师视为可信任的榜样，并积极回应教师，这样教师会不断增强完成教学任务的决心，为学生付出更多的心血；相反，如果师生之间缺乏心理上的融洽和亲密，那么在更多的情况下，教师的教学也就变成了一种枯燥无味的义务，教师的职业积极性和创造性也会大大降低。就学生而言，如果师生关系融洽，教师的要求也就易得到学生的积极回应，从而激发学生的学习动力，提高他们的学习热情；相反，如果师生关系紧张，会使一部分学生有挫败感，对学习难以产生足够的兴趣和信心。

师生关系影响课堂纪律的形成，从而决定课堂教学管理是否有效，进而影响教学活动能否顺利进行。现代教学管理越来越强调师生之间的人际沟通，积极和友好的师生关系能够避免出现这样不快的情况：教师原意是帮助和引导学生学习，反而使学生内心真实地体验到不愉快；教师因其善意不被学生理解而烦恼，学生则因教师的行为带给自己的尴尬处境而不满。师生关系亲密友好，学生对教师感到信任和喜爱，则在纪律的预防阶段，能够接受教师的期待，容易有足够的归属感和强烈的学习动机；而在管理、干预和纠正阶段，师生之间有及时的交流和沟通，能够有效维持可接受的活动，以较为合理的方式处理不正确的行为，保证教学活动的顺利进行。这个过程包含着爱护、帮助、信任和理解。相反，如果师生关系冷漠对抗，整个教学过程充满专制、压抑的气氛，只能使学生以消极对抗的态度对待教师，从而产生更多、更复杂的问题行为。

第三节　乡村学校关怀型师生关系

我国于1985年《中共中央关于教育体制改革的决定》提出"实行九年制义务教育"，1986年《中华人民共和国义务教育法》提出"国家实行九年制义务教育"，之后，各地根据本地区的经济文化发展状况，努力推进义务教育，义务教育普及率不断提高。经过二十余年的努力，到2007年年底，"普九"人口覆盖率达到99%。《国家中长期教育改革和发展规划纲要（2010—2020年）》中"把促进公平作为国家基本教育政策"，并且提出"向农村地区、边远贫困地区和民族地区倾斜，加快缩小教育差距"。我国自古以来就是一个农业大国，乡村教育是我国教育的重要组成部分，而目前乡村教育的现状与我国教育总体发展的大好势头呈现出鲜明的对比。《中共中央关于教育体制改革的决定》也密切关注"约占全国人口一半的中等发展程度的镇和农村"，表示要"按质按量"地发展。

国家"十二五"规划明确提出"在工业化、城镇化深入发展中同步推进农业现代化",必须坚持"统筹城乡发展、坚持工业反哺农业、城市支持农村"的方针。中共十八大报告也要求,到2020年"城镇化质量明显提高"。城市发展除了政策优势外,也抽走了不少农村的优质劳动力和发展资金,导致农村发展缺乏劳动力和资金,农村发展乏力,甚至产生了一系列农村社会问题。

国家"十三五"规划进一步提出"推动新型城镇化建设","推动城乡协调发展"。党的十九大报告也明确提出"实施乡村振兴战略","必须始终把解决好'三农'问题作为全党工作重中之重,要坚持农业农村优先发展",要"推动城乡义务教育一体化发展,高度重视农村义务教育,办好学前教育、特殊教育和网络教育,普及高中阶段教育,努力让每个孩子都能享有公平而有质量的教育"。但乡村发展和乡村教育仍面临许多现实问题。

大量的乡村学校生源流失,而随迁子女的入学和异地高考也出现了诸多问题,在此之前,他们在新学校因为难以适应等问题造成的诸多心理问题也引起了很大的关注。同时生源的流失使得乡村学校开始没落甚至消亡,随之造成了乡村精英教师的流失,乡村教师"走教"行为已成为普遍现象。

留守儿童增多,寄宿生低龄化,部分小学生对教师过分依赖,小学生的高度未完成性和多元的发展可能性,使得乡村学生需要教师更多的关怀。随着年龄渐长,乡村师生关系却逐渐开始功利化、冷漠化,乡村问题学生增多,也使得乡村教师教学十分棘手。而另一方面,目前乡村教师则容易陷入困境,幸福感缺失,教学积极性降低。但是通过深入的调查研究显示,"待遇过低"或者"职业发展不足"并不能全面解释这一问题。教学中对于学生的关怀得不到回应和理解,也是很多教师觉得沮丧的原因。

在这种现状面前，乡村学校关怀型师生关系的构建是很有必要的。关怀学生，同时教师得到学生的回应，构建一种民主和谐的温情氛围，不仅对于乡村师生、乡村学校具有重要意义，对于整个处于疲敝状态的乡村，也具有深远意义。

一、"乡村学校关怀型师生关系"的研究回眸

从1972年国际教育发展委员会写成《学会生存——教育世界的今天和明天》，到1989年联合国教科文组织作的题为《学会关心：21世纪的教育——圆桌会议报告》，关心他人、关心世界，已经成为全球教育界的呼唤，学校的教育不仅仅在于去培养一个只关注自我成长的人，更重要的是"培养具有关怀品质的人"。以美国教育哲学研究会主席内尔·诺丁斯教授为代表人物的关怀教育理论学派成为教育理论研究中的显学。她定义的"具有关怀品质的人"是在学校教育的培养目标，"关心自己，关心身边最亲近的人，关心与自己有各种关系的人，关心自然环境，关心人类制造出来的物品，关心知识，等等"。诺丁斯教授主张把以关心为核心的道德人生当作教育的目的，"关心是一切成功的教育基石"，更是提倡学校教育当围绕关怀而组织，道德当成为学校教育的主要内容。

在西南大学数据库超星电子图书（数字文献服务）中，当以"诺丁斯"或"关怀"为书名检索时，可检索到图书96本，内容涉及哲学、文学、医学、宗教、市场营销、教育等。与关怀教育相关的有《面向现实的教育关怀》（2008）、《孩子需要关怀》（2004）、《关怀德育：关怀伦理视域下的高校道德教育研究》（2010）、《梦想与关怀：儒家的人生智慧》（1998）、《基于人文关怀的科学课程构建研究》（2012）、《给童年打上亮丽的底色："生命关怀"理念下学校教育的探索》（2007）。

当分别以"乡村师生关系"和"农村师生关系"为书名或者主题词

进行文献检索时，可检索到图书0本。当以"关怀/关怀型 师生关系"进行模糊检索时，可检索到图书0本。当以"师生关系"为书名或主题词进行文献检索时，可检索到图书13本，其中与本研究相关的图书有《师生交往论：交往视野中的现代师生关系研究》（2011）、《阳光下的塑造：师生关系的理想追求》（2003）、《多元智能与教师专业成长：师生关系·教师角色与多元智能教师》（2004）、《百年来中国师生关系思想史研究 1900—2008》（2009）、《故事中的师生关系调整》（2008）、《零距离施教：名师和谐师生关系的构建艺术》（2008）、《"事"说师生关系》（2007）、《师生关系卷》（1997）、《师生关系的理论和实践》（2006）、《国外中小学教育面面观：国外师生关系研究》（2000）、《社会主义社会的教师作用和师生关系》（1959）、《教师行为规范全书：师生关系行为规范》（1996）、《真诚·通情·尊重：心理学家谈师生关系》（2001）。

当以"关怀型 师生关系"为篇名搜索期刊时，可搜到72篇，其中核心期刊25篇。关键词分布为师生关系（28）、对话（5）、构建（5）、学生（3）、理解（3）、理解型师生关系（3）、对话型师生关系（2）、主体间性（2）、课堂教学（2）和生态型师生关系（2）。

当以"乡村师生关系"为篇名搜索期刊时，可搜到79篇，其中核心期刊19篇。关键词分布为师生关系（39）、和谐（10）、构建（4）、高校（3）、新课程（2）、课堂教学（2）、传统师生关系（2）、新型师生关系（2）、对话（2）和高校师生关系（2）。

当以"乡村师生关系"为篇名搜索硕博士毕业论文时，可搜到43篇。关键词分布为师生关系（39）、初中生（6）、和谐（3）、学业成绩（3）、同伴关系（3）、大学生（3）、新课程改革（2）、学习动机（2）、互动（2）和小学生（2）。

目前我国的关怀理论及乡村学校师生关系研究发展总结如下：

从古至今，师生关系都是教育研究的热点问题，从本土到西方，从理论到实践的文献浩如烟海。近二十年，传统师生关系思想与现代师生关系思想的对比分析俯拾皆是，特别强调了师生关系民主、平等、和谐的应然状态，各种新型的师生关系有其共通之处，也自成特色，为关怀型师生关系的构建研究提供了参考价值。

首先是以人为本，尤其是注重以生为本，关注学生的差异和个性发展，强调学生的需要和兴趣。其次注重学生的主体性，特别是与传统的"教师中心""教材中心"区别开来的，以学生发展为中心，强调师生平等，在教学方式上提倡以学生自主学习为主，而以教师指导为辅。最后，特别关注师生的交往互动。在这个基础上，它们又各有特点。比如理解型师生关系主要是要加强师生的自我认识和相互理解，从而彼此认同、共同成长；互动型师生关系强调师生有平等的参与权、主张权、思考权和话语权；对话型师生关系是通过对话诱发学生思考并掌握知识提升人格；友好型师生关系是通过教师的爱来激发学生的学习动机，增强教师的职业幸福感。

现代教育理论对学生主体性的高扬使得每一种新型师生关系的讨论都充斥着"学生""学生的需要""学生的发展""学生的兴趣"等。教育目的诚然是促进学生的发展，然而作为重要角色的教师，其主体性却被矫枉过正地忽视了。在师生关系中，教师角色是不可忽视的。在师生关系的构建中，是否要考虑教师的需要？学生的成长固然是教师的幸福感来源之一，那教师本身作为人的需要和成就感在师生关系中就应该被忽视吗？尽管在"师生平等"上似乎是同等描述的，但是由于师生的不平等关系，教师作为一个思想成熟的成人，一方面要理解学生，另一方面要引导和矫正学生，主要是强调教师对于学生的单向关怀和付出，对学生则没有做任何要求。其实在某些师生关系研究中，强调教师对学生的关怀和付出是有所回报的，只不过这种回应表现得非常长远，更像是一种由教师付出而可能产生的并非必要的良性结果，比如教师的感召权威（基于教师自身所具有的"德、才、学、识"所产生、形成的权威，它凸现的是教师个人的人格、学识、德行、能力，是教师内在的对学生的一种人格魅力的征服，一种不令而从的召唤）。这为我们的师生关系的构建研究提供了契机。

从诺丁斯的理论提出，到她的一系列作品被广泛翻译介绍到中国引起热议，将关怀作为并指导了一些教育实践，而我们的关怀型师生关系研究正是建立在其理论基础之上的。关怀关系不是一方施与另一方接受的关系，双方都有付出，也都会有收获。虽然被关怀者看上去属于弱势地位，需要获得帮助，但关怀者也需要肯定和鼓励，而被关怀者也有责任对关怀方的关怀提供反馈。双方在关怀关系中能体验到人与人之间最美好的情感，所以关怀是一种平等互惠的关系。关怀理论最大的特色之一，就是将关怀的定义进行了完善，也就是关怀不再是一种美德属性，而成为一种双向流动的动态关系。也就是说，关怀并不是在教师发出之后就完成了。

关怀理论在我国如此受欢迎，是有其理论土壤的。关怀理论与我国儒家提倡的仁爱教育有强烈的共鸣。关怀教育不仅在理论上与仁爱教育重合度高，而且其方式方法上也可从仁爱教育中找到契合点。仁爱教育与关怀教育都强调情感教育的重要性，而且在教育的起点和方向上都从个人出发，然后才扩展到爱他人、爱国家、爱社会；由亲爱扩大到友爱、博爱。如《论语》中有"君子务本，本立而道生。孝悌也者，其为人之本欤"，《论语·学而篇》有"立爱自亲始"。再如儒家所倡导的通过"修身"来达到"齐家"的目的，推演至"治国"，进而"平天下"的理想教育方法，与关怀理论主张的通过关心自身发展推己及人，再到接纳他人、关心自然和社会的教育方法不谋而合。

当然两者的区别也非常明显。仁爱教育强调关爱他人是一种个人美德，强调的是一方对另一方的责任和义务，如君臣、父子等；关怀教育虽然也强调关怀与被关怀双方的不对等地位，但是诺丁斯特别提出被关怀者对于关怀的回应，这种付出和回应都不是固定的，有其道德律令可循。

从实践意义上讲，关怀理论在我国，尤其是乡村学校，是很有其发展基础的。关怀理论承认师生关系的不平等，对于观念尚未完全从"师道尊严"的传统师生观向高扬"师生平等"的现代师生观转化的乡村师生而言，是一个极为温和的缓冲与调和。当然，这种不平等是在承认师生之间人格平等的前提下，在思维水平等方面，承认教师角色的强势地位，并且认为教师应该担当更多的责任：教师不仅需要对自身有所了解，而且还需从学生的角度来考虑他们的需要、兴趣、个性和特色。其理论尊重并且肯定了教师本身的主导作用，但出发点和指向却指向学生的发展。因此，诺丁斯的关怀理论无论是在传统师生观持有者还是现代教育理论高扬者看来，都是容易被接受的。

早期更注重对诺丁斯关怀理论的哲学审视，近些年才逐渐转向教育学领域和文学领域，对关怀理论的介绍和剖析，对德育的重新审视，对文学和哲学的启发研究等。在早期引进和初步研究中，以哲学领域的居多。因为诺丁斯关怀理论的情感教育针对的是当时流行的科尔伯格主知主义，而且她是一位存在主义和女性主义的女性学者，所以一开始是在女性主义哲学研究方面深受关注。而在她的著作接连被翻译介绍到我国之后，诺丁斯关怀理论的研究开始在教育学领域兴起。它不强调冷冰冰的道德条文，而是强调人与人之间的关怀关心，这就为道德教育的研究提供了新的视角。

虽然对诺丁斯关怀理论的研究日益深化，且呈现稳步发展的态势，但仍然存在一些问题：对价值性问题的探讨浅尝辄止，具体、可操作性的模式研究欠缺，本土化研究薄弱等。

理论研究逐渐成熟，从理论的单纯介绍跳出来，进入对其局限性和片面性的认识和批判中。我们发现诺丁斯关怀理论的实践研究仍然是凤毛麟角，大量的研究仍然是就理论论理论，即使把关怀伦理运用到教育实践中，也视其为达到某种教育目的的手段。在这种工具理性的支配下，人们的关注点开始发生转移。关怀理论要深入人心，必然要联系实

践。然而，关怀理论的包容性和灵活性也同时决定了它的情境性，即在不同的情境下，根据关怀理论做出的决策和反应必然是相异的，而且有的时候难以被测量和定义，所以我们设计出什么样的操作方法，都只适用于一定的情境，尽管教育教学实践中的情境千变万化，但这并不意味着关怀理论无法付诸实践。因为好的理论不仅应该告诉人们怎么做，而且要提升人们对理论本质的把握，为教育工作者提供一种在分析具体教育问题时的思维方式，从而增强其在实践中的功效——关怀理论提供了其独特而可行的思维视角。从另一个角度来讲，在关怀理论与教学实践的结合研究方面，还有很大的空间。

仍然有不少学者对于关怀理论的实践进行孜孜不倦的尝试。最为人所知的就是关怀理论与道德教育实践的结合。关怀理论对于道德教育的影响最大：在内容和方法上都有其独特的看法。而德育方面有的时候又有所偏差。强调情感关怀和伦理关怀，更多的是一种不用依附教育实践存在的关怀，强调教师对学生情感的关注和投入，学生完全是被动接受，既不需要反馈，也不需要付出。因此关怀型师生关系更像是一种单向的、游离在教学之外的、凭空创造出来的关系，一直很少被引用至教学实践。而在引入实践的时候，则作为独立的内容来学习，如南京师范大学在"八五"和"九五"期间进行的"学会关心"的实践研究，拓宽了关心内容，把"关心自己"作为内容之一，强调要"关心他人、关心环境、关心学习"等。

其实关怀理论对教学论的发展也有其独特意义。首先关怀理论的教学观是建构主义哲学基础之上的，其观点是学生建构自己的知识，不仅与旧有的知识结构和新知识的呈现方式有关，还和教师与学生之间的关怀关系有关。这种描述方式非常地情感化，也并不难理解，如果一个学生与某门学科的教师相处融洽，认可该教师并从交往中获得积极力量，他更容易喜欢这门课并且较好地掌握课程内容。同样地，如果教师对学生认可，即便他是一位古板的教师，他也更容易走下教师"神坛"，愿意与学生平等相处，从而将教育教学实践推进到一个积极的方向上去。因而有人认为：应该在师生之间建立关心和信任的关系，使得有价值的信息能够有效地流通，学生在能及时得到教师指导的情况下完成具有挑战性的学习任务。

近期的关怀理论与教学实践结合的研究中，较多的是研究新课程背景下的师生关系。随着新课程的展开，越来越多关于新课程教学中师生关系对于教学影响的研究，如常常被提到的自主学习和个性化学习就表现出师生之间强烈的信任和默契。教育中的关心不同于生活中一些简短的关心关系，它建立在一种牢固的信任关系基础之上，这种关系的建立需要时间，它要求连续性。而这种对人际关系的维系和连续性的要求，与新课程强调学生是主体、教师与学生多方面互动的初衷不谋而合。

当关怀理论的研究聚焦到乡村学校时，大量的研究指向学生生活条件和教学的硬件设施上。诚然，乡村学校校舍破旧、设施短缺、条件艰苦的确是不争的事实。这些调查研究为政府有关部门提供了大量的参考，并引起了重视，得到了大力度的解决。

落实到乡村学校教学实践的时候，研究重点一方面放在乡村教师身上，针对乡村教师结构的种种弊端以及乡村教师的生存困境的文献如雨后春笋。对教师的关怀指向了教师的专业发展，要给予学生最好的关怀，只需要"更专业的教书匠"——更专业化、更能建立知识权威的教师，这种观点针对的是乡村教育质量下滑、师资及生源外流的现状，如此则只需要加强乡村教师的专业发展，或是向乡村输送更多优秀的教师。一部分学者提出，乡村教师对学生的关怀应该遍布生活的方方面面，尤其是在当下乡村家长常年在外、无法为乡村儿童履行养育和家庭教导责任的情况下。但是目前乡村学校已然成为乡村发展的滞后点，这种情况下来对乡村学校过分苛求，未免不切实际。有人认为乡村教师面临着重大的文化困境，是乡村的"边缘人"，并对乡村教师产生了深切的同情。

同时，自20世纪90年代以来，中国城镇化进程一再推进，乡村人口大规模涌向城市，乡村社会结构发生了巨大的变革，众多乡村荒无人烟，青壮年劳动力更是寥寥无几。滞留乡村的多半是老弱病残，儿童的家庭教育主要依赖隔代家长——而这部分家长并不能胜任。最引人关注的是随着大量农民外出务工，出现了庞大的留守儿童群体。自此，对于留守儿童、寄宿生的关怀一直是关怀教育理论研究的重点，从物质关怀到情感关怀，近期又逐步转向伦理关怀和心灵关怀。对于关怀的理解，特别强调教师关怀学生，并且让学生感受到关怀，才能构建关怀型师生关系。讨论的主要是关怀理论对于教师素质的要求，即"教师做什么"才能"关怀到"学生，"教师要考虑每一个学生其独特的需要是什么，每一个学生的兴趣是什么，教师要针对学生特定的兴趣，相应地去准备特定的教学资源、计划教学内容、实施教学内容、采用教学方法等"。这些研究的特点是一味强调教师的责任，学生几乎是"零责任"，他们只需要被动接受想当然的"教师应当给予的关怀"，甚至很多时候这些研究都不涉及学生"接受"这一步，只是一味地给教师添加诸多要求和标准。关怀是一种共生的关系，需要双方都为彼此之间的联系做出贡献，教师和学生都应该认清自身的责任。当然这也并不意味着学生和教师一样，该付出与教师同等的努力，比如说让学生去教导教师，这是不可能的，而是在学生为教师的努力做出回应和反馈，以使得双方的联系更为牢固和紧密。

我国学者基于诺丁斯理论，对我国的教育教学进行研究，取得了一定的成果，但也有一些值得改进的地方。实践研究还有很大的空缺，少有的一些实践研究对教师个体需要的关注不足，对学生向教师的回应和反馈研究也较少，而这并不是对关怀理论的完整阐释；从研究内容来看，多是普遍意义上的关怀关系的阐述，而缺少具体的教育情境中关怀型师生关系的研究。以上的研究缺陷在一定程度上为本研究提供了较大的空间。

二、"乡村学校关怀型师生关系"研究的意义

本研究旨在调查当下乡村学校师生关系的现状，以期构建更合理的关怀型师生关系，能够对当下乡村学校留守儿童居多且缺乏关怀的现状有所改善，帮助学校师生感知关怀、关爱他人，从而为乡村学校营造更好的教学氛围。

在理论方面，本研究整理了诺丁斯关怀理论观点，归纳整理并评析国内外学者对关怀理论的研究情况；厘清了关怀教育理论发展的历史脉络。本研究明确了关怀的内涵，界定了关怀型师生关系的概念，建构了关系型师生关系的基本理论体系。

在实践方面，尽管很多学者都开展了关心课题的实践研究，但对于乡村师生关系的关注度明显不足。因此，本研究将借乡村学校师生关系现状为契机，以问卷、访谈等方法途径去了解当下乡村学校师生的真实想法，旨在探寻乡村学校师生关系的现状，为完善师生关系提出合理的优化建议。

三、"乡村学校关怀型师生关系"的研究思路与方法

本研究主要遵循如下思路：文献梳理—理论架构—调查分析—策略探讨。具体步骤如下：第一，通过问卷、访谈、观察等多种方式，对乡村学校的师生关系进行调查研究，了解目前乡村学校师生关系的整体现状；第二，通过对关怀理论的文献进行梳理和分析，从而为本研究奠定较为扎实的文献基础；第三，在文献分析整理的基础上，从关怀理论的视角来解读和分析师生，从而整理出关怀理论视角下师生关系的理论框架；第四，基于理论架构和现状调查，得出乡村师生关系的实践形式。

本研究主要采用文献研究法、访谈法、问卷调查法、观察法等方法，研究乡村学校师生关系的现状。

```
┌──────────┐      ┌──────────┐        ┌──────────────────┐
│ 明确研究方向 │      │    乡村    │   →    │ 调查：乡村师生关系现状 │
└──────────┘      │  乡村学校  │        └──────────────────┘
                  │  师生关系  │                  │
                  └──────────┘                  ↓
                         ┌─────────────────────────────────┐
                         │   乡村关怀型师生关系的实践形式：        │
                         │          教师观                  │
                         │          学生观                  │
                         │          师生关系                │
                         └─────────────────────────────────┘
                                        ↑
┌─────────────────────┐       ┌──────────────────────┐
│   研究综述：           │   →   │ 应然状态：乡村关怀型师生关系 │
│      师生关系         │       └──────────────────────┘
│      关怀理论         │
│ 关怀理论对师生关系的解读  │
└─────────────────────┘
```

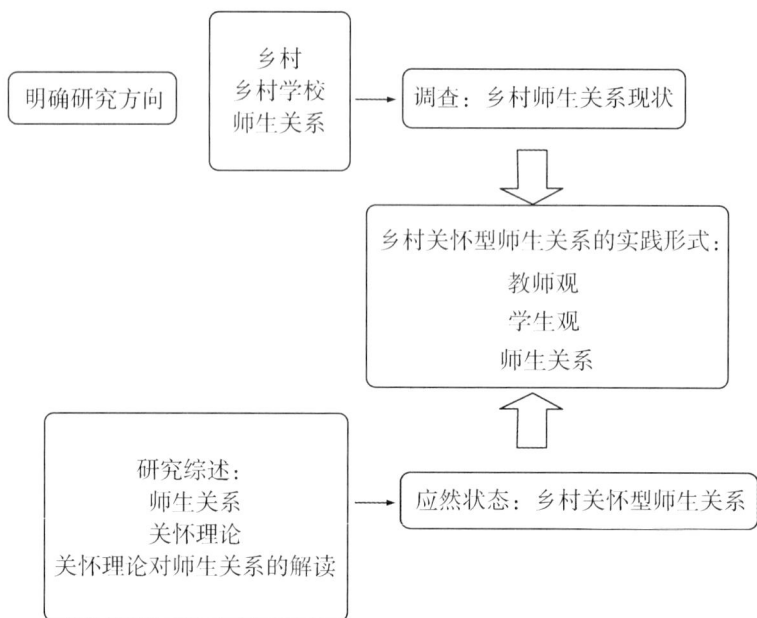

图4-1 研究思路

（一）文献研究法

在本研究过程中，根据研究目的和内容，搜集整理与阅读国内外有关关怀型师生关系的文献资料，尽最大努力以期全面了解本研究的主要研究成果与研究趋势。我们通过查阅已有研究以及相关资料，整理出国外体谅关心学派、关怀伦理学派的主要学术观点，归纳出国内学者对关怀教育理论所做出的多元研究成果，给本研究以理论支撑。手工检索西南大学图书馆以及教育学院资料室有关资料；电子检索则主要检索了中国学术期刊网、中国优秀博硕士论文数据库、Springer及相关的一些教育网站。文献研究法主要采用归纳研究法和对比研究法。

（二）访谈法

本研究采用个体访谈和团体访谈相结合的访谈方式。访谈的程序分两步：第一步与受访者建立良好的关系，取得对方积极的配合；向受访者介绍本研究，以及他们是如何被选择作为访谈对象的，希望从他们那里了解哪些情况。第二步按照访谈提纲向受访者提问，可以根据访谈的情境转变话题，并做好记录。本次的问卷调查共随机选取10名教师与10名学生作为访谈对象，并且使访谈先于问卷调查进行，避免调查问卷中的问题对访谈对象有所暗示。

（三）问卷调查法

设计师生关系调查问卷，以书面提出问题、回答问题的方式搜集信息，从而了解当前乡村学校师生关系的现状。

（四）观察法

通过对教师与学生的关系进行课堂内外的观察，以及与教师和学生进行交流，深入了解乡村学校师生关系的现状。为了获得更可靠的信息，我们采用参与型观察法，参与跟研究相关的日常生活和课堂及突发事件处理中。在参与型观察中，观察者具有双重身份，既是研究者又是参与者，在与被观察者的相互接触和直接体验中倾听和观看他们的言行，得到对师生关系比较具体的感性认识，了解他们对自己行为意义的解释。同时，研究者将根据研究问题和情境的需要不断调整观察的目标、内容和范围，了解师生关系中的关怀因子和关怀型师生关系建立的实践基础。

四、"乡村学校关怀型师生关系"的现状调查

基于研究目的及研究意义，我们主要通过问卷调查、访谈和课堂观察等方法进行乡村学校师生关系的现状调查。在问卷调查正式进行之前，我们进入乡村学校进行了一系列的预调查，以期对问卷进行修改和完善，使之更适合乡村学校学生的认知水平和思维方式，以得到更有效的数据。

（一）调查问卷的构思与编制

我们通过文献综述总结出初步的问卷，试图从教师和学生的角度来了解乡村学校师生关系的现状、原因、影响因素，以及他们对师生关系的期待和建议。而在预调查中出现的问题和漏洞，我们进行反思和改

进，确定了最终的版本。我们试图通过调查，了解乡村学校师生现状，尤其是教学实践中的师生现状，并对这些现状进行分析、总结，希望得出一些有建设性的改进意见，完善乡村学校的师生关系，提高乡村学校的教学效率，更好地促进乡村师生的学习、成长和发展。

1. 调查对象的确定

在预调查过程中，低年级（三年级以下）的学生认知水平不足以理解并顺利完成问卷调查，我们对问卷进行修改后仍然很难得到有效问卷，而且根据初步的调查了解，乡村学校的教师带一个班一般是要一直带到学生毕业（特殊情况如教师离职或者休产假之类的除外），连续性比较强，因此为了得到有效数据，本研究调查对象选取跟教师已经有相当长的相处时间的三年级及以上的学生。

2. 维度划分

首先是总体的现状。对于学生，扩大到整个学校生活；对于教师，则横向指向其他教师，纵向指向教师与所教过的往届学生的师生关系。

（学生卷）你觉得学校的生活如何？

你对目前的师生关系是否满意？

（教师卷）您对目前的师生关系是否满意？

您认为本校教师与学生之间的关系融洽吗？

在您所教的学生中，对大多数学生与您的关系，您满意吗？

其次是询问师生关系好坏在教学实践中的一些典型细节，对师生关系进一步调查。这一部分呈现在学生问卷中：

老师对你的关心程度（表现）

你被老师惩罚过吗？

老师对待先进生/后进生一视同仁吗？

当你遇到困难时，你首先会找（　　　）。

老师在课堂教学中出现了错误，被你发现了，你会（　　　）。

当你或你的同学在某些问题上与老师观点不一致时，老师态度会怎样？

再次是教师观和学生观。这一部分我们的初衷是了解教师的学生观和学生的教师观，后期在教师问卷中也加入了一些涉及教师观的题目，这一部分多是多选题：

（教师卷）您认为好学生的标志是什么？

您喜欢怎么样的学生（按重要程度由重到轻）？

您认为合格教师的最基本条件是什么？

（学生卷）学校里什么样的老师比较多？

你喜欢怎么样的老师（按重要程度由重到轻）？

接下来是作用及影响因素。

（教师卷）您认为师生关系的好坏会影响您的教育教学效果吗？

您认为师生关系会影响学生的哪些方面？

（学生卷）你认为师生关系在平时的学习中作用如何？

在影响因素方面，选项设置上有教师、学生、环境、家长四个方面。

首先，教师对师生关系的影响。教师对学生的认知及行为、教师的压力感和教学效能感会影响师生关系的质量，长期处于高压力下的教师在与学生的互动过程中，可能会表现出消极情绪，从而导致不良的师生关系。另外，教师的受教育水平、教龄均与师生关系质量有关。在微观层面上讲，教师在教学实践中所表现的精神风貌、方式方法等也会影响师生关系。

其次，学生对师生关系的影响。学生对教师的回应对于教师的教学实践展开有着重要的影响。如果学生热烈回应教师，积极参与教学实践，并取得一定的成绩，对于教师来说，无疑是很大的鼓励。而问题行为的学生则很难与教师建立良好的互动关系，因为他们表现出的问题行为影响了与教师之间的交流。

再次，环境对于师生关系也是有所影响的，尤其是本研究选题着重于教学实践中的师生关系。教室的硬件设施、时间、温度等，都会对师生关系产生影响。

　　值得注意的是，家长对于师生关系也有不可忽视的影响。教师与家长的联系，学生与家长的联系，这无疑影响师生关系。有学者研究发现，学生早期在家庭中与父母的关系质量也会影响他们在学校与教师的关系质量。如果学生与母亲能建立亲密性和积极的情感分享，那么其师生关系也倾向于安全和非冲突性的；如果学生与母亲表现出控制问题，那么其师生关系也倾向于不安全和冲突性的。目前，乡村寄宿制盛行，家长与学校的交流合作大大减少，这种现象对于乡村儿童的身心发展都有一定的负面影响。因此在问卷调查中，我们将家长因素加入作为选项。

　　最后为了补充结构式调查的不足，在教师问卷和学生问卷各列入了两道开放题。从教师和学生的自身出发，列举出他们所认为积极的师生关系中对方的表现，以及为了完善教育教学实践，他们还有哪些需要和期待。

　　（教师卷）您认为为了维持良好的师生关系，学生应该做到哪些？

　　　　　　您认为为了进一步完善课堂教学中的师生关系，需要哪些条件？

　　（学生卷）你的老师在课堂教学中的哪种行为，会使你更愿意亲近他/她？

　　　　　　你认为，要让你在课堂教学上学习得更加顺利，还需要哪些条件？

　　为了调查得更加深入，我们在乡村学校S进行了为期两周的课堂教学观察。

（二）调查结果的整理与分析

1. 问卷的发放和回收

　　本研究选取学校A、B、C为问卷调查的样本区域。其中A为乡镇中心小学，建校历史比较悠久；B是普通的村落学校；C则为2011年新建的一所乡镇学校。三所学校均符合本研究对于乡村学校的定义，均为完全小学。

　　我们于2015年11月，以这三所乡村学校的师生为调查对象，随机进行了问卷调查。问卷分为教师卷和学生卷，设计了单选、多选、排序、问答等多种形式的20道题目，以了解乡村学校师生关系的现状。问卷大致包括以下几个方面的内容：第一，调查教师和学生对师生关系的重要作用的认识；第二，调查教师和学生对当下师生关系的满意度；第三，调查乡村学校关怀型师生关系的现状，涉及教师对学生的关心程度、关心内容、关心方式、师生对于彼此关心的理解和反应、师生的沟通交流情况等。两张问卷都包含了一道排序的选择题，按重要程度选择喜欢的教师（学生）类型。最后两个开放型问答题则分别从教师和学生的角度出发看如何构建更适合教学的关怀型师生关系，旨在参考师生的意见和期待来构建更好的课堂教学中师生关系的解决策略。

为了更好地揭示乡村学校师生关系的现状，本次调查小学生问卷题量中等，考虑到小学生的认知水平，为了保证回答的有效性，在问卷发放的时候，尽量选取三年级及以上的学生样本。而教师问卷则尽量涉及每一学科包括班主任。问卷发放及最终回收情况如图4-2所示。

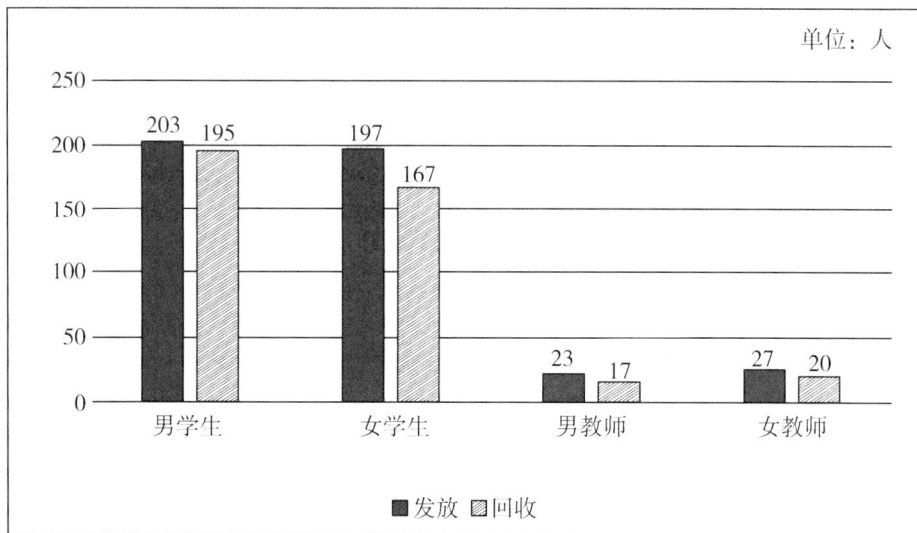

图4-2 乡村学校师生关系现状调查问卷回收结果

本次共发放调查问卷450份，回收399份，回收率为88.67%，其中教师问卷回收了37份，男教师问卷回收了17份，女教师问卷回收了20份；学生问卷回收了362份，男学生问卷回收了195份，女学生问卷回收了167份。

2. 数据整理

第一，师生双方对当前乡村学校师生关系的满意度并不如人意。

为了了解当前乡村学校师生关系的整体情况，我们在调查问卷中设计了"你对目前的师生关系是否满意"的题目，调查结果如图4-3所示。

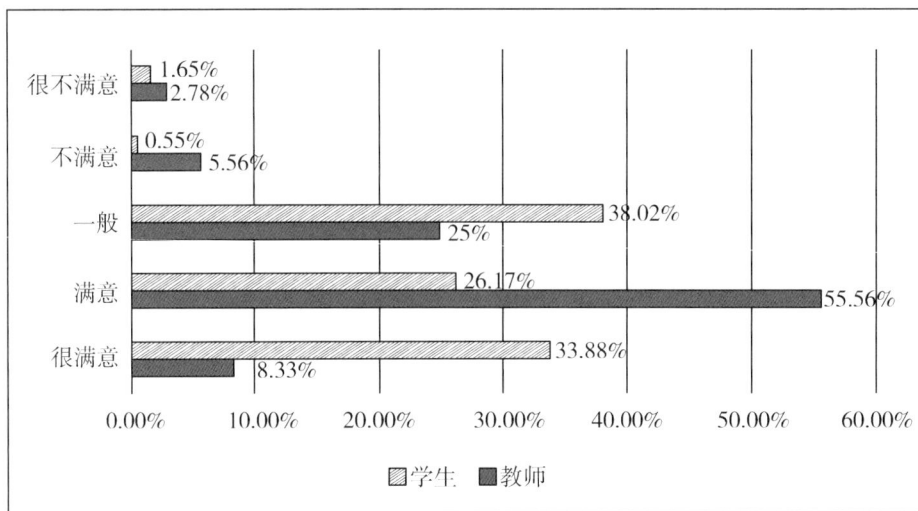

图4-3 对目前师生关系的满意程度

从教师和学生的选择结果来看，被调查的教师和学生对师生关系的满意度上还是有相当的差距的，被调查的教师和学生对师生关系的满意度整体上都不高，只有63.89%的教师和60.05%的学生对于师生关系表示"很满意"或者"满意"，其差距产生原因可能是教师没认识到师生关系存在的问题，或者学生不能认识或接受教师的关怀，再或者教师和学生之间很少就师生关系进行讨论和改善。

第二，师生双方对师生关系的影响因素的看法不尽相同。

师生关系是教育活动顺利进行和教育目标达成的基本保证，在教育教学中具有重要地位，对学生身心发展有重要影响。调查显示，在"师生关系对教育教学的影响巨大"这一问题上，教师和学生几乎没有异议，但在师生关系的影响因素归因上，教师和学生各选项的分布百分比呈现出截然相反的态势（如图4-4所示）。

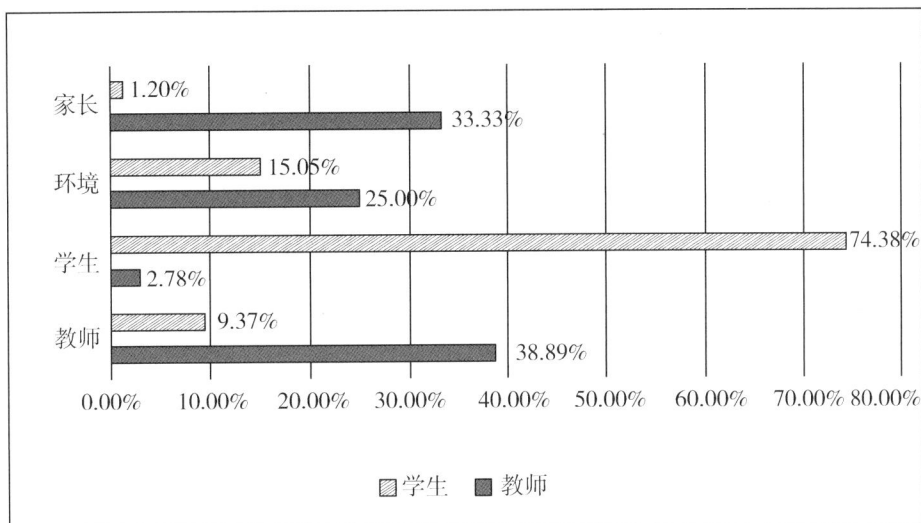

图4-4 师生关系归因

在导致师生关系紧张的原因选项上，教师和学生也有较大的分歧甚至截然相反。在师生关系的问题上，超过七成的学生都归因于自己，其次则是环境（学生对环境的理解为"同学同桌"），教师则只有9.37%，说明大部分的学生认为自己在师生关系中处于非常重要的甚至是决定性的作用，这一点在开放题中也有很强烈的表现："我应该在老师上课的时候认真听"，"我不要上课的时候跟同桌闹着玩/说小话"。而教师的选项最多的则是教师自己，也就是说大部分教师认为教师是师生关系的主导者和决定性因素。归因于自身对于激励师生进行自我完善以改进师生关系未必不是好事，但这也反映了教师和学生对于师生关系这一问题认识的片面性。另外，还有一个非常值得注意的数据，在教师调查结果中，百分比次于教师因素的则是家长，占33.33%，也就是说在教师看来，小学生的家长在师生关系上影响颇深——这一点，在开放题回答中也表现得非常明显。家校交流的减少、家长对于教师认可度的降低、教师在乡村环境中面临的文化困境，许多教师都深有其感，并且认为这会给师生关系带来消极影响。

第三，师生双方对师生关怀现状的评价不对称。

为了进一步了解当前乡村学校教师对学生关怀的具体现状，我们在教师和学生的调查问卷中分别设计了"老师对你的关心程度"和"你觉得学校生活如何"，"您与大多数学生的关系"和"我校教师与学生的关系"的题目。学生对于学校生活的满意和教师的全面关心认可度都在70%左右，教师的数据略低于学生，25%的教师认为与学生的关系很一般，这个数字不容忽视。这表明教师和学生对于师生关系的评价有着较大分歧，而且双方很少就这个问题沟通和采取措施去解决。

在对教师的教学形象期待上，教师和学生在"朋友和知己""模仿的对象""知识的传授者"选项上分布的区别不大，只是在"家长的代理人""学生集团的领导者"的选项上，学生的百分比明显高出许多（如图4-5所示）。也就是说，在乡村学校的学生对于教师的依赖、顺从和信任程度都比较高，这可能与乡村学校留守儿童众多、寄宿制广泛有关。

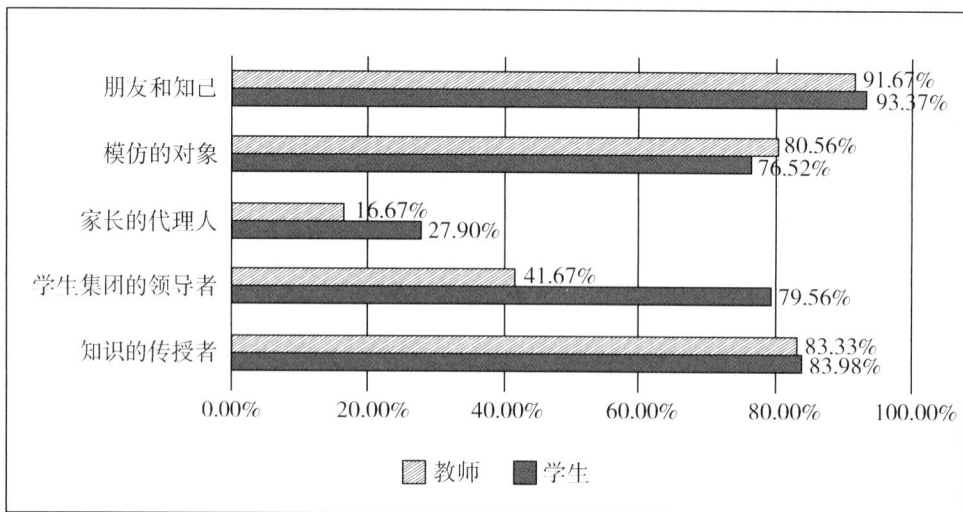

类别	教师	学生
朋友和知己	91.67%	93.37%
模仿的对象	80.56%	76.52%
家长的代理人	16.67%	27.90%
学生集团的领导者	41.67%	79.56%
知识的传授者	83.33%	83.98%

图4-5　乡村教师形象定位

开放题的有效回答卷一共有132份，由此可以管窥学生和教师对于师生关系的理解和具体期待：

第一，对教学的极大关注。对于教学的关注，不仅仅是教师，连学校的学生都表现得非常明显。认识到教学的重要性,有106个答案提到教学("上课要好""讲课讲得细""跟着老师学习""对待不同的答案要宽容"),除了在表述中表现在"能提高学生成绩",学生也非常注重教师与他们共同实践、分享、分担的过程,答案中频频出现"跟我们一起玩耍/讨论问题""跟我们谈心/谈他的事情""跟我们多交流";同时学生也热切地希望个体能够参与班级的教学管理中,出现了"每周换一个值周小班长""我也想做值周班长"之类的答案。

学生不仅认为教师应该教好课,而且认为自己也要认真学("我们要认真听课""上课不跟同桌说话")。在提到教学的答案中,有77个答案提到用游戏和活动(比赛、魔术、讲故事)的方法,表现了小学生对于游戏的热爱,另外还有21个答案提到了图片和视频("图画""图片""电视"等词),小学阶段正是形象思维充分发展的阶段,所以在教学中引入更能引起学生兴趣,并且被学生掌握。

第二,对于教师形象的描述呈现出多样化的特点。教师表现出愉快的心情,对教学的热爱,或者体现出对学生的喜爱,以及教师表现在外表仪态和道德品质上的个人魅力,使得学生更愿意亲近教师,更能体会到教师的关怀。"最喜爱的老师"答案中最多的是"和蔼而又严格的老师",其次是"笑眯眯的老师""会自己承认错误的老师""衣着整洁的老师""漂亮的老师"。

教学中的公正公平被学生一再提到,有超过半数的学生在"你希望老师做到以加强师生关系"的答案中都有涉及,包括"一视同仁""对后进生的答案也认真对待""回答问题时照顾到每一个学生"等。

第三,对于其他方面的家长对于教师的不尊重、不重视(预调查和开放题回答中都有体现);难以把主要精力放在教育教学上的原因是"已婚已育",大部分的教师表示愿意把主要精力放在教育教学上。教师对于学生不能完全做到"理想"的状态表示理解,因为"他们还太小了,不能要求太多"。

教师和学生希望有更完善的教学设施，表述多为"书本上要求有的最好都有""有电视/电脑/网络等"，这也是间接表示对教学方式更加完善的期待。

3. 调查结论

第一，乡村学校师生关系亟待加强。师生关系对于教学效率、学生身心发展、教师个人发展的重要性不言而喻。但是从数据来看，师生关系的现状并不如意。而且非常有趣的一个现象是，教师和学生并不以为这是一个值得注意的问题。而在问题的归因上面，双方多半归因于自己。也就是师生都明白，这个问题与自己切身相关，但是并不在意。关于师生关系的建立，不仅需要一系列的措施，而且还需要双方在意识上加强，才可能真正解决问题。

第二，课堂教学的吸引力不够是阻碍师生关系良好发展的主要因素。学生对于教师更多的期待仍然是"知识渊博而且严厉"的教师，可见他们评价教师及师生关系的主要因素仍然是课堂教学。而在课堂教学中，学生充满期待地提到各种希望在课堂上出现的活动，对于自己在课堂教学实践中的表现有着极大的兴趣，尽管这些很少被教师所关注并且实施，而在教师访谈中，教师表示活动数量已经足够，但是"容易影响纪律"。学生的需要、兴趣与教师的教学观念之间存在分歧，这个矛盾仍然是师生关系所面临的主要问题。

伴随着乡村师生关系的观念的改变，急切要求的是新的教学观念、形式、方法、手段的改变，这些都迫切要求乡村教师在专业知识和技能的其他方面进行配套更新。于是乡村教师的专业发展问题也就格外突出了。本次调研过程中，发现乡村学校的硬件设备有了很大的改善，即使是在偏僻的乡村学校，也配备了各种先进的多媒体设备，而且教师也在系统的培训过后，能够较为熟练地在相应的学科教学中运用这些设备。但是，学生对这些设备的使用率非常低。据了解，学校非常珍惜这些先进的工具，不敢让学生"碰坏"它们。换一句话说，即便有了先进技术手段的引用，教学形式更为精美生动了，学生在课堂上也只能是传统的、被动的。这种普遍现象也反映了教师的教学观念和教学方法是"新瓶"装"旧酒"，乡村教师的专业发展还有很长的路要走。

第三，乡村学校教师和学生之间缺乏交流。教师和学生之间除了必要的教学交流以外，很少有教师评价学生、学生评价教师的交流，甚至对于部分师生而言，连对教学的反馈都极少。在我们进行的非正式访谈过程中，教师几乎是习惯性地以为漂亮、温柔、有风度的教师会比较受欢迎，少数则坦言当学生对他们依赖的时候教师会觉得学生是喜欢、信任教师的，但是在学生答卷中"严厉"出现得并不在少数，另外出现得非常细节化的"教师自己说错了然后不好意思的时候""教师承认错误的时候""教师下课了跟我们一起说话的时候"等特色答案几乎不为教师所知。教师所努力的方向很有可能不是学生所喜欢的，而学生所喜欢的又不能反馈给教师，师生之间缺乏交流不利于良好师生关系的形成和维系。

部分学生对教师的依赖性正在增强，这一点在低年级的学生身上表现得非常集中。在儿童成长的关键时期，作为重要他人的父母不在身边，使得儿童对于教师产生了过于的依赖，教师的角色变得更为亲密和复杂，"既当爹又当妈"成了很多教师对自己身份的调侃。加拿大教育学专家马克思·范梅南表示："在不稳定的环境中，教师越来越多地承担起父母的角色。一方面学校保护孩子免受社会上的危险。更重要的是学校保护孩子免受来自家庭的伤害。"对于非寄宿制学校，留守儿童、撤点并校，上学远、安全问题多，越来越迫使教师承担起一种"替代父母"的角色，如何减少安全问题、关照问题学生而不是"专业化教师"成为教师日常工作的大事。而对于寄宿制学校，虽然部分学校有生活教师，但是生活和学习不能完全割裂开来，也为了尽量减少教室之外的学生欺凌现象以及各种意外的发生，普通的科任教师也被安排到照顾学生的生活中去。乡村剩余劳动力大批进入城市，而且以父亲外出务工为主，他们回家次数较少，有的每年仅春节回家一次，还有的甚至几年才回家一次。这使得留守儿童很少得到甚至得不到父亲的关爱，产生父教缺失现象。对于留守儿童而言，从某种程度上说，乡村教师不仅担负教师的责任，还担负着家庭教育的责任。教学关系不能概括乡村师生关系，乡村师生关系包含了亲子关系、同伴关系。

第四，家校合作过少是影响乡村师生关系发展的重要因素。家长角色在这次师生关系调查中一再出现，而且数据不容忽视。在师生关系的归因上面，虽然师生大都归因于己，但是有三分之一的教师认为家长对于师生关系起着决定性作用；而在教师角色的归因上面，有接近三成的学生认为教师是"家长的代理人"。可见家长给师生带来了多大的影响。一部分教师在访谈中表示"家长在外打工，不管孩子，孩子性格都变了"，而还有少部分教师表示家长对教师慢慢没有以前那么尊重，所以"孩子们也跟着学起来了"。毋庸置疑的是，教师与家长交流的急剧减少，家长与学生相处时间的屈指可数，都给师生关系带来了强烈的负面影响。

4. 原因分析

我们基于调查的经历和结果，对目前乡村学校的师生问题做简要分析：

第一，传统师生关系的惯性导致了对学生需要的忽略。传统的师生关系的影响根深蒂固，"师道尊严"的思想仍然在一些教师中存在，教师缺乏关怀意识。表面上看，"师道尊严"强调的是学生对教师的尊敬，而实质上，强调的是学生绝对服从的臣民意识和教师至高无上的师道权威。在本次调查中，情况与以往相比有所改善，但并不强烈。在一种传统的、人格不平等的氛围中，即便是学生表现出强烈的同教师亲近的意愿，也很难被回应。于是，学生的潜能受到抑制，个性得不到张扬与发展。教师权威式的教育，缺少应有的尊重、平等和宽容，变成了对关心对象的束缚和控制。在传统的乡村，这一情况骤然改善恐非易事，但是教师可以慢慢改变观念，平等温柔地接纳学生，试着走下"神坛"，与学生多交流互动，正如学生回答的那样，"我喜欢老师跟我说话"，"我想跟老师坐在一起说话"。

第二，留守儿童增多、撤点并校后儿童家庭教育缺失，教师的多重角色给教师带来了压力。教师既要充当"知识的传播者""问题的解决者""教学的管理者"，也要当好"学生的楷模""园丁"等角色，教师被夹在学校要求的升学率与学生要求的减负之间心力交瘁，不仅在工作中感到非常劳累，就算回到家身心也得不到彻底的放松。尤其是在留守儿童数量逐年递增、寄宿生低龄化之后，乡村学校的生活增加了更多的不确定因素，尽管有相应的生活教师，但是任课教师不可能在学生家长不在身边的情况下，心无旁骛地教学。他们往往还要承担更多的教学之外的诸如保证学生身体健康、指导人际关系发展的重要任务。某教师在"您是否能把大部分精力放在教育教学上"一题中写上备注："我尽量，但是当我结婚生子之后就很难，学生的事情我也放不开……"目前乡村教师心理负担沉重是一个不争的事实，这与学校和社会片面强调对学生的关怀而忽视对教师的关怀不无关联。在教师个人素质与人格魅力决定教学质量的传统思维下，为了激发教师应对的热情和积极性，学校以学生每次考试的分数和升学率给每位教师排序，并将其与奖金发放和职务晋升紧密挂钩，奖惩十分严格；学生出了什么事情，学校领导要追究教师的责任，家长要责骂教师，社会舆论也指责教师；学生难教、收入太低、升学压力大、教师之间竞争激烈……当人们崇尚自由与尊严，倡导教师把学生当作一个真正的人来对待时，却忘了走进教师的内心世界倾听他们的真实感受，忽视了他们作为"人"的一面。在长期的超负荷工作下，不少教师由于不能及时、有效地释放心理压力，出现焦虑、抑郁、强迫、紧张、缺乏安全感等一系列症状，身心健康状况令人担忧。社会对教师作为被关怀者身份的普遍忽视，导致教师无力充分关怀学生。

第三，家长和社会对乡村教师的认可度下降。传统教师的身份资本是村落或村落成员赋予的，它意味着教师可以以一种具有影响力的身份参与甚至改变社区生活，并得到群体的赞同与信任。新一代乡村教师的功能和角色极为单一，"撤点并校"与"农民择校"已使得乡村学校与村落渐行渐远，教师能与村民同吃一口水井、共享喜乐悲愁的生活环境被消解了。在教师专业化的背景下，教师越来越成为专业人员而不是乡村社区成员。乡村教师被纳入国家的管理体系，与地方社区逐渐疏离开，逐渐从地方社区的事务活动中退出，乡村教师与基层行政精英之间的相互流动也被切断。应该看到，乡村教师作为地方社会最广大的知识群体，蜕变为单纯"教书匠"或"孩子王"的角色，缺乏与乡村经济社会更广泛的互动与联系；乡村教师在拥有国家体制内关怀，却逐渐失去了与乡村社会文化的互动联系。其次，乡村家长与教师的交流联系大大减少，之前跟教师之间建立的良好关系也变得微妙。城乡统筹立足城市发展，着眼乡村建设，以最终实现城乡差距最小化、城市和乡村共同富裕文明为目的的一项系统工程。简而言之，就是要让更多的乡村劳动力进入城市，让更多的资金、技术、人才流向乡村。具体来讲，市和工商企业吸纳更多农民就业。农民向非农产业和城镇转移是现代化、工业化的必然趋势，农民进城务工增加了农民收入，促进了城市经济发展。处在这种转变漩涡中的乡村家长认为学生的一切教育都应该由学校全权负责，而且普遍反映出现这样的观念："如果孩子成绩好，那是我家孩子天生聪明；如果孩子成绩差，那是老师不行。"这些似是而非的道理给教师造成了极大的困扰。尤其是在学生出现问题的时候，不再像从前一样与教师认真交流从而解决困难，而是更倾向于把问题全盘推到学校和教师身上，这使得许多师生问题都陷入困境。最后，还有"灰黑文化"的影响。随着城镇化进程的展开，一些不良的势力也扩展到乡村中去，另外有些家长在城镇打工里养成的流氓习气，逐步磨掉了他们很多年前给教师的淳朴善良的印象。学校在这样的环境中显得十分无力。家长讹诈学校是在乡村调研中被普遍反映的不良现象。

学生的发展在很大程度上受家庭环境的影响，家庭对学生们成长的影响是非常巨大的，它是爱心和人际关系的学校，是学习爱的奉献以及相关的人际交往技巧等基本能力的最佳场所。因此教师也要经常与家长联系，通过家长进一步了解和理解自己的学生，更好地促进孩子各方面能力的发展，同时要促使家长营造良好的家庭环境，形成家庭与学校共同对学生们进行关心，让学生感受到周围的人都在对他关注关心。学校可以尽可能地为学生提供关怀，但是无法代替来自家庭的责任。值得庆幸的是，新型城镇化背景下乡村劳动力的"回流"，为学校与家长的合作和交流提供了可能。

五、乡村学校关怀型师生关系的理论基础

通过调查研究我们发现，乡村学校学生的健康成长和发展需要来自教师的关怀，而教师的关怀也需要来自学生的认可和回应来缓解自己的公共危机和文化困境。因此需要构建关怀型师生关系，关怀对于师生而言不仅是美德的选择，更是基于双方需要的正确存在状态，这种师生关系是建立在关怀教育理论基础上的。下面主要从三个方面来阐述我们选择关怀理论作为本研究理论基础的原因，概括介绍关怀教育理论，并总结其基本特点，最后从关怀理论的视角来分析师生关系。

（一）关怀理论的基本概述

1. 背景介绍

（1）关怀理论产生的背景。

关怀伦理学兴起于20世纪70年代末80年代初的美国，至今理论逐渐系统化而且臻于完善，并在文学研究和哲学研究领域都占有一席之地，关怀理论的代表非美国教育家内尔·诺丁斯所主张的关怀教育理论莫属。诺丁斯的理论思想备受关注不仅仅因为她所倡导的关怀教育理论的深入和全面，更因为她的"主情"，强烈冲击了当时流行的"主知"，还因为她的理论是建立在女性主义的基础上，所以，在更深层意义上冲

击了男性主义的文化传统。

诺丁斯关怀理论的提出，其现实意义是针对美国"第二次世界大战以来膨胀的个人主义传统变得越来越强大，而个人是在社会中的这一传统却越来越弱，失去了内聚的共性意识"的现实问题。因此，诺丁斯强调个人在与社会、与他人建立关系才有其意义，也就是说个人关注他人、关怀他人、关心社会，为了整个社会的发展来发展自己——这才是学校教育的意义。整个理论充满了人情关怀和道德力量，诺丁斯不仅仅强调道德的意义，而且把道德教育当作学校教育的核心，虽然并不否认知识和技能的重要，但这些都服务于道德，因为我们要了解世界并关心她的一切，所以必须学会知识、掌握技能。本着这样的初衷，她以大量篇幅详尽地描述了一种新的教育模式，围绕关心来重新组织，教会学生关心自己，关心周围的人，关心远方与自己没有关系的人，关心自然环境，关心人类制造出来的物品，还有关心知识。诺丁斯强调，"成功更意味着建立爱的关系……以及与其他生命和地球维系一种有意义的连接"。

诺丁斯的关怀道德教育理论强调对学生生命的尊重、对学生体验和感受的重视、教师的榜样作用和道德教育的实践性特征；提出了道德教育的四种方法，以身作则、对话、实践和认可。诺丁斯的关怀道德教育理论告诉我们，尊重每个学生的生命就要尊重并合理引导生命的个性和差异性。诺丁斯的关怀理论所具有的具体性、个体性、主体间性等特征彰显了鲜明的时代个性。同时，她的理论也得到跨国界和跨文化的接受。她的思想在我国具有很深厚的历史渊源。儒家强调的"仁爱"思想在某种程度上与关怀理论不谋而合。关怀品质和仁爱、恻隐之心一样是一种积极的道德情感，诺丁斯认为应该教会学生从关心自己到关心周围的人到关心远方的人，与儒家强调的"泛爱众，而亲仁"和"家国天下"的思想极为相似，这也是诺丁斯的著作自问世以来，在我国深受欢迎的重要原因。

（2）联合国教科文组织的呼吁。

《学会关心：21世纪的教育》是1989年联合国教科文组织在我国北京召开的"面向21世纪教育国际研讨会"会议报告的主题。它是21世纪教育所致力的目标，是继20世纪70年代提出"学会生存"后，教育在观念和发展方向上的又一次重大变革与更新。针对国际社会产生的新的社会问题，针对当前智育与德育脱节、个人发展与社会进步不相适应的社会现状，倡导实行新的教育体系：从强调为私人利益而学习转变到强调为公众利益而学习；重新提出教育为全体人而不是只为部分人的目标；强调自知、自尊和信心，以面对迅速变化的世界，促进发展人际关系，支持年轻人发展与他人联系的能力。

综述以上问题，它提出了在学校教育上不再仅仅停留在发展学生个体和学校本身，更是提倡学校与社会的交流和融合，特别提倡要在学校教育学校会合作；而在社会观的树立上，更强调全球化和国际性，包括对地球生态环境的热爱和关怀。于是《学会关心：21世纪的教育》建议，关心自己的家庭、朋友和同行，关心他人；关心经济和生态利益；关心人权，关心其他物种，关心地球的生活条件；关心真理和知识。这无疑对关怀理论的高扬和发展在政策上提供了强有力的支持。关怀理论的研究自此如同雨后春笋，从哲学到文学到教育，关怀理论一直被关注和提倡。

（3）新课程改革的呼吁。

新课程标准的核心观点是"以生为本"，注重新课程理念的提出和教学目标的实现，尊重学生的主体性，邀请学生加入新课程改革的浪潮中，促进师生教学过程的完善，这就要求思想品德课程要体现学生参与程度，同时提升它与生活的密切联系，满足学生及教学活动的独特要求和自主需求。

义务教育课程标准应适应普及义务教育的要求，让绝大多数学生经过努力都能够达到，体现国家对公民素质的基本要求，着眼于培养学生

终身学习的愿望和能力。教学实践面向的是全体学生，课程标准适应的要求则是"绝大多数"学生都能达到，那么在教学实践中，教师所面对和关怀的也应当是全部学生。而现阶段教师往往仅对一部分学生的发展关注——准确地说是对学业成绩突出学生的关注，让"绝大多数"学生都排除在教师的注意、关怀之外。新课程标准的提出正是针对这一现状，"改变课程评价过分强调甄别与选拔的功能，发挥评价促进学生发展、教师提高和改进教学实践的功能"，使得大部分学生能够学习成长在教师的关怀之下，接受教师的关怀，感受关怀，进而学会关怀他人。而目前的乡村学生急切需要关怀，更需要在彼此的关怀中健康成长，但是他们需要怎样的关怀，以往的研究里多半是从成人、教师的角度去考虑，并没有对学生本身进行探讨。这给乡村教师带来了教学上的烦恼。这也就为本研究将关怀理论引入我国乡村学校教学实践提供了可能。

2. 关怀理论的基本观点

关怀，在现代汉语中，指把某人或某事放在心上，意指关注、了解、重视、珍惜、爱护；在英文单词"care"中，意为"serious attention or thought，sympathetic concern，worry，anxiety，troubled state of mind"，翻译成中文有密切地注意、审慎地思考、关怀、关心、照顾、担心、操心等意思。诺丁斯提出的关怀理论是针对"以学校为中心、以教师为中心、过于传统"的情况提出的，而"过于传统"中的关心关系，其特点在于教师强迫学生去做那些他认为对于学生有益的事情，他们乐于关心，但是很多学生宣称并没有人关心他们；或者是教师所发出的"教师认为的"对学生的关心，并不是"真正能关心到"学生；或者是教师所发出的对学生的关心，并不能被学生所认为是关心。

而关怀理论则要求这两方面的改变须同时存在，其区别性的特点是"被关怀者的认真倾听和积极回应"，也就是说处于关系当中的关怀方发出能够合理满足另一方（被关怀方）的关怀行为，并最终得到对方肯定和回应的过程。即关怀是一种关系行为，这种关系行为能否成立和维持同等程度地取决于关怀者和被关怀者双方，即依赖于关怀者是否将关怀恰当地发出给被关怀者，也依赖于被关怀者能否真正在内心上接受关怀，并做出反馈和回应。这个关系中关怀行为的表达和反馈还有一个相对对等的融通，即被关怀者的接受和回应以及关怀关系的效果，一方面与关怀者发出的行为是否对关怀者有益息息相关，另一方面也与被关怀者的接受程度密切相关。意思是教师关怀学生，而学生能够感受到教师的关怀并且回应，才算是完整的关怀过程。

诺丁斯指出，应该在师生之间建立关心和信任的关系，使得有价值的信息能够有效地流通，学生在能及时得到教师指导的情况下完成具有挑战性的学习任务，这一点应成为教师落实具体教学方式的原则性思想。

在本研究中，我们不仅要了解乡村学校的学生是否得到他们所需要的适当的关怀，还需要确认他们能否认可、反馈这种关怀，使得师生之间的关怀是双向流通的，这样才能形成和谐的师生关系。

3. 关怀教育的四种方法

诺丁斯从关心伦理的角度出发，关怀道德教育包含四个主要组成部分：榜样、对话、实践和认可。她认为我们无须告诫学生去关心，只需与学生建立一种关心的关系，就能够演示如何关心，从而使得学生体验、感受并学会关怀。

（1）榜样作用是构建关怀型师生关系的基础。

诺丁斯认为榜样作用是基础。教师榜样作用是维系师生关系的坚强后盾。师生身份的特殊性在于社会性以及所承担的社会职能上。"社会代表这一角色的基本特征是'社会规范性'。它迫使教师不仅必须向学生示明何谓符合社会要求的文化（包括信念、价值观、态度及行为方式等），而且其自身首先就必须成为这些特定文化的范型，以保证对学生进行有效的文化引导与文化熏陶。"教师的榜样作用不仅体现在道德上，还体现在为人师"传道、授业、解惑"上。教师只有关怀学生，并具有知识上的权威，学生才能亲其师而信其道。

必须强调的是，所谓教师的榜样作用，不是苛求教师要刻意塑造和保持高大完美的形象让学生敬而远之，相反，为了和学生建立和谐的关怀关系，教师不应当"像一个演员"，榜样应该成为教师的一种生活方式，一种最自然不过的状态。由此也可看出，诺丁斯对于教师本身的关怀意识要求也非常高，在她看来，教师的教育教学工作不应当被看作一项艰苦而且消磨意志的任务，而是一种充满热情的生存状态，只有这样，教师才能在教学实践中自然而然地保持积极、放松、愉悦、可亲近的状态。

（2）对话是加强双方关心关系的重要过程。

诺丁斯指出，这里的"对话"不是简单的语言交往，而是关心双方共同追求理解、同情和欣赏的过程，这样能使双方建立起一种充满关心的人际关系。然后，通过"实践"关心双方练习关心的技巧，从而实现双方相互的关心。"认可"过程是双方相互肯定、试图建立信任关系的过程，是进一步加强双方关心关系的过程。

对话意味着师生关系是交互的，也就是说教学实践过程根本就不是单向的知识灌输，而是在师生之间相互交流建构起来的。这也正是关怀理论视角下的建构主义教学观，学生在与教师的关怀关系中，形成学习新知识的兴趣和动力，完善自己旧有的知识结构。

对话意味着对对方的非选择性的接受，在此基础上，双方能够有效交流，在教室的环境里，就意味着教师能够主动倾听学生的全部需求，但这并不意味着纵容和无为。"我们通过对话，来发现任何人身上可能出现的任何错误，从而使每个人都从中受益。"教师在倾听了学生的全部需求后，纠正学生的不合理需求，将正常需求和未被学生意识到的需要转变为明示的需要，从而提供适合学生成长和发展的支持。

（3）实践是师生关怀关系展开的桥梁。

诺丁斯认为学生的关怀实践可以是多种多样的，在师生关怀关系中，学生最基本的道德实践是保持对教师关怀行为的敏感性和反应力。

这并不是指一种学生迎合教师的教学策略，而是说学生学会关怀、学会自主性发展是最让教师感到欣慰的。事实上，社会或社区对教师的尊重和理解都不能替代这种教学的自然回报，否则，教师便会因为无法获得一种效能感而身心俱疲。这是之前关于关怀教育往往很少涉及的一个环节。教师需要关怀学生是毫无疑问的，而学生对于教师关怀的准确认识、认可和回应却很少被关注。所以教师在教学中实践关怀，不仅包括关怀情感和关怀行为的"发出"，而且还包含了如何让学生"感受到"关怀、"学会"如何关怀、"回应"教师关怀的实践。

一般来说，在实践活动中，学生感受到教师这样的形象：他是可信任的；他是喜欢我的；他希望了解我以帮助我；他会帮助我去认识问题；即使问题没有解决好，他还是喜欢我的……从而对教学实践中的自我有了如下认识：我能认识到自己的问题；我愿意解决问题；我会尽力做好；我能承担失败的后果并担负责任……那么关怀关系就此形成。

要在教学活动中形成积极健康的人际关系，防止消极影响。人际关系对于学生的影响之大毋庸置疑，因此我们在营造、创设关心性体系和关爱氛围中，需要坚持以关心、尊重、责任、理解、信任、合作等伦理精神引导；同时要防止、克服各种不良的和庸俗的习气侵蚀健康的人际关系和良好的精神氛围，使课堂教学在一个健康的环境中展开。"不同的社会成员通过爱与感情这种令人愉快的纽带连接在一起，好像被带到一个互相行善的公共中心"，即诺丁斯所说使学校成为"关心中心"。

教师在教学实践中不能喧宾夺主，而应"锦上添花"。但要在给学生提供支持的时候，积极与学生联系和互动，共同投入教学实践中。诺丁斯认为："如果被关心者对你的关心毫无觉察，没有积极的反应，或是敌视你的关心，教师与学生之间的关心者与被关心者的人际关系就没有建立，所以，关心者要帮助被关心者在充分知情的情况下，去有效地感知和接受这种关心。"

（4）认可是构建关怀关系的必要条件。

认可首先表明一种真心的承认，所谓承认其实就是让他人在自身的心理活动中占据一定的位置，并给予他人以自主的权利，同时个体也相应地放弃了这部分权利。所以，在那些知识渊博的教师面前，学生通常不会在知识问题上死缠烂打；而在那些知识相当丰富的学生面前，教师也通常保持着一定水平的谦逊。

认可是现实性和理想性的最佳结合点，它之所以重要，是因为每个人与生俱来的道德理想都很脆弱，需要师长温情地、创造性地介入和鼓励才能巩固与发展。诺丁斯把认可看作一种评价，传统的评价方式要求教师割裂与学生的关怀联系，把学生某一方面的表现与其整体性发展割裂开来，将教师陷于两难境地。不仅学生需要认可，教师也需要认可，对教师最好的认可就是学生对教师关怀的敏感反应性。

人总是在不断地追求社会和他人的认可，在他人的评价中认识自我。诺丁斯从一个教师的立场来阐释认可——"发现学生的闪光点"。对于个体学生而言，中小学阶段是人的自我意识迅速发展的关键时期，学生需要不断地从教师处明白自己是被关注和重视的，能够获得认可来形成正确的自我认识和积极的自我评价，获得自尊和自信，更好地成长与发展。而对于群体的学生来说，教师的认可更是意义重大。教师和学生是"一对多"的关系，教师认可学生意味着对全体学生的承认和肯定，其中包含着不带成见的尊重和包容。毕竟每个学生是不一样的，但是教师一视同仁地尊重他们各自相异的行为、气质、性格等，明白了他们的优势和劣势各不相同，他们的成长需要不同的对待，使得他们获得自身的最好发展。也就是说教师认可学生承认了差异，关照了需要，寻求的是学生共同发展的问题的解决。

教师也需要学生的认可，学生的认可是对教师关怀的一种回应和强化。教师通过学生的认可获得对教学能力、专业水平和个人形象的肯定，如果一个教师得到来自学生的肯定和承认，他必然对自己的专业素质和个人魅力有很高的评价，他就会有更高的教学热情和自我提升动力，从而发展成为更优秀的教师。而只有被学生认可，教师才可能在学生心中真正树立榜样作用，学生才会在教师的行为中去感受、模仿和内化关怀品质，与其他人（包括教师）形成更为强烈的关怀关系。

只有在相互认可的基础上，教师和学生才能真正地尊重、信任、理解对方，积极地投入教学实践中，展开有效对话，倾听对方的意见和建议，相互敞开心扉，维系和强化师生的关怀关系。

（二）关怀理论视角下的师生关系

1. 师生是关系中的存在

关系性是关怀理论最本质的特征。诺丁斯认为所有的生物从存在开始，就处于一种被保护的关系之中，而人更是如此。诺丁斯不厌其烦地强调人存在的核心是"关系"。"我们一方面觉得可以自由做决定，一方面我们仍知道我们和亲密他人是不可取消地联系在一起的。这种联结，这种基本的关系，是我们存在的核心。"她甚至更为直截了当地说："我的独立性是在一组关系中定义出来的，这就是我的基本现实。"人处于关系之中，斩断人与他人、他物的联系，人的意义也就不复存在。诺丁斯深受存在主义哲学影响，认为人的选择是自由的，并且应当为自己的选择负责，但是人所做的选择不可能脱离外部世界的影响，人在与他人、与外物的相互作用中发现自我并得以成长和发展。

而师生之间是一种特殊的交往关系。在教育世界中，教师和学生之间相互依存，教师是相对于学生而存在的，没有学生，也就没有教师；没有教师，学生也就不可能有计划、有组织地展开教学。在教学实践中，教师和学生都是活动的主体，他们都是教学活动的承担者和发动者，离开了现实的教学活动，无所谓教师主体和学生主体。在与彼此的交往活动中，教师作为交往的主体之一，注意学生、了解学生的现实状况和发展需要，并做出相应的教学行为，然后通过学生的反应认识自己的教学实践，逐步地进行专业成长和个人发展；同时学生，作为一个有

主见、有思想、有情感但尚不成熟的主体，在与教师的交往中，通过模仿、思考等多种方式逐步建构自己的知识结构，习得知识和技能，获得情感体验，形成自己的个性。

2. 关怀是维系关系的基础

关心他人和他物意味着对我们自身存在的尊重。在这个观点上，诺丁斯一再引用海德格尔的观点。海德格尔将关心描述为人类的一种存在形式。诺丁斯则进一步表明关心意味着一种关系，它最基本的表现形式是两个人之间的一种连接或接触。两个人中，一方付出关心，另一方接受关心。"我们需要这样一条线索，它能够贯穿我们生命最本质的部分，连接那些我们真正重视的东西：激情、态度、连续性、忧患意识和责任感。我愿意把关心作为这条线索。我们已经看到，关心可以在很多领域内发展，也可以实现很多目的。"从某种意义上来说，我们关心的任何活着的事物都与我们对自身的关心有所联系。

关怀理论视角下的学校教育核心在于道德教育，而关怀的情感则是人的道德基础。对于学校里的教师而言，关怀意味着教育的理想。诺丁斯不乏激情地感慨：孩子们是那样专注于他们做的事情，他们全身心地投入那些活动，结果是他们学到了东西。教师关怀学生意味着对学生要认真地倾听、观察和感受，接受他传递的所有信息。关怀理论中强调的这种接受和关注是针对所有学生，要避免关怀的"个别化"。教师特别不能对那些在学术表现突出的孩子给予特殊关照，而是要让学生明白和他们相处的人来自多种职业，也会有各自的兴趣，任何人都值得被尊重。

对于学生而言，关怀意味着他们将拥有更温情、更和谐的成长教育环境，但并不意味着只是单向地被动接受来自源源不断的爱和付出。学生在被关怀的过程中要学会感受什么是关怀，也需推己及人地理解到教师和所有其他人如同他自己一样也希望被他人接受，同样需要学生对他们的这种需要做出一定的回应。学生在直接感受教师的关怀和自身践行关怀的过程中，通过关怀自己慢慢学会关怀他人，进而培养关怀品质。

六、乡村学校关怀型师生关系的理论架构

师生都是关系中的存在，而关怀对于师生而言，是为了促使自己和他人更好地生存的选择。关怀型师生关系的构建对于师生而言是必要的，而下面基于乡村学校的实际情况，就关怀理论对师生关系的进一步分析，试图进行乡村学校关怀型师生关系的理论建构。

（一）关怀型师生关系的内涵

在诺丁斯看来，教育的主要目的是道德，它和认知等次级目的并不矛盾，但主次之分绝不能颠倒。

师生之间本质上来讲是一种关怀关系，这种关怀关系由关怀者（教师）和被关怀者（学生）共同构成，即教师和学生之间形成一种连接或接触，一方付出关怀，另一方接受关怀。因为关怀关系是一种关系伦理，因此强调被关怀者在维持关系中的作用，认为只要有一方出了问题，关怀关系就会遭到破坏。而在诺丁斯看来，师生关系是一种本质上不平等的人际关系。这个不平等不是人格尊严上的不平等。教师在教学中须同时从教师和学生的角度来考虑问题，具有很强的包容性，但是没有理由要求学生这样理解教师。诺丁斯引用了布贝尔的话说："他是来向你求助的，而你对他却毫无所求。"因此，诺丁斯的理论虽然注重强调学生的主体性，在师生关系的构建上，要求更高的仍然是教师。教师需要了解学生，从学生的角度考虑他们的兴趣和需要，从而发出"能让学生感知、认可并积极回应"的关怀，在被学生回应后，还需要能够"积极地感知"。

在教学实践过程中，学生如何处理新知识，不仅取决于原有的知识结构，还取决于教师之间的关怀关系，这种关系性关怀不仅促成主体间的有益互动，还形成对新知识的兴趣和关心，这一点在基础教育尤为明显。"教学过程既是学习主体的一种主观心理过程，同时又是一种人际关系的交互作用过程。"因此关心学生，做学生喜欢的教师，建立关怀

型师生关系显得尤为重要。诺丁斯写道："任何课程本身都不能自动使孩子们学习，在绝大多数情况下，师生关系决定孩子们对课程的学习热情。一种关心的关系可以使孩子们对外部影响和课程知识产生接受性。""谁爱孩子，孩子就爱他。只有爱孩子的人，他才能教育孩子。"师生之间实质是一种关怀性的交往关系。关怀型的师生关系，不仅要求教师成为关怀者，而且这种关怀关系必须是学生所能感知的、被他接受的。总有教师说自己对学生充满了关怀，但与此同时，总有学生抱怨教师一点也不关怀自己，因此一个教师不管他声称给了自己的学生多少关怀，被学生感受到才具有现实的意义。只有当学生作为被关怀者，"接受、确认和反馈"了教师的关怀，反过来这种体验又为教师所感知，关怀型的师生关系才算形成。

总而言之，基于关怀教育理论讨论的乡村学校关怀型师生关系，是乡村学校教师和学生在教学实践中相互作用和影响，由教师发出关怀、学生认可并回应教师，最终达到促进学生发展的交往关系。在这个过程中，师生之间相互尊重对方、积极接纳对方，从而建立起一种和谐的关怀关系（如图4-6所示）。

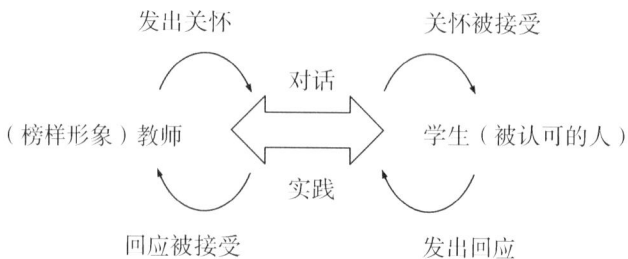

图4-6 诺丁斯关怀理论结构

1. 乡村学校教师要树立正确的学生观

本着尊重学生主体性、促进学生个体发展的初衷和信念，教师在审视和重构自己的学生观过程中，在尊重学生主体性的基础上，不仅要考虑处于中小学阶段的学生身心发展的共性，更要深入了解处于乡村学校的学生成长和发展的个性特点。

首先，学生是与教师人格平等的主体。人的成长其身心发展是一个不断发展的过程，具有连续性和不均衡性。因此，在教学过程中必须针对学生的身心发展规律和年龄特征设计针对性的学习任务，"为使学生在普遍达到基本要求的前提下实现有个性的发展，课程标准应有不同水平的要求"。采取适应性的形式和方法教给学生知识和本领，强调在尊重学生个性的基础上，满足学生多样性的需要，"应在坚持使学生普遍达到基本要求的前提下，有一定的层次性和选择性，并开设选修课程，以利于学生获得更多的选择和发展的机会，为培养学生的生存能力、实践能力和创造能力打下良好的基础"。非是要选拔最优秀的学生使之成才，乃是尽量为每一名学生个性和创造性的形成提供最好的环境和条件，使每一名学生都能基于自身的发展条件和特点获得良好的发展。

教师和学生同样都值得尊重，学生敬爱教师，教师应当尊重学生，师生在人格上是平等的，尊重学生的个体尊严，同时要严格要求。更加强调师生之间的平等和谐。但是在关怀方面，师生之间本质上却是不平等的关系。教师们肩负着学生们不应该承担的责任，他们在看待问题的时候，需要从两个角度来看：教师的角度和学生的角度。在教学上，学生是向教师求助的，而教师对于学生却别无所求，并且教师被要求有足够的能力帮助学生，而学生甚至不被要求理解教师，因为他们心智尚未成熟。在这一点上，我们要求教师要把学生看成是完整的人，另一方面，我们也要认识到他们的高度未完成性。考虑到学生所处的整体状况，乡村一般是大班教学，面向的是"大多数"，所以要考虑大多数学生的特点。关注他们的未来，把更多的目光投向他们喜欢什么、需要什么、适合什么。增进学校与社会的密切联系，培养学生的社会责任感，使他们能够将自己的未来同乡村的建设结合起来。尊重不意味着纵容，教师同时要严格要求学生，需要内在地教化和引导，以免学生误入歧途。

其次，也要认识到，学生身心尚未发育完全，需要正确引导。对学

生主体性的高扬并非是对教师作用的打压和否定。相反，这个阶段的儿童可塑性非常强，需要教师的正确引导，教师应在尊重儿童主体性的基础上给学生以指导和支持。

小学生正处于身心发展的重要阶段。小学阶段的儿童各方面的发展与学生的生活有着密切的联系。小学是儿童的知觉、情绪、思维、记忆能力、自我意识等发展的重要阶段，这个时期的学生有着明显的自我中心主义倾向。

在注意方面，小学低年级学生仍然以无意注意为主，具体生动、形象直观的事物更容易引起他们的注意。所以上课坐不稳，作业不认真，任务经常忘记是常见现象，这和儿童神经系统内抑制功能发展不完善和训练不够都是有关联的；同时也因为小学生意志的自觉性总体比较差。（小学生易被他人意见左右，尤其是成人的意见，不相信自己行为的正确性，难以坚持自己的行为。）可见，小学生时常要教师细心地监督、约束以完成学校的任务，这是学生的发展不完全决定的，同时这也是一个契机，若抓住这一重要时期培养儿童的意志品质，儿童将获益终身。

而在思维的发展上，小学生的具体形象思维和抽象逻辑思维两种形式共同发展，但抽象逻辑思维的发展速度更快，逐渐代替了具体形象思维原来的地位，转变的关键期在学校四年级（一般教育条件下）。小学生的抽象逻辑思维和成人是有本质不同的，它仍然在很大程度上直接与感知经验相联系，与概念的概括水平低相联系。思维发展很不平衡，对于那些经验丰富、表象概括性好、教师时常进行训练的学科知识，小学生思维的抽象概括水平较高，思维能力较强；相反，对于那些缺乏丰富经验、思维训练较少的学科知识，抽象概括性较差。在教学实践上，就需要教师对学生的思维水平有敏锐的观察力和判断力，并根据他们当下的水平做出正确的决策，使得教学内容、教学方法更能满足学生的需求。

常常被忽略的想象力在小学阶段的儿童身上也是非常值得注意的能力。想象不仅仍然是他们的快乐活动，使他们的各种愿望得到满足，各种思想得到表达，各种情感得以抒发，而且他们越来越重视想象的结果的社会价值。学龄儿童的想象逐渐地和以思维为核心的其他心理活动过程相结合，从而开始了有目的的创造活动。他们以极大的热忱完成想象活动，想象的结果开始变成小作品、小发明，儿童也因此成为小创造者、小发明家。这就要求教师正确地开发引导，使学生的想象力能够得到充分的发挥，闪烁出艺术的火花。

小学生的情感体验较为深刻，由于认识能力的发展，尤其是逐渐形成了一定的价值观，对很多事情的心理体验较幼儿更加深刻。小学生逐渐将情感体验与学校的行为规范和要求联系起来，心理体验更多地与学校中的学习状况、教师关注、同学关系、集体地位相联系。教师要关注学生的情感，避免他们感到孤独、恐惧。这个时期儿童的自我意识也正在发展，他人对小学生的态度，尤其是教师、父母、伙伴的态度也是影响儿童自我评价的重要因素。所以要重视成人对儿童的态度和评价，成人应客观地对具有不同个性的儿童进行有针对性的评价。自我评价与儿童交往相关，是相互影响的。高自我评价的儿童在交往中更受欢迎。教师应当正确、积极、多维地评价学生，避免学生产生自卑的心理。

再次，除了处于这个阶段的学生的普遍特征外，乡村学校学生发展中还面临一些特殊问题。

目前的乡村社会正在面临巨大的变革，大量的村民外流，这种现象意味着大多数的乡村学校学生与家长分开，只有隔代家长代理监护，他们缺乏正确的完善的亲子教育，容易各种心理问题。如因为缺少家长的保护和疼爱，在寄宿期间容易感到孤独、无助，对父母感情冷漠复杂。在现阶段寄宿制普遍而且尚未有成熟完善的管理模式之下，校园欺凌也是一大隐患，它对于乡村学校学生的伤害是广泛而且沉重的。从已有对留守儿童心理状况的研究成果中我们可以得知，留守儿童存在自卑、焦虑、逆反心理，甚至会有对父母的怨恨心理等。他们的感情需要教师的理解和抚慰，更需要向一个可以信赖和依靠的成年人倾诉并得到开导。

这就需要教师能够积极向学生靠拢，主动与他们接近，了解他们生活中的困难和疑惑。

撤点并校后，学生安全问题频出，学校责任重大，因此不少学校退而求其次，只要求学生安全就好。而对于那些相对安全的学校，它们受应试机制浸淫已久，仍以应试为最重，为了谋求更高的升学率，它们希望学生能考取好成绩，"飞上枝头变凤凰"，对学生身心面临的各种潜在问题却视而不见，对学生的需要更是无动于衷。在乡村学校，教师老龄化严重。"哥哥姐姐教高中，叔叔阿姨教初中，爷爷奶奶教学校"。在这种教学环境下，乡村学校的学生也难以在学业上产生兴趣和动力。这就需要教师多方了解，不断地同学生进行交流，改善自己的教学观念、方式方法，增强课堂吸引力，使得学生能够在课堂上有快乐的经历。

2. 教师要促使学生树立正确的教师观

关于师生关系的研究向来是强调教师由于身体、思维的成熟，因而在师生关系上处于强势地位，由此确定师生之间的关系是不平等的。这虽然是事实，但是并不意味着在师生关系上，教师是一个无所不能、一无所求的"高大全"角色。教师作为学生学习的主要榜样形象，固然应该是端庄而且积极的，但是师生关怀型师生关系的构成是一个关怀相互流通的过程，这个过程既需要教师的主动发出关怀，也需要学生的回应来完成关怀。

学生对于教师的尊重、了解和认可对于教师来说是极大的激励，也是教师职业幸福感的源泉，更是牢固关怀型师生关系的重要标志。教师要承认对于学生的需要。也就是说，教师要让学生明白：教师对于学生的关怀需要学生感受到并且回馈他，以此更好地完善师生关系来促进学生的发展。因此，教师要注意教会学生认识什么是关怀、如何去反馈关怀以及如何关怀他人等。

3. 乡村学校关怀型师生关系的构建

在树立了正确的教师观和学生观的基础上，乡村学校关怀型师生关系需要以下三个层面的结合才可能构建完成。

首先是认知关怀。这是最基本的关怀，即对学生知识和技能的习得的关心，不仅表现在结果上，同时表现在过程中。关怀教育理论视角下的教学过程是建构主义的，也就是说教学过程的本质在于关系型关怀；教学方式的实质是为学生的学习构建新的意义而不只是知识的传承；教学内容的选择与组织要超越学科知识而与学生息息相关；教学评价不是通过考试、分数来控制学生，而是促进学生自由全面发展的解放性力量。同时必须认识到，学生获取知识并不是由教师单向灌输而成的，而是学生根据自己旧有的知识结构，接受、认可教师从而完善自身知识结构的过程，即跟师生关系的关怀程度有关。一般而言，教师和学生之间的关系越亲密、越融洽，学生越容易接受教师的指导和帮助，对教学内容也越感兴趣，师生互动有效性越强。同时，教师和学生的关系也会变得更加和谐。这一点在学校时期表现得尤为明显。

其次是情感关怀。这是对于留守儿童占主流的乡村学生最重要的关怀。情感是贯穿关怀理论教育的核心。而在当下的乡村学校教学实践中，由于普遍处于成长的关键时期和长期与家长分离的特殊状况，乡村学校学生表现出了对教师的极强的情感需求。对于学生的情感关怀，一方面表现在教师要关注学生的情感问题，积极主动地引导、开解学生；另一方面要注重帮助学生学会自我调节，学会关怀他人，养成关怀品质。在这个过程中，小学生既能感受到教师的关怀，也能体会到他人和自己一样需要关怀，从而能够有效地接受、认可和回应教师的关怀。

最后是伦理关怀。伦理关怀即基于自己关怀和被关怀感觉的记忆而做出的反应，这种反应是出于我们对自己理想的忠诚而非责任而采取的行动。伦理关怀是构建关怀型师生关系的最高层面。相较于出于本能的自然关怀而言，在某些时候，有的人虽然需要我们关怀，我们却并不想去付出关怀，而处于更高层次的伦理关怀则驱使我们去关怀他人。在师生关系中，它要求教师和学生必须树立关怀的正确观念：处于关怀关系

中的教师和学生同样重要，并且在这段联接和接触中对彼此不可或缺。在关怀关系中，关怀从关怀者开始结束于被关怀者，关怀始终存在于这段关系之中。这就避免了主观的偏颇。之所以强调被关怀者对于关怀行为的接受、认可和回应完成，关怀伦理才算完成，这是强调被关怀者的主体性——被关怀者并不是被动的一方，而是具有主体性的"动态个体"，是变化发展着的个体。被关怀者以一个活生生的、有主见的、有尊严的、平等的主体呈现在关怀者面前，而关怀者——教师则以一种悦纳的态度去不加选择地接受、认可、促其发展，那么无论解决什么问题，始终是为关怀人服务的。这样的关怀式道德学习几乎无论指向什么具体内容，对于学生的认知、情感和价值观的形成，都有积极且深远的影响。

（二）关怀型师生关系的特点

1. 人文性

诺丁斯的关怀教育理论建立在存在主义哲学基础上，同时受人本主义心理学观点的影响，存在主义极力主张个人价值，张扬个性，重视主体自由。存在主义教育哲学强调"人是自由的，人就是自由"；真理就是个人的选择；人要为自己的选择负责。存在主义教育哲学观点完全与传统的过分强调社会价值，却忽视人的存在的哲学思想背道而驰，它突出了人的价值，关注人的体验和生存状况。而人本主义心理学主张以人为本，认为师生之间应该彼此关注、尊重分歧，超越差异。即便是同样发展阶段的学生也有自己的个性和特色，在教学实践中不能要求所有的学生都能达到同样的标准，而应当关注他们各自的发展路径，寻找最适合他们成长的应对方法。

在科技和文明高度发达、教育日趋民主化的时代，一种相互学习、共同成长的新型教育关系正在逐步形成，诺丁斯以关怀为理论抓手，把握住这种教育精神，强调尊重学生，把关怀深刻地建立在教育者与受教育者相互理解及民主和尊严的基础上，体现了一种人文的关怀，为西方冷漠的人情关系罩上了一层温情脉脉的色彩。客观地说，诺丁斯的关怀有别于传统意义上的那种强制性的关怀、随心所欲的关怀和想象中的关怀，它是一种主体间性的关怀，超越权利的关怀，它不仅是西方文化的思想产物，而且属于这个严重缺失了关怀精神的现代。像这种精神在我国传统的师生观上面是有所体现的，如"亲其师而信其道""师道尊严"，在我国乡村学校保持相对完整，诺丁斯的观点其实也为我们重拾传统的淳朴师生思想提供了一个方向。关怀的人文性则是要求教师透过师生关系的表面关系，走到学生心里，深刻体会他们存在的问题和困惑，回应他们对心灵关怀的渴盼。

与此同时，师生关系中，教师也不是"隐形人"，他是与学生人格平等的主体。教师要从传统的知识传授者、权威的"象牙塔"中走出，既帮助学生获取知识，又要发展学生的能力，成为学生发展的促进者。教师把学生看作自主学习的学习者。学生主动地建构知识，而教师则在经历建构的活动中，激发学生的创造力和潜能，情感、态度与价值观得以陶冶，个性得以发挥。

在教学中，教师和学生人格平等，为师生对话和互动提供了条件。教师要努力转变教学实践中教师和学生的角色和关系，教师不再是高高在上的"神"，而应在教学中改变传统的单向灌输、管束以及权威式评价，真正走入学生之中，增强与学生对话和交往，指导他们学习和发展。在这个基础上，教师和学生就能相互尊重，畅所欲言。

2. 主体间性

在解读人的存在的时候，诺丁斯惯以"主体间性"代替"主体性"。而对于主体间性的高扬，并不意味着对主体性的摒弃，恰恰是对主体性的扩展和超越。"真正的主体只有在主体间的交往关系中，即在主体和主体相互承认和尊重对方的主体身份时才能存在。在这种情况下，每个主体首先以自身为目的，又必须在一定程度上作为手段而起作用。"如果说个人不具有主体性，那么就不可能有主体之间的相互交

往，更不会有主体间性的产生。个人作为主体，他也是具有社会性的主体，总是生活在一定的社会关系中，总是和他人发生一定的社会关系。个人主体总是在与他人的交往中彰显自我的，不存在不与他人交往的个人主体。个人主体的相互作用、相互影响就形成了主体间性。主体间性主要涉及这样的特征：第一，主体与主体之间"知彼知己"；第二，它意味着交往双方的彼此承认，承认他人和自我拥有相同的地位、权利；第三，它意味着交往双方人格平等，互相尊重；第四，它意味着交往双方必须遵守共同认可的规范；第五，它意味着主体和自然界"共生共长"与"和谐统一"。主体间性并不是排除人的主体性，而是建基于个人主体性之上，并以它作为自己的运行前提。

关怀型师生关系是完整的人与完整的人之间的对话。诺丁斯深受马丁·布贝尔的我—你思想的影响。布贝尔主张师生之间的平等与交流，这要求"教育者要关切学生整个人，即当前你所看到的他生活的现实情况，以及他能成为什么样人的种种可能性。只有像这样把一个人看作一个现实的并有潜在可能性的整体，才算把他看作个性或者说品格"。"教师只能以他的整个人，以他的全部自发性才足以对学生的整个人产生真实的影响"。对于"完整的人"的一再强调，也表现了诺丁斯对于人的需要、人的尊严的重视。所以，在她看来，对话性关怀型的教师不会打着"为你好"的幌子压迫学生，榨取其最大的能量释放，他会耐心地不断以自己的关心为学生补给能量，允许学生以自己独有的生命节律实现带有个性烙印的发展。师生双方因认同而相互接纳，比如当教师设问让学生回答时，教师看到的不仅仅是学生的"答案"，他接纳的是学生本身这个"整体"，因此不论学生所讲述的正确与否，教师都会耐心地探问，使他的回答更为明确、完整，并产生更多的思考。同时，学生也不仅仅是因为这些知识而对教师产生尊敬和崇拜，更是面对一个关怀他的长者而形成强大的向心力和深厚的归属感。

3. 交互性

诺丁斯认为："关心关系建立中，被关心者的作用也是不可忽视的，只有被关心者接受、认知他人的关心并做出相应的反应时，关心关系才算建立起来。"如果关心以不被学生们接受的方式出现，那么它就不可能被学生们意识到，不管教师多么努力地去关心学生，这种关心也是白费。同时，也要促使学生经常和教师沟通，交流双方的感情，尽可能积极地做出反应和行动，从而达到教师与学生之间相互理解、相互关爱。

所有的学习都产生于相互作用。学习从来就不是教师向学生单向传授知识的过程，而是一种相互参与的结果，是学生—教师—生活经验之间的相互作用。学习不是直接从他人那里接受所传授的东西，而是进入两者共同的生活中而获得的。学习的过程是师生共同学习、互相质疑、听取意见从而达到互相帮助、共同发展的过程。在这一过程中，教师扮演着交往者的角色。在师生交往、互动过程中，达到相互理解与沟通。师生交往的过程更能体现出教师是师生共同活动的参加者和伙伴，也更能体现出师与生平等的关系。

相较于以往关怀教育过分强调教师的角色付出，关怀型师生关系的建立明显表现出了对学生的要求。学生不仅需要教师关怀，而且需要对教师的关怀做出回应。一方面学生在教学实践中要能感受到教师的关心，另一方面学生也要建立关怀自我和关怀他人的观念，学会如何关怀他人，形成关心品质。关心学生，并且教会学生学会关心。诺丁斯一再强调，"关心是一切成功教育的基石，当代学校教育可以借助关心而重新焕发生机"。

关怀型师生关系的交互性决定了教育的重要策略是主观创造条件、提供机会，帮助学生自己学习。反思参与学会关心的教育实践曾经走过的路，在"学会关心"教育的多种方法、途径中，概括出两种基本策略。这两种策略都是帮助学生自己学习：一是营造关心性人际关系体系，引导学生在关怀关系学校学习；二是指导学生践行关心，在践行关

心学校学会关心；践行，是关怀关系中践行，实质上也是在关怀关系学校学会关心。另外，在整体氛围的营造、课堂物理环境的设置和课堂纪律的维持上，教师的有意识关注和完善也是重要途径。

促进师生互动，对于学生主体性的建构和发展有着重要作用。但是并不是只要参加了师生的互动学生就能够发挥主体作用和实现主体性的发展，要形成积极有效的师生互动，关键是教师。在教育过程中，教师的角色转变、教师对学生的关注和期待、教师的领导方式等，对促进师生互动有着重要作用。首先，教师要努力转变教育活动中教师和学生的角色及其关系，使教师和学生成为民主平等的互动主体。教师应当成为良好互动环境和氛围的创造者、师生互动机会的提供者、互动过程中的组织者和促进者。教师在教学和思想教育过程中，应尽力避免传统的单向灌输、管束以及权威式评价，增强与学生的对话和交往，鼓励学生表达和参与，甚至教师应当积极向学生学习。事实上，这种积极、深入的主体互动，不仅促进了学生主体性发展，也对教师自身主体性的形成发展有着十分有效的促进作用。在这一过程中，教师应当对学生保持高度、全面的关注，对学生互动信号和行为给予积极的反馈和鼓励，为学生的互动提供一种支持性的环境。其次，促进学生在师生互动过程中深入有效地参与。

关怀型师生关系的交互作用原则强调经验过程中人的主动性，也就是要求教育过程中应尊重儿童的身心发展条件与水平。教师只有彻底放弃传统教育中的权威地位，以一个平等的参加者和伙伴的身份与儿童交往，才能真正进入儿童的活动中，了解儿童，理解儿童。教师通过与儿童的交往，既要了解儿童在学习过程中的内心感受和思想状态，又要优化与儿童学习有关的一切外部客观条件，使儿童的兴趣及参与教育过程的积极性、主动性与外部客观条件达到和谐的状态，从而发生良好的交互作用，完成经验的改造。

4. 连续性

诺丁斯始终如一地用了"连续性"来形容关怀教育理论的目的、方法和课程设置等，教育的目的是培养学生成为健康的、有能力的、有道德的人。教育教学就是要让学生在教育教学实践中通过关心自己、挖掘自身潜能逐步过渡到尊重他人、关心他人、欣赏他人中去，并实现自己的成长。关怀型师生关系并不是在短时间内就能形成的，教师和学生相处的时间长短对于其关怀性关系的成功构建起着决定性的作用。教师需要足够的时间去了解学生的情况，才能在适当的时候给学生提供针对性的关怀、安慰和引导等，而且教师还需要有足够的时间去了解学生在接受关怀之后的反应，进一步改善自己的教学方式，另外对于教师而言，建立稳定的教师—单个学生、教师—群体学生的师生关系这都不是在短时间能够完成的；而学生参与教学实践过程中的种种人际关系，意味着学生要接纳、欣赏他人（教师和其他学生），相处融洽之后，才能在活动中协同合作共同发展。诺丁斯把师生之间的相处时间下限确定为三年，认为只有在三年以上，才能有利于师生之间和谐关系的形成。在乡村学校，由于乡村环境的特殊性，师生之间的交往复杂而深刻，从课堂延展到学生的生活起居甚至校外生活。这是构建关怀型师生关系的契机，教师可以在更广阔的范围去了解学生的方方面面，学生也能多层次地了解他人、构建自己的人际关系；但也是巨大的挑战，因为在浩繁的信息中获取学生的成长信息并多方面地给予关心和指导，教师所面临的挑战是严峻的。

5. 情境性

情境性常常为诺丁斯的批评者所诟病。关怀理论涉及教育教学的方方面面，但操作性不强，对于情感教育的高扬固然使其与主知、主行派三分天下，却无法忽视情感的操作难度。因为很难像流行的某些学派观点一样，能够总结出一些可以供教师直接上手、便于操作的意见和建议。这从另一个角度说明了其理论的包容性。而在师生关系的建立中，

对于教师的信息敏感度和教学决策能力来说是极高的要求。

关怀型的师生关系是动态的、不断发展变化的。在关怀型的师生关系中，教师将帮助学生发展关怀能力，学生作为被关怀者，在学会如何"爱人"之后，也可以变成关怀者，教师作为关怀者，也可以变为被关怀者，双方关系处于良性互动循环之中，"关怀者"与"被关怀者"并不是固定不变地贴在某一个"教师"与某些"学生"的身上，甚至有的时候还会对换过来。在不同的教学情境下，有不同的决策方式。在学校教学实践活动中，教师在体能、思维和思想上处于强势地位，所以在师生关系之间，更多的是要求教师能够及时把握学生的状态，做出正确的应对措施。

总之，教师不仅要对对应阶段的儿童的整体特点有所把握和准备，而且要在课堂实践中时时关注学生的行为举止，一方面能有效地维持课堂纪律，及时调整教学进度，另一方面能对学生进行全面的了解，从而更好地对学生进行个人化的关怀。所以教师要了解和发展学生的即时状况，并参考学生的个性特征以及他们可能有的合理意见。教师监控学生正在做什么，他们知道——而且学生也知道他们知道，学生正在教室里做什么。这些教师有规律地扫视教室，经常与一些学生进行目光接触。一些违规行为发生时他们都知道而且知道是谁正在违规。他们能很快做出反应。当他们表现出这样的警觉时，学生明显学习起来更加专心一些。这样的效果在"周一倦怠"和"周五大逃亡"的课堂上效果尤为显著。

我们在课堂观察中发现，在不同的情境下发生相似状况时，同一教师的处理方式可能不一样甚至截然相反。比如在平时的讲授期间，班上发生违纪现象时，教师一般通过口令指导全班学生做出一套"静安坐端"的动作来使课堂变得有序，而且对事不对人，很少直接指责某位学生行为不端。但是当教学中有一些需要学生进行思考、阅读、练习的时间段，教师会站在讲台上，非常警觉地在班上巡视，有的时候轻声提醒纪律，给开小差的学生某些特定的信号，如一个严肃的表情，目光与他/

她相遇时声调陡变。当班上有数个学生都在违纪时，教师则会刻意地表扬一位表现很好（完成迅速且遵守纪律）的学生（很多时候只是普通甚至平日调皮的学生）。而在语言的运用上，也与矫正纪律的严词厉色截然不同，教师用这样的句式"某同学有时调皮，但他现在很认真……"效果更显著一些。

七、乡村学校关怀型师生关系的实践形态

"学然后知不足，教然后知困；知不足，然后能自强也；知困，然后能自反也。"《学记》对于师生关系的描述是"教学相长"，教学对于师生而言是相互成就、互惠互利的过程。学生学习知识补充不足，教师则通过反思来提高教学能力。本研究讨论的乡村学校关怀型师生关系基于关怀理论构建在课堂教学实践中的师生关系。营造关怀型师生关系的建立和维系不仅意味着教师能与学生平等融洽地交流、提高教学效率，也使得学生能够在教学实践中认识自我、了解他人，身心得以健康发展，而教师也将获得来自学生的认可和反馈，从而提高教师的成就感和幸福感。

因此，在教学目的上除了帮助学生掌握知识和技能外，还要把培养学生的关怀品质纳入其中，使得学生能够在融洽的师生关系中学会关心自我、关心他人，进而形成良好的人际关系。在教学内容上，学校和教师可联系乡村学校学生的生活实际，积极开发超越学科内容的校本课程。另外，加入关怀内容的学习，也有益于构建良好的师生关系。教学方法上，调动学生的参与积极性，增加有效的师生互动。富于关心的教师，总是试图为学生营造一个感觉舒服的环境。所以在教学管理上，教师要注重关怀氛围的营造和民主纪律的维持。教室作为学生参与教学实践的主要场所，需要充满关心，稳定，有安全感，有归属感，使学生能够积极主动地关怀他人、关怀自己。在教学评价方面，内容上要注重对学生的多方面评价，关注学生是否在关怀他人；形式上则应加强学生自评和学生互评等多种方式；最后，提高学生的评价能力也是提高评价质

量的重要措施。

（一）教学目的指向师生的发展和关怀关系的建立

教育的主要目的是促进学生的发展，而对于乡村学生而言，这种发展指向两个方面的需要。一个是现实的需要，即留守儿童和寄宿儿童占主流的乡村儿童现实生活的需要：他们需要更好的生存环境，需要来自成人的物质和心灵关怀；另一个是发展的需要，即学生的身心发展需要，他们是身心发展处于关键时期的儿童，这就决定了教学内容、教学方法、教学评价等方面必须考虑学生的身心发展规律和特点。其中特别需要提出的是，关怀教育理论的教学目的还特别注重学生关怀品质的习得和关怀能力的培养。这就决定了教学中教师必须重视学生关怀体验，激发关怀的快乐情感和被关怀者的温暖情感，置身于关怀关系；教师和学生相互之间加深理解，维系关怀关系；使得学生感激关怀，激发践行关怀的动力；回报关怀，使得学生自身习得相应的社会规范，朝着适合自己的方向努力发展。

关怀教育理论的教学目的不仅指向学生的发展，也关注教师的专业发展。关怀是教师的职业特点，一个人一旦进入了教师职业，他就进入了一种关怀关系。因此，教师在关怀学生的同时，在实践中与学生交往，在学校会倾听学生，通过"认可"来发现学生的闪光点，自然而然成为学生的榜样，使得教师的专业技能提高，幸福感也随之提高。

诺丁斯反对将教育看作一项"艰苦工作和消磨人的职责"的观念，从她的"在世界上的存在方式"的教育观来看，教育是一种持续学习和友好的人际关系的情景。而关怀教育理论下的关怀型师生关系，是师生作为主体存在的一种形式。因此，教学目的中必然包含构建和维持良好人际关系的部分。这个部分不仅仅指向教师个体—学生个体，而是由这种最简单的个体—个体关系，衍生出个体—群体、群体—群体等多种形态的关怀关系。为了更好的现实生活，学生需要同他生活环境中的重要他人保持良好的关系，在乡村学校生活中，则是他的教师、同学、同伴，他需要学会如何关怀自己、关怀他人。而作为教师，需要与学生保持良好的关系。良好的人际关系使得学生拥有更宽松自由的生活环境，也使得教师更容易获得专业幸福感。

（二）教学内容上要注重对学生的关怀教育

1. 教师要关心学生的身心健康

本研究主题指向乡村学校的教学实践，但是作为教师不能只关注学生在课堂上的表现。现阶段，乡村学校寄宿制非常普遍，寄宿制的主要特点就是教师和学生相处的时间更长，而且范围也从课堂教学扩展到学生的生活起居。教师要关注学生的饮食起居，帮助学生培养生活自理能力，养成良好的卫生习惯，关注学生的身体状况，稳定学生的心理情绪等理应由其父母承担的职责。尤其是部分乡村学校，设施还不完备，在宿舍通风干燥、供水供暖等方面还有欠缺，要特别注意在学生出现皮肤病、肠胃病或其他病症的时候，教师要能及时发现并迅速采取措施。

教师要利用心理学、教育学原理，了解、认识学生身心发展的规律，采取相应的形式，调节学生的心理，使远离父母的孩子能够具备一定的心理承受能力，保持活泼、快乐、健康的心态，并学会自我教育和自我调节。在学生心里感到孤独时，教师要主动了解学生，认真听取学生的倾诉，使得学生能够信赖教师，听取教师的指导意见，从而调整自我，排遣他们远离父母造成的孤独和自卑。

2. 积极开发乡土课程资源

《基础教育课程改革纲要》明确提出："学校在执行国家课程和地方课程的同时，应视当地社会、经济发展的具体情况，结合本校的传统和优势、学生的兴趣和需要，开发或选用适合本校的课程。"孩子的品德发展是弥漫和渗透在孩子的整个生活中的。他要在生活中找到各事物之间的联系，再找到和自己的联系，在茫茫世界中找到自己的归属……这是个人德性发展的根基，也是道德教育的基础。没有这个基础，道德的大厦就建立不起来。

乡村是教师和学生生活的环境，基于学生的认知经验来开发课程资源，增强他们对于家乡的了解。同时，学生在自己熟悉的环境中更容易找到事物之间的联系，在关怀自己的同时慢慢学会关怀自己生活的环境中的人和事，激发他们对于家乡和祖国的热爱。在调研过程中，我们搜集整理了大量的乡村学校乡土课程资源课程开发的案例，主要有以下四种组织形式：第一，介绍地方风土人情知识性质。有"民族大讲堂"形式的讲座或者资料展览形式。第二，地方手工艺或者民族歌舞。地方上有相关活动，学校也跟着开展一些相关活动，比如举行小型的手工艺比赛，然后将优秀成果展出奖励。经调查得知，该地区手工艺比较有特色，学校也组织过相关的比赛活动。第三，具有学校特色并逐步形成固定课时，甚至开始开发相应的教材读本的校本课程。如某校种植养殖与学生的一日三餐、劳技课、农业知识课都有关联，并且有固定的课时。乡土课程课程资源的开发就地取材非常方便，深受教师和学生喜欢，大大加强了师生对学校的归属感，能够引起乡村民众的共鸣和参与，从而使课程的展开不再是昙花一现而是拥有了顽强的生命力。有的学校在开发过程中还邀请部分家长参与和监督。

3. "身教"也须"言传"

让学生学会关心既是构建关怀型师生关系的目的，也是方法。无论是知识、能力的习得，还是情感、道德、价值观的培养，都不是教师向学生直接灌输的过程，而是关怀性关系中，学生在教师的教导、引导下，自主建构生成的过程。这个过程不仅跟学生原有的认知结构有关，还和教师与学生之间的关系有关。一方面学生在教学实践中要能感受到教师的关系，另一方面学生也要建立关怀自我和他人的观念，学会如何关怀他人，形成关心品质。同时，关怀型师生关系能够促使学生更快地完善认知结构，学会关心。

这就决定了教育的策略，主要是创造条件、提供机会，帮助学生自己学习。反思参与学会关心的教育实践曾经走过的路，在"学会关心"

教育的多种方法和途径中，可以总结出以下两条：一是营造关心性人际关系体系，创造相互关心的环境和氛围，引导学生在关怀关系中感受关心、模仿关心行为；二是在行为上指导学生践行关心，使得学生在发出关心行为的同时学会关心。所以除了教师本身对学生付出关心，以及上文提到的营造关怀氛围，教师还可以通过教学手段来教育学生学会关心。

德国存在主义哲学家卡尔·西奥多·雅斯贝尔斯说过，教育就是"一棵树摇动一棵树，一朵云推动一朵云，一个灵魂唤醒一个灵魂"。教师要注重对个体学生的关怀，对其他学生的示范和激励作用是巨大的。对于认知水平和思维能力尚不成熟的学生而言，要"身教"也要"言传"，教师要向学生讲述关怀，并要求学生理解关怀，对关怀进行判断认可和反馈。

在课堂教学中教师所表现出的对学生的关怀，对于其他学生而言是一个很重要的榜样，学生会通过模仿教师的反应在潜移默化中习得自己的关怀行为，进而塑造自己的关怀品质。学生的认知水平有限，道德发展也不完全，这种关怀行为的习得是非常缓慢而且隐性的，要加强关怀品质的形成，最好的莫过于教师大大方方地把关怀作为一种主题，教会学生明白什么是关怀、为什么要关怀、遇到各种情况要怎样关怀他人，有针对性地讲解使得学生能够更明白关怀的重要性。

在指导的形式上，可以利用专题讲座，进行典型案例分析，如果有条件可以进行相关书刊阅读辅导。在指导的内容选择上，要注重从学生的身心特点出发，从学生身边的实际出发，从学生生活和学习中的疑惑出发，诱发学生关注的热情，以起到较强的教育效果。

以下是我们在进行学校课堂观察时所记录下的一场课堂突发事件：

课堂教学正在师生互动精彩处，学生小明（本研究课堂实录中的师生均为化名）忽然呕吐。班上立刻陷入骚乱，离小明较近的有三四人离位捂住口鼻，有七八人敲桌子或发出嘘声，更多的学生是停下呆住，全班的注意力完全被小明吸引了过去，教学被迫中断。

接下来，骚乱进一步加剧，有的学生开始嗤笑，有两名男生模仿呕吐，并且嘲笑"好臭好恶心"，一部分学生窃窃私语，小明趴在桌子上不敢抬头，这时候有学生回过神来，小明的同桌小红给他拍背，有两名学生望着教师说"老师他不是故意的""老师他早上吃饭就不舒服"，后座的小林去教室后面的杂物柜拿扫帚和簸箕，坐在第一、第二排的小浩和小进离位去教室前门的角落里拿拖把，小进还有些犹豫地看向教师。

教师立马赞许点头，说："大家不要慌，小明今天是身体不舒服，他也不想这样，同学们不要慌坐到自己的座位上……小明你可以自己走动吗？嗯，现在你可以去洗手台漱口，大家看我们的小林、小浩和小进同学，当有同学遇到问题时，他们热心伸出援手……这是关心同学、热爱班集体的表现，虽然他们平时并不喜欢说话，但是今天他们表现很出色。"

一部分学生的面色开始恢复，教师趁机指向教学视频，让一排同学依次作答（基础难度的问题），开始学生回答声音较轻，渐次恢复到正常。至学生打扫完成，全班学生完全进入正常教学状态。整件事持续时间大约7分钟。

在整个过程中，教师一直站在讲台的中心，通过警示来维持班上纪律，授意学生不要四处走动；关心、抚慰小明；表扬、鼓励动手打扫和其他帮助的同学；解释小明的处境，并教导学生要关心爱护同学。

课程结束后，我们对几个学生进行了非正式访谈。

在当时表现很明显的学生小可，他离开自己的位子，并且模范呕吐，引来学生哄笑。

问：小明现在怎么样了？

答：他现在好些了。

问：他今天在课堂上那是怎么回事？

答：他昨天着凉了，早上也不想吃。（停了一会儿）他也是不舒服……

（正是下课的时候，几名学生都挤在我旁边嘻嘻哈哈，这时候都看向小可，插嘴）就是就是，老师说了，小明肚子疼才那样的，难受的，不是故意的。

问：如果下一回再遇到这样的问题呢？

（小可没有说话，表情有点难堪，在我旁边别扭了一会就跑了。）

（几个叽叽喳喳围着我的学生）他脸上过不去，不理您了。老师今天说我们要爱护同学就是在批评他。

问：班上经常会有这样的情况（同学呕吐）？

答：有的时候会有的，着凉了，不想吃饭，就会这样。

问：今天有三名同学帮忙打扫，他们平时怎么样呢？

答：前面的那两人是爱动手的好学生，后面那个平时不怎么说话。

问：你觉得他们做法对吗？

答：老师说他们爱护同学，而且手脚快，是好的，让我们也要爱护同学。

从这个案例中，我们不难发现，在课堂教学中，教师对学生的关心不只是一个单线的、单向的活动过程，而是包含了教师—个体学生、教师—小组学生、教师—全班学生的人际互动，对于师生、生生之间关怀关系的形成，起到了一举多得的影响。

教师对个体学生的关怀，使该同学体验到个体（比如说下一次其他同学遇到类似状况的时候）是需要关怀的，尤其是当他突发意外、造成身心不适的时候，需要来自他人的关怀；而在课堂和学校，教师是可以信任和依赖的，因为他愿意施以援手并且为自己解围，被关怀的学生（小明）感受到教师对自己的关注、重视和关怀，在这样的环境中也必然会回应教师的关怀。教师对个体学生的关怀，使得小组学生，尤其是在课堂教学中分布较有特色的学生，比如带头起哄的学生、帮忙安慰打扫的学生，都是一次合适的德育课程。表现好的同学得到了鼓励和强化；表现失当的同学，教师的冷处理和其他同学的反应，则起到了无声的指责作用。

同时教师的行为为全班学生做出了榜样，教师对于表现好的同学的表扬和鼓励，也给其他同学做出了表率。让学生在观念上认识到要体谅、关爱同学，同时在行为上也要学习应该如何关怀他人，所以对于学生的关怀品质的形成也是一个很好的学习契机。

4. 关注学生反馈教师关怀的能力

一般来讲，教师作为思想成熟的成人，对于学生的关怀具有非常普遍、明显的可识别特征。然而学生作为思维、思想、个性还不成熟的个体，表达自己感受的方式确实花样百出。诺丁斯认为，学生常常乐意为那些表现出对他们关怀的教师干一些事情，关怀涉及对关怀对象明示的需要的回应。在课堂观察中，我们认识到，并不是所有的学生都喜欢用"乖孩子"的表现来表达对教师关怀的喜爱和渴望，有一些学生甚至通过违反纪律来引起教师的注意和关怀，类似于"会哭的孩子有奶吃"。在这种情况下，教师要对学生的行为动机有比较深入的认识和冷静的处理方式。同时教师要让学生学会如何认识并正确回应教师的关心。学会关心对于儿童的道德成长非常重要，随着学生年龄逐渐增长，教师也要通过一些必要的方式来了解学生是否学会关心自己和他人。教师可通过正式或非正式的方式来了解学生是否认识到并且认可教师的关心，比如问卷调查或者非正式的谈话。

我们在完成初步的问卷访谈之后，通过电话和社交软件访谈过一些教师，在提及"您什么时候觉得学生是喜欢您的"，大部分教师表示知道有一部分学生很依赖自己，但是对于学生反馈的"当老师让我去黑板做题的时候我乐意亲近他""当老师自己承认错误的时候我喜欢他"则知之甚少，学生对于教师的关怀的理解是非常不同于教师的。这种信息不对等的方式对于师生的成长和师生关系的融洽显然是不利的。如果这些信息在师生之间能够有效流通，使得师生能够朝着更好的方向发展和完善，对于构建和谐师生关系是非常有利的。

（三）教学方法上调动学生的参与性，增加有效的师生互动

1. 使大多数学生投入教学实践中

其实有不少学者包括新手老师都想当然地认为，好教师就是表明他们真的很喜欢他们的学生，即对学生"温暖平易近人"。从对教师和学生的调查来看，增进师生关系最重要的仍然是教学实践的过程，而在这个过程中，如果学生能够全身心投入，与教师达到思维同步和情感共鸣，他们的注意力会保持得更持久，教学效率也会更高，教学实践和师生关系是互相成就的。精彩的教学实践必然有学生的亲历体验，必然包含着师生、生生之间的对话和参与，体现了师生之间融洽、和谐的课堂气氛。学生投入课堂意味着他们将参与知识的形成、发展、发生的全过程，主动地进行诸如阅读、观察、实验和交流等活动。那么，学生对课程的理解才能更加深入，对解决问题的策略才能精确，建立在这种基础上的师生交往互动才能融洽、平等，才有学生之间的思考和发现，才能内化为自己的技能和情感。精彩的教学实践能够激发学生的学习动机，也能树立教师的榜样形象，使得学生对教师更加认可和喜爱，进而通过模仿和内化逐步习得良好的行为习惯，而课堂上学生的参与和分享能拉近教师与学生、学生与学生之间的距离。

在教育过程中，教师要关注学生现实的生活状态，引导学生做出正确的选择。存在主义者强调，存在先于本质，学生应该勇于为自己的选择负责。而教师作为指导者，其重要任务在于引导学生做出正确的选择。"关怀教学强调教学可以从学生所接触的物品开始，在具体制作与使用物品的过程中锻炼学生基本的感知能力和实践技能，培养学生对人类文明价值的理解和鉴赏能力。"因此在教育的过程中，教师应关注学生本身的身心发展特点和需要，将教学内容与学生的生活实际联系起来。关注学生的现实生活，在教学实践中引入乡村生活实践和学生成长经历，在学生与学习文本之间建立有效连接，激发学生的学习动机，从而更热情地投入课堂教学实践中。对于不同个性的学生，教师也可适当

101

采用不同的激励方式增强他们的学习动机，如羞怯的学生如果在公共演讲有困难，那可以先鼓励他在座位上多回答问题；而活泼好动爱违反纪律的孩子，可强化他安静地帮助同学的行为。在调查中，我们发现，乡村学校的孩子无论属于哪种个性，对于教师刻意的个别关注和鼓励总是欢喜不胜并且津津乐道。

为了使得大多数学生能够尽量投入，教师应确信学生已经掌握了基本的知识和技能，并能以此为基础听懂新的学习内容。新的知识必须与以前的学习内容相关联。学习新的内容时，将学习材料以短小、连续的形式重新组织。如果学习内容很新或很难，经常提供基于以前学习内容之上的强化学习。即使学生掌握了新的学习内容，他们也需要得到经常性的强化训练。

2. 培养学生的协同合作能力

培养学生的协同合作能力，一方面是要使得大部分的学生能够积极投入教学实践中，另一方面是在其投入实践活动的过程中，尽量高扬合作，避免竞争。

课堂上的伙伴关系能鼓励学生把信息本身看作一个相互协作的过程。学生之间的有效合作，为他们提供了积极、平等参与的机会，学生个体得到学生群体的认同、理解、关爱，有利于激发学生的创新意识，有利于教学实践的交往活动的正常进行，同时也建立起了学习过程中的良好伙伴关系。学生在合作学习中，更容易接受同伴提供的经验，有助于克服自我中心意识，有效地培养责任感、合作意识和团结精神。

教师要尽可能地使大多数学生投入教学实践活动中，让学生积极参与学习活动过程，给每个学生提供自主思考、选择、表现的机会。在课堂教学过程中，教师要调动学生参与学习活动。小学阶段的儿童有极强的表现欲望。在我们进行的调查中，不少学生的答案呈现出极强的表现欲，例如对"老师什么时候让你觉得亲近"这一问题，票数很高的一个答案是"老师让我去黑板上给同学讲题/朗诵/做表演的时候"。教师要适

当满足他们的表现欲望，让学生感觉到自己是学习活动的主角，是必不可少的角色，让他们感觉到极大的成就感，觉得自己表现很出色，觉得自己受到重视，受到教师与其他同学的关注与关心，从而使他们学于教学过程之中，乐于教学过程之中。

调查数据显示，竞赛类活动在学生当中非常受欢迎，对于表现欲强烈的学生来说，在竞赛中的良好表现会带来极大的成就感，但总体来说，竞争性的课堂环境是不利的。一方面，竞争性的环境使学生更关注成绩目标而不是掌握目标。因为在这种情境下，学生更可能担心他"看起来聪明不聪明"而不关心他"学到了什么"。另一方面，竞争让少数人脱颖而出，大多数学生都是"失败者"，结果会使他们的自我效能感降低，学习的内部动机也会被削弱。为了关照到大多数学生的心理感受，教师应使学生之间的竞争最小化。最后，当学生持续看到他的同学比自己表现更好时，他们更容易将失败归因于自己能力低下而丧失信心。理想地来说，学生在合作的环境中比在竞争的环境中更能获益。在学习过程中他们不仅可以互相支持，而且还能培养对社会发展和心理幸福感来说非常重要的同伴关系。学生的学业效能感越高，则学习和获得成功的动机也越强，当与同学互相合作完成任务时也更专注于学习任务上，并且相信同伴会接受和尊重他们，也更少担心犯错或向别人求助时会遭到嘲笑。

不过不能忽视的是，调查显示，小组比赛在学生中广受欢迎，在小组活动中，大多数学生都参与并且能找到自己的责任和特长所在。对于这一点，教师可以充分利用，重视大多数人的参与，强调过程评价而不是结果，或者说在结果的处理上进行一定的变通，使得大多数人能体验到成就感。

比如，教师找到每个学生或者小组表现比较好的方面给他们一个奖励，但是也给表现最好的一个学生或者小组额外的表扬或者奖励。如果群体之间获得胜利的机会是均等的（如果每个群体都有不同的能力和特

长的话），并且最后的结果更多的是依靠学生的努力而不是依靠智力和其他无法控制的因素，那么偶尔让群体之间进行竞争是有利的。

在教学活动中尽力提供机会使儿童相互帮助，同时要避免学生之间的竞争。在活动中除了考虑活动本身的主体之外，还要充分考虑这个活动对于学生亲社会观念形成和社交技能培养的作用。因此，有意识地强调分享、合作等亲社会行为的价值；提供机会让学生互相帮助（"某同学遇到困难了，哪位同学能帮忙解决"）；小组活动采取不排除政策（只要愿意都可以参与）；注意活动中处于边缘状态的学生；和那些人际行为容易伤害别人或使别人疏远的学生一起锻炼社交技能；对那些对班级的总体成功做出贡献的学生公开予以肯定；要使学生认识到所有成员都值得同学尊重；对于欺侮行为，适当惩罚。

3. 保持师生之间的有效互动

课堂教学中的师生互动不可或缺。在目前的乡村学校教学中，班级容量偏多，很多教师教法单一传统，学生主动参与体验活动偏少，合作学习流于形式，作业反馈形式单一（没有及时反馈甚至不反馈）。这些问题反映了课堂教学中师生互动缺乏有效性，缺少师生之间彼此分享思考、经验和知识的时间。这一方面是因为教师在教学预设上缺乏准备，难以对学生的回答做出正确的反馈和引导；另一方面，教师在课堂评价方面缺乏对学生的个性关怀。

教师在课前要准备好教学预设。课堂教学过程中，师生的互动行为往往围绕着传授知识、形成技能、发展思维、获得正确的情感体验等目的进行。因此，要提高师生交往互动的质量，教师就必须精心预设教学进度和教学活动。教师应针对不同的课型、不同的教学内容，把学生认为难以理解、难以掌握的知识作为重难点精心设计，采取多种方式，可进行反复提问、适当引导，使得学生能够更好地掌握。这种精心准备的过程实际上反映的是教师对学生的关注、理解和认同。

师生互动要关照个体差异。由于学生所处的家庭环境、文化环境、自身思维方式的不同，他们的学习活动也是一个生动活泼、富有个性的过程。在教学实践中，要注重分析他们的个性特征，允许学生从不同的角度认识问题、思考问题，给他们在犯错误后改正的机会，认识并及时表扬孩子的进步表现，而不是期望所有学生以同样进度掌握学习内容，使每个学生都能主动与教师交流，与同伴合作，充分展示学习成果，分享自己的经验思考，从而达到共识、共享、共进的目的。

（四）教学管理要注重榜样形象，营造良好的课堂教学氛围

在教学实践中创造有效的心理氛围，努力提高归属感和一般集体感，使每个学生都把自己看作班级里的重要一员，学生感受到教师和学生有共同的目标，互相尊重，互相支持，相信每个人对班级学习有重要贡献。当教师尽力为学生提供机会，使学生的安全、生理、归属、自由、爱等需求都得到满足。动机，特别是内在动机和学习活动相关联，为学生行为的基本内容和方向注入活力。当动机强烈，学生临时的基本内驱力得到满足，至少得到升华时，不当行为就不太可能发生。因此，教师需要良好的准备，尽量使话题（主题）之间相关，为不同的个人提供不同的东西，要热情公平且富有幽默感。教师可以向学生直接提供帮助，其方法是叫出学生的名字，向他问候，无论课内课外都能叫出他们的名字，更多地了解学生的个人情况，找出他们的不同，使得他们更快乐。

1. 物理环境的设置

在追求设施完备的同时，要注重教学氛围的营造。营造一个良好的班级氛围，首先需要一个适合学生学习的温馨教室环境。教室和宿舍成为诺丁斯所言的"避难的巢穴"，让学生能够在其中找到归属感，使他们对班级产生热爱和认同。教师可在教室的陈设和装饰上用心，将教室布置得洁净大方：教室的空白墙面、床帘甚至清洁工具的摆放，都可以进行适当的调整和创新，有利于学生保持积极愉悦的情绪。我们调查C校，在课间时采访一个因生病不能参加课间操的学生时，问他："你长大以后想做什么？"学生答："想做宇航员。"后来去参观他所在的班

级时，发现他们班级自己命名为"远航班"，教师将学生平时自己创作的小作品，如折纸、画作、诗歌，甚至摘抄得很工整的英文课文都贴在教室背后，整体设计成了一架飞机的形状，"这架小飞机是我做的"，学生很认真地指给我们看，并且自豪地解释："所以我以后想做飞行员。"这所学校虽然设施并不齐全，但是每个班级都有一个师生共同讨论出来的名字，在教室的墙面装饰上采用师生共同创造的作品，提高学生对班级的认同感和归属感。年级较低的学生因创作能力有限，教师就拍摄学生的日常照片放在墙上，或者自己创作班级诗和班歌，因此虽然每个班级在校级的集体活动中仍然保留着某年级某班的序号，但在学生看来他们却有相异于其他班级、专属于自己的元素。我们还注意到，他们的桌椅和书籍都有不同程度的毁坏，因为他们很喜欢自己乱刻乱画，但是教室后面那面墙却保持得非常洁净。侧面的两面小墙有身高标记，记录着学生身高的成长，还有一个表格，记录着所有学生获得小红花的数量。学生们对于有着自己创造痕迹的事物显示出了与年龄不相符的耐心呵护态度。

这是一个很好的范例，然而这样让人欣慰的例子在其他学校并不多见。而目前大部分的乡村学校，一味地追求设施的完善和先进，却忽略了对学生生活环境的人文关怀。很多乡村都修建了标准化的教学楼，兴建了很多配套设施，一座座漂亮的校园拔地而起，然而经过布局调整，它们很快就被闲置了。教室多了先进的设施设备，却少了学生自己的创造和热情，更多的是一种胆怯和畏惧："我不敢碰，那个很贵，碰坏了就不能用了。"将课堂教学的物质条件调到最佳状态来提高教学效率无可厚非，但是这不应该成为刚刚接触这些现代化设施的师生交流的阻碍。教师要充分利用各种设施和空间，使之成为学生展示自己聪明才智的平台，从而加强师生的交流互动，保持师生间的有效关怀关系，最终使得教室成为学生健康成长和发展的乐园。

2. 良好课堂纪律的保持

良好的课堂纪律并不是致力于控制学生和保持"工作系统"，而是倾向于以学生为中心、更关注教会学生学会自我管理。师生间长时间的相互作用靠积累而成，它建立了一种认定和限制学生适当行为的社会规范。因此，相较于冷冰冰的条文规则，对于一个班级而言，由教师和学生共同确立一个具有班级特色和人情色彩、符合学生认知的规范，使学生对课堂运行产生舒适、愉悦之感，是很有必要的。首先学生能够在情感上接受这种规范，然后训练他们学习这些内容，然后内化为深层次的心理结构。这样，教师在规范学生行为时，学生就能接受信息的刺激从而很快做出正确的反应。这种做法对于维持班级纪律是非常有效的。

我们在观察一位教师进行低年级、以"喜欢乱跑乱跳"闻名的班级教学时，记录下有趣的课堂现象：

在教学进行到班级出现骚动，开始是小部分的学生，教师试着通过注视学生进行制止，后来骚乱蔓延，班上吵吵闹闹得越来越厉害。

教师喊："1、2！"双手合掌放在脸颊旁，学生立马齐喊："安静！"然后安安稳稳地趴在桌子上假寐，刚刚动乱的班级马上变得非常安静，教学在短暂的结束后又继续。

教师喊："3、4！"双手小臂重叠平放，学生立马齐声回复："端坐！"然后做跟教师一模一样的动作，只不过他们的手是放在课桌上，眼睛望着教师，全班都很安静和严肃。有的时候教师还会提醒正确的坐姿，学生也会跟着教师默念："头正、肩平、背直。"

一般来说，对于动静较小的违纪行为，教师都能不知不觉地处理，当不在少数的学生开始注意力分散的时候，教师会这么做。

教师停止教学，喊："古云每日足可惜。"学生立马端坐，齐声回复："吾辈分秒皆珍惜。"教室里静默了大约半分钟，接着教师会对全班刚刚的不当行为进行指责，然后接着进行教学。

一个简单、明快、朗朗上口的指令，就能让课堂很快地由无序变成

有序，这种默契的行为形成并不是突然的，而是经过相当一段时间的训练和练习，成为课堂教学中师生相互默认的行为规范。由于它是由师生共同确定、学习并且认可的行为规范，在教学秩序突然被打乱时，教师利用口令来制止学生的无序行为、唤起学生的相应有序行为是行之有效的，而且可操作性很强。

而对于个别的违纪行为，如果采取措施，教师则要注意方法和技巧。比如，对于某些特殊情境下的不当行为或者无意中的行为，教师最好的方式莫过于冷处理；对于情节轻微的不当行为，教师则采取暗示或者其他不露痕迹的管理方式制止，争取积极表现。

作为应急办法，干预应该少用或者酌情使用，应使用有效的但较温和的干预形式。只有在迫不得已的情况下，才能使用较为严厉的形式。对于焦躁不安的学生，教师的最大限度是制止不当行为。教师除了要随时了解和把握课堂全局，一定要保持平静而坚定，避免被学生的冒犯激怒，要保持克制、镇定。最重要的是避免任何形式的冲突，冲突对于教师和学生都不利。巧妙地化矛盾于无形之中，无疑是需要一定技巧的。我们观察到，在教学中总有一些需要学生进行思考、阅读、练习的时间段，成熟的教师会站在讲台上，非常警觉地在班上巡视，有的时候轻声提醒纪律，给不在做正事的学生某些特定的信号，如一个严肃的表情，目光与他/她相遇时声调陡变。当班上有数名同学都在违纪时，教师则会表扬一名表现很好（完成任务快且遵守纪律）的同学（有的是班上的优等生，有的则是普通甚至平日调皮的学生，教师用"某同学虽然有时比较调皮，但是他现在很认真"这样的句式，其效果往往更佳）。

在目前的乡村学校课堂上，尤其是低年级、学生数量比较多的情况下，教师对于纪律的管理经常感到棘手，觉得"程度难以把握"。"放养式"会纵容不当行为变本加厉，压制过重又容易造成学生心理的伤害和师生之间的冲突对立，小学时期正是学生强烈要求引起教师关注和认可的时期，有的学生甚至为了引起教师注意不惜故意违纪。因此，教师应当宽严相济，把纪律管理变成师生共同研究的主题，才能为课堂教学营造良好的氛围，使得教学能够有效展开。

3. 树立榜样形象

目前的教学研究中，教师形象已经从"蜡烛""园丁""春蚕"等传统对教师的隐喻发展到适应新课程改革需要的"反思型实践家"。调查数据显示，"衣着整洁""漂亮"的教师更受欢迎，这是学生对于教师外在形象的描述；而对于内在的描述，非常值得引起注意的是"主动承认错误""愿意跟学生谈话"的教师。教师的风度仪表、教师表现出的对教育教学事业的热爱、教师的高尚道德品质，对于学生而言，都是值得尊敬和模仿的榜样。

作为教师个人而言，为了营造良好的教学氛围需要做的个人建设包括：认真备课，热爱教育事业，承担教育责任；对学生的学业抱有符合实际的期待，同时提供必要的支持；让学生参与决策和作业的评价；包容学生偶尔的不够投入，并不以一次表现否定学生。榜样应该是一种生活方式，是教师每天非常自然的行为。最重要的是在课堂、在学校里建立起富于关心的人际关系、气氛和文化，榜样便能在其中起到非常重要的作用。漂亮、有风度、知识渊博、公正平等的教师往往能赢得学生的喜爱和尊重。然而很少有教师知道，他们在学生心目中留下的印象深刻却并不是所谓的"完美形象"，被学生认为可亲近的教师是多种多样的，其共性则是真诚，"老师自己说错了然后不好意思的时候""老师承认错误的时候""老师下课了跟我们一起说话的时候"。

真诚，即坦率诚实。在教学中，教师只有真诚热爱学生，关心学生的成长，与学生坦诚相待地进行交往，才能建立和保持良好的师生人际交往。无论是教师还是学生，都应该坦率地表达自己的真实思想、情感，而不是说大话、说假话，戴着一副虚伪的面具。由于教师在传统观念中的"神坛形象"，一些教师总是试图时时处处给学生以"好榜样"的印象。这种求全责备的做法考虑到对学生的榜样作用和影响固然无可

厚非，但是不敢暴露自己内心真实思想、情感的行为，却只能使学生"敬而远之"。事实上，学生并不会因为教师的缺点而对其丧失尊敬，教师也不会因为学生有缺点而丧失培养的信心。

在教学中建立榜样作用最直接的莫过于教师本身，教师富有风度的个人形象、渊博的知识、高尚的道德，加上教师本身是思想思维成熟的成年人，很容易在学生心目中树立榜样形象。在班级教学中，其他榜样人物的树立也是非常重要的。如果看到同学因为出色完成任务而受到表扬，那么学生就会竭力模仿他或她的所作所为，以使自己也受到赞扬。相反，如果其他同学的行为不被大家接受，那么学生自己也会竭力避免做与之相同的事。对于小学生而言，更近的榜样意味着更容易被接受和模仿，而负面的榜样具有很强的惩罚意味。学生最有可能模仿那些与自己像的人，以及自己感觉有能力、热心或有力量的人。所以教师一方面要树立榜样形象，另一方面要尽量将学生的注意力集中到起示范、榜样、正面作用的行为者身上。

（五）教学评价上注重学生的自评

关怀理论强调教学评价为学生自由发展"营造宽松的环境"，尤其强调教学评价要更多地依赖学生之间，教师在教学过程中的一个重要任务就是教会学生自主、负责任地自我评定。要注意评价是为了促进学生的发展，而不是通过一系列的考核来控制学生。教师在评价学生的时候要特别注意尊重学生的差异性，必须认识到即便是所有的学生都在自己的道路上发展到最好，结果也不可能尽如人意。学生在教师的合理评价中正确认识自己，同时学会如何评价，进而学会评价自己。由于学校时期对于同伴关系的依赖，教师也应当注重学生之间的相互评价。

1. 积极评价学生的关怀行为

教师对学生在日常生活中所表现出来的关心行为要给予及时而且积极的评价，同时要鼓励学生学会欣赏，感谢关心自己的人，使关心者从中获得积极的良好的自我形象。同时在评价时要关照学生的兴趣和需要，关心学生在课堂上是否学会了认识自己的潜力，是否学会了同学之间的互助、分享、信任与尊重，是否养成了精神与关怀的品质。

2. 注重培养学生的自我评价能力

"关怀学生的教师自然会注重培养学生的自评能力，而教师平时就会以认可的方法给学生最有益于他的评价。"教师尤其要注重培养学生的自我评价能力。诺丁斯尤其强调教学评价要更多地依赖学生之间，教师在教学过程中的一个重要任务就是教会学生自主、负责任地自我评定。诺丁斯主张每一个学生都应该学会准确地评价自己的学习，并且智慧地吸取同伴评价的意见。牢记以关怀为中心的教学目的，选择构建一种基于解放、自由、信任的关怀型教学评价模式。

八、"乡村学校关怀型师生关系"的构建路径

雅思贝尔斯把教育比作树与树的相遇、灵魂之间的唤醒与回应。长期以来，关怀教育习惯性地把被教育者放在被动的位置，而站在教育者的立场去思考被教育者的需要和反应，关怀应该来自双方，教师和学生在发出关怀和回应关怀的双向、循环的过程中深入了解对方，并认识自我，对于师生之间建立和谐平等的关系、提高教学效率是非常有利的。

对于学生而言，能够有效缓解他们由于乡村剧变带来的情感孤独，使得他们能够有更温情脉脉的成长环境，有利于他们的身心发展和人格形成。对于乡村师生而言，良好的师生关系对于他们的职业认同感和个人幸福感来说是极大的鼓舞。对于课堂教学而言，和谐、温情、融洽的师生关系是教学实践有效展开的良好基础。

从展开调查，到理论探究的不断深入，我们总结了一些与本研究主题并不直接相关，但是有着千丝万缕联系的结论。

（一）教师应增加与学生的非正式相处机会

教师应增加与学生非正式相处的机会，是因为非正式交往能够增进师生之间的相互了解，使得师生之间的关系更为深入、融洽。学生可以

通过向教师倾诉来缓解其成长的烦恼和快乐，通过教师的指导和开解来逐渐习得健康的人格，教师也可通过学生的分享和倾诉获得更多关于学生的需求、兴趣的信息，甚至发现学生在课外生活中的隐患。"痛苦因为与他人分享而得到减轻，成功也不会因为分享而有所减少。"教师要融入学生之中。在乡村学校，美丽的校外环境，温馨的学生宿舍和食堂，都可以成为师生之间友好相处的场所。我们在调查过程中感到最欣慰的是，乡村学校的很多设施都很完备，环境也得天独厚，这为乡村学校师生的非正式交流提供了很好的机会。在B校吃午饭的时候，几个学生围着教师在窗前说说笑笑，画面非常温馨；学校的围墙外有一块肥沃的土地，被划分为好几块，由高年级班级各自负责，"那菜是我们和老师一起种的"，学生们都很兴奋地向我们介绍。显然，跟教师一起活动给他们留下了极为美好的回忆，也使得他们与教师的关系更加亲密和谐。

（二）学校应给予教师相应的关怀

本研究的理论出发点有一个很重要的特点就是对于教师的关注。一方面是理论本身的要求，学生对于教师的关注、认可和回应都是关怀型关系构成的必要条件；另一方面，关怀型师生关系虽然是由师生双方共同努力来完成的，但师生之间始终是不平等的，正如诺丁斯所言，"教师在教学中须同时从教师和学生的角度来考虑问题，具有很强的包容性，但是没有理由要求学生这样理解教师"。在关怀型师生关系的构建上，教师需要关注、付出和感受到的更多、更复杂、更无私——这是由教师和学生角色的不对等所决定的。归根结底，教师需要付出更多额外的时间和精力，但在现阶段，乡村教师并不能因为额外的付出而有所回报，反而他们的工作量极为不正常地超额了。由于乡村学校聘请的后勤人员有限，有的时候教师不得不担任后勤人员的角色，比如为学生值夜、做饭等。这些额外的工作大大缩短了教师的教学准备时间，也占用了教师大量的精力，使得他们很难再抽出时间和精力去管理班级、与学生交流和对话。长此以往，必将影响教学效率和师生关系，也使得教师自身的成就感大大降低。学校应该有更完善的寄宿生管理机制和更充足的物质与精神支持，保证学生的正常生活而不应该加诸教师，使之成为教师的负担；同时学校应该为教师和学生的和谐相处构建更多的机会和更好的环境。

（三）家长在师生关系中的重要角色不可忽视

家长是学生成长过程中不可或缺的重要他人。在关怀型师生关系构建中，家长的角色频频被提起而且无法被忽视。来自最亲近之人——父母的关心，必然会影响师生之间的关心关系。"如果孩子们在家里受到父母的关心，那么对他们对教师的关系应该没有什么困难进行反馈。不过如果教师的关心在方式上有别于父母，那么孩子的困难是无所适从……这样建立互相信任的师生关系就需要更多时间。"学生对于关怀的认知是基于他以前对关怀的直观认识——他的父母，父母的关心是这样的，所以教师的关怀"也应当如此"。家长的作用是如此重要，但是在当下，乡村教育的世界里，家长的影子却渐渐隐去，留守儿童的问题一直被关注，但是作为家长的乡村村民仍然在转向城市而无暇顾及乡村学生的教育问题。这使得我们认为乡村学校关怀型师生关系的建构仅仅停留在教学实践乃至学校世界是远远不够的，还需要更多的对家长的关注和呼吁，使得乡村学校学生能有更好的成长经历。

但是留守儿童的心理孤独、乡村教师的生存困境、乡村学校教学水平的下滑等种种问题并非关怀型师生关系的建立就能够完全解决，例如我们在调查研究过程中发现：乡村学校学生对教师在情感上表现为十分依恋，在行为上则过分依赖，体现在女教师身上这种情况尤甚。学生的发展在很大程度上受家庭环境的影响，家庭对学生们成长的影响是非常巨大的，它是儿童第一所爱和人际关系的学校，是儿童掌握爱的能力以及习得社交技能技巧等基本能力的最佳场所。家庭教育的缺失使得孩子们将来自父母双亲的关怀和抚育移情到教师身上，而教师的关怀能在一定程度上弥补和改善这种现象，却并不能完全解决问题。

　　不仅仅是学生，教师的专业成长也与家长有莫大的联系。对于教师而言，同家长交流是掌握学生信息的最佳途径：学生的个性、爱好包括各种可能的问题隐患更容易被家长熟知，家长与教师的交流一方面能补充、辅助教师的工作，另一方面对促进师生关系的良性发展也有极大的正面影响。乡村教师的工作积极性和专业幸福感与家长的肯定和帮助息息相关，因此教师也要经常与家长联系，通过家长进一步了解和理解自己的学生，更好地促进孩子各方面能力的发展。同时，要促使家长营造良好的家庭环境，形成家庭与学校共同对学生进行关心，让学生感受到周围的人都在对他关注关心。我们认为，这个问题并非学校的责任，而是需要来自家长、学校、乡村社区共同的关注和努力。关于家长的问题，我们在文献的梳理和总结中，发现不少理论上的研究和探索，但是在实践上调查得并不多见。

第五章 乡村学校教师专业发展

XIANGCUN XUEXIAO JIAOSHI ZHUANYE FAZHAN

进入21世纪，各国都把教育放在优先发展的战略地位，而教师的发展则作为教育发展的前提和基础更是备受关注。《中华人民共和国教育法》规定，教师是履行教育教学职责的专业人员。2001年5月，国务院召开全国基础教育工作会议，发布了《关于基础教育改革与发展的决定》，提出了一个具有战略意义的命题：建立一支高素质的教师队伍是扎实推进素质教育的关键。《基础教育课程改革纲要》的颁布，在给教师的专业水平提出严峻挑战的同时，也鞭策着教师不断地学习研究，提高自身的教学胜任力以顺应课程改革的需求。基础教育是促进学生全面发展的基础，学校教育则是基础的基础。小学阶段是一个人成长的黄金阶段，是其踏入知识大门的启蒙教育时期，是德、智、体、美诸方面发展的奠基阶段，是一个人接受高一级教育的前提和基础。"基石之坚方能建之如固"，只有牢牢把握住学校教育教学的黄金时期，才能为学生今后的发展奠定良好的基础。"教学就是指教的人指导学的人进行学习的活动。"学生的学习效果如何，除了自身的因素之外，很大程度上取决于教师的教育教学水平。小学生的年龄决定了他们有着与其他学段的学生不同的身心发展特点及规律，这对小学教师的教学胜任力提出了特殊的要求。随着经济社会日新月异的变化，信息化进程的不断加快，小学生获取信息的渠道也在不断拓展，其知识面也不断地扩大，对学习的需求也不断增加，对教师的教学水平和质量的要求也不断地提高，教师必须努力增强自身的教学胜任力，才能满足学生日益增加的学习需求。

第一节　乡村学校教师专业发展能有效促进城乡教育均衡发展

　　改革开放以来，我国的经济建设取得了很大的成就，然而同时城乡经济社会发展的差距也在不断地拉大，乡村教育落后于城市教育，乡村教师专业发展被有意无意地忽视，这严重影响着乡村教育的发展。

　　21世纪以来，我国为了缩小城乡之间的差距，破解城乡二元体制，提出城乡一体化发展的战略以及一系列的政策、文件。2010年国务院颁布实施的《国家中长期教育改革和发展规划纲要（2010—2020年）》明确提出了"建立城乡一体化的义务教育发展机制"的教育发展目标。

　　党的十八大明确指出："大力促进教育公平，合理配置教育资源，重点向农村、边远、贫困、民族地区倾斜。"2012年12月，教育部印发了《关于大力推进农村义务教育教师队伍建设的意见》。2015年2月1日，中共中央、国务院印发了1号文件《关于加大改革创新力度加快农业现代化建设的若干意见》，尤其关注农村教育发展，提出"全面改善农村义务教育薄弱学校基本办学条件，提高农村学校教学质量"，"加强乡村教师队伍建设"等。2015年4月1日，习近平主席主持召开中央全面深化改革领导小组第十一次会议。会议审议通过了《乡村教师支持计划（2015—2020年）》，指出要把乡村师资建设摆在优先发展的战略位置，多措并举，定向施策，精准发力，标本兼治。

　　党的十九大报告明确提出"实施乡村振兴战略"，要"高度重视农村义务教育"。以上的有关乡村教育发展的政策和文件等充分表明了国家对乡村教师队伍建设、乡村教育发展的高度重视，以及对城乡教育资源均衡配置、促进城乡教育一体化的重大决心。乡村教师是乡村教育的支柱，加强乡村教师的教育教学研究，提高乡村教师教育教学水平，加强乡村教师队伍的建设，无疑是促进城乡教育均衡发展的重要举措。

第二节　乡村学校教师专业发展应关注教师教学胜任力

　　我们在乡村学校调研时，了解到乡村学校教师的结构性缺编和紧缺的问题较突出，许多乡村学校由于多年不能引进新教师，导致学校教师队伍老龄化较严重。我们在访谈中了解到，由于特定的历史原因，相当一部分乡村学校教师属于民师转正，不可否认他们的教育教学实践经验比较丰富，为基础教育做出了很大的贡献，但是他们原有的文化基础多为初中或高中，对课程改革力不从心，教育教学水平相对较低。一些老教师根本不知道课程标准是什么，备课也是仅仅根据自己以往的教学经验进行，忽略了教学设计的科学性。课堂教学存在"一言堂"的现象，教师讲，学生听，学生记。课堂提问方式也是传统的教师问学生答的"一问一答"式，有些教师更是只会提问那些基础较好的学生，因为在他们看来，这样可以节约教学时间，确保每节课的教学任务顺利地完成。有些学校由于教师紧缺，存在"包班制"现象，即一名教师担任一个班级所有科目的教学，教师大多不擅长非本专业学科的教学，那又如何保证其能胜任这些学科的教学，其教学的专业性又何以保障，学生的学习效果又何以保障？且不说教师能否胜任本专业学科的教学，同时担任多门学科的教学，教师用于钻研每一门学科的教学时间将会大大减少，这样甚至影响其本专业学科的教学，得不偿失。由于乡村学校的教育教学资源较紧缺，乡村学生的学习基础也相对薄弱，乡村学校以及乡村学校的这种特殊性决定了乡村学校教师的特殊性，对乡村学校教师的教学胜任力提出了更高的要求。针对乡村学校教师教学胜任力的发展的种种现实困境，我们认为乡村学校教师教学胜任力的提升是一个亟待研

究的问题，并且具有十分重要的现实意义。

一、胜任力

（一）素养、能力与胜任力的关系

1. 素养

素养是指在人的先天生理基础上，经过后天社会环境和教育的影响，由知识内化形成的相对稳定的心理品质。从广义上讲，包括道德品质、外表形象、知识水平与能力等各个方面，主要包括思想政治素养、业务素养、文化素养、身心素养等。

素养与胜任力的共同点在于，构成要素都包含了人的知识、技能等后天形成发展的表象要素，以及先天的能力、特质等潜在要素。但两者存在本质区别，主要表现在：

（1）胜任力与特定组织中的具体工作岗位紧密相关，而素养更多地指向个体，不受具体岗位的限制，是一个更宽泛的概念。

（2）胜任力与工作绩效紧密相连。凡是能够影响员工工作绩效的个体特征才能成为胜任力。而与绩效无关的特征，有可能是素养考虑的范畴却不是胜任力考虑的范畴。

2. 能力

能力是一种心理特征，原本是心理学范畴的概念，其定义为："掌握和运用知识技能所需的个性心理特征"，一般分为一般能力与特殊能力两类。能力与胜任力的区别主要表现在：

（1）胜任力要素包含部分能力的要素，但却不是全部；反之亦然。

（2）胜任力主要以岗位为基础，而能力更多指向个体。

（二）胜任力的内涵

1. 国外学者的解读

胜任力的概念自提出以来，由于研究观点的不同，专家学者们对其定义至今尚未统一，但明显表示出三种观点：特征观、行为观和综合观。

第一，特征观。

持特征观的学者倾向于把胜任力定义为个体特征，认为只要能将绩效优异者与绩效普通者区分开来，无论是内隐的还是外显的、生理上的还是心理上的特征，都可以界定为胜任力。美国社会心理学家戴维·麦克利兰（1973）认为，"胜任力是与工作或工作绩效或生活中其他重要成果直接相似或相联系的知识、技能特质或动机等个人特征"。

第二，行为观。

持行为观的学者强调行为及功能的作用，把胜任力看作人们履行工作职责时的行为表现，是特定情境下对知识、技能、动机等的具体应用和实际行为表现。查尔斯·乌德拉菲（1991）认为，胜任力是人们（在工作中）需要展示的行为模式的团组，而不是工作本身；是一种明显的、能使个体胜任的完成某项工作的行为。

第三，综合观。

综合观认为胜任力是特征观和行为观的相互补充，是"显性行为"和"潜在特质"的集合，是绩效优异者所具备的知识、技能、能力和特质等。弗莱什曼（1995）认为，胜任力是知识、技能、能力、信仰、动机、兴趣价值观的混合体。

2. 国内学者的解读

对于胜任力的概念，我国学者也持有不同的观点。

王重鸣认为，胜任力是指导致高管理绩效的知识、技能、能力、个性、动机和价值观等特征。

安鸿章认为，胜任力特征是指根据岗位的工作要求，确保该岗位的人员能够顺利完成该岗位工作的个人特征结构，它可以是动机、特质、自我形象、态度或价值观、某领域的知识、认知或行为技能等。

综上所述，综合各位专家和学者关于胜任力的内涵研究，结合本研究的特点，我们认为，胜任力是指在特定的工作岗位、组织文化和文化氛围中，组织人员所具备能胜任该岗位的知识、技能、动机、态度、特质、价值观、自我概念等个体特征与行为，它与工作情境相联系。

二、教学胜任力

梁燕、唐和川基于学校职初教师教学胜任力提升的研究，提出教学胜任力是指教师个体所具备的、与实施成功教学有关的专业知识、专业技能、专业价值观和个性特质，并从以活动为载体、以教研为平台、以评价为导向三个方面提出职初教师教学胜任力的提升策略。

综上所述，结合本研究的情况，我们认为，教学胜任力是指在各个学科教学中，教师所具备的成功完成教学所需要的专业知识、教学技能、教学效能感、教学研究能力和自我学习能力等胜任特征的总和。各维度的主要内容具体如下：

专业知识是指教师胜任教学工作所必须具备的知识，主要包括课程知识、学科知识、一般教学知识、学科教学知识、学习者以及特定的知识。

教学技能是指教师在课堂教学过程中，依据教学理论，运用专业知识和教学经验，使学生获得发展的一系列教学行为方式。主要包括教学设计技能、课堂教学操作技能、组织和指导课外活动的技能、教学反思技能。教学效能感是指教师认为自己有能教好学生的能力。

教学研究能力是指教师运用科学的理论和方法，对教学中的问题进行研究，以解决问题、揭示教学规律，为提高教学质量所必备的能力。

自我学习能力是指教师基于某种社会需求，基于不同的方式，通过与外部环境的互动，个体实行自主、有计划地学习的能力。

第三节　乡村学校教师教学胜任力研究及评述

研究文献的梳理是本研究的起点，通过对文献的梳理和分析才能全面地把握该领域的研究现状，更好地把握其研究趋势，为该研究寻找突破点。我们所采用的文献主要来自西南大学数据库超星电子图书（数字文献服务）、中国期刊全文数据库、西南大学图书馆外文数据库"spriger"对胜任力、教师胜任力、学校教师胜任力、学校教师教学胜任力、乡村学校教师教学胜任力的搜索。

一、国外关于胜任力的研究综述

国外关于胜任力的研究主要集中在有关胜任力概念的研究和胜任力模型的研究两个方面。

（一）有关胜任力内涵的研究

胜任力（competency）来自拉丁语 competere，其含义是适当的这一概念。

在管理学领域的研究与应用最早可以追溯至1911年，"管理学之父"泰勒（Taylor）主张通过"时间—动作分析法"分析导致工人业绩差异的原因，以此确定胜任此工作岗位的能力标准，这就是最初的基于胜任力的人力资源管理的思想与理念。

胜任力引起人们的广泛关注源于麦克利兰于1973年在《美国心理学家》杂志上发表了一篇名为《测量胜任力而不是智力》的文章，该文反对把智力测验作为评估个人绩效的唯一标准，主张用测量胜任力的方法来替代传统智力测验，该文将胜任力定义为"在特定工作岗位、组织环境和文化氛围中有优异成绩者所具备的任何可以衡量的个人特质"。

1982年，博亚齐斯在其编写的《胜任的经理：一个高效的绩效模型》一书中，将胜任力定义为"一个人具有的并用来在某个生活角色中成功表现的任何特质，这是个体的潜在特征，它可能是动机、特质、技能、自我形象、社会角色或是此人能够运用某项具体知识"。

斯宾塞等人认为，胜任力是指"能将某一工作中表现优异者与表现平平者区分开来的个人的潜在的深层次特征，它可以是动机、特质、知识、态度或价值观、自我形象、认知或行为绩能，并且能显著区分优秀绩效和普通绩效的个体特征"。

哈克尼认为，胜任力就是"一个人成功完成组织目标时所需的知识、技能和态度"。

（二）关于胜任力模型的研究

胜任力模型是指担任某一特定的任务角色需要具备的胜任特征的总和。

麦克利兰被称为"胜任力模型之父"，1973年开发了第一个胜任力模型，提出了行为事件访谈法，并建立了第一个胜任力模型。斯宾塞于1993年提出了胜任力的冰山模型（如图5-1所示）主张把胜任特征自上而下分为五个层面：技能、知识、自我概念、特质、动机，水上部分表示表层的胜任特征，易于观察和评价，也相对容易改变；水下部分表示深层的胜任特征，难以测量，也最难发展和改变，但这部分恰恰是决定人们行为和表现的关键因素。

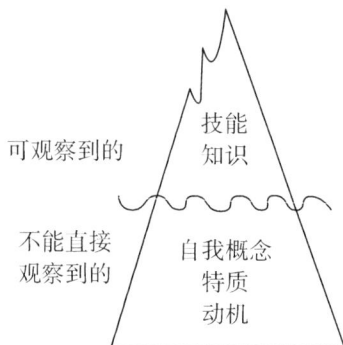

图5-1　冰山模型

（三）有关胜任力模型的应用研究

1. 胜任力模型在管理领域中的运用

博亚齐斯于1981年建立了管理人员胜任力通用模型共有6个维度、19项胜任特征。斯宾塞自1989年开始对多种工作进行了20年的研究，形成了21项基本的个人胜任特征。斯宾塞根据不同的工作类型，建立了包括专业技术人员、销售人员、人类服务工作者、管理人员和企业家五大类的通用行业的模型。

2. 胜任力模型在教育领域中的应用研究

胜任特征的研究在管理领域研究的影响逐渐扩展到教育领域。

马尔德认为，教育胜任特征中，影响较大的主要有能力本位的教师教育和人本本位的教师教育，此后的研究中，分别出现了两种模型：一种是以"技能"为本的胜任力模型，另一种是以"素质"为本的胜任力模型。

二、国内关于胜任力的相关研究

我国学者对胜任力的研究起步相对较晚，开始于20世纪90年代，主要受国外研究的影响。2000年，浙江大学管理学院的王重鸣教授等把胜任力翻译成胜任特征，以此来区别被国内广泛使用的"素质"这一概念。此后，国内出现对胜任力研究的高潮，研究范围也逐渐扩大，渗透到教育领域。

（一）关于胜任力的内涵研究

对于胜任力的概念，专家、学者们从不同的视角对其进行了有益的探讨。王重鸣（2000）提出，胜任力是指导致高管理绩效的知识、技能、能力以及个性、动机、价值观等特征。章凯（2004）认为，胜任力是绩优者所具备的个体特征，包括个体特征、行为特征和工作的情境条件。

（二）有关胜任力模型的研究

2003年，国内学者彭剑锋在冰山模型的基础上，提出了洋葱模型（如图5-2所示）。该模型在描述胜任特征时由表层向里层，层层深入，最表层的是知识、技能，易于培养与评价，最里层的特质及动机属于个体潜在的特征，难以评价与习得。

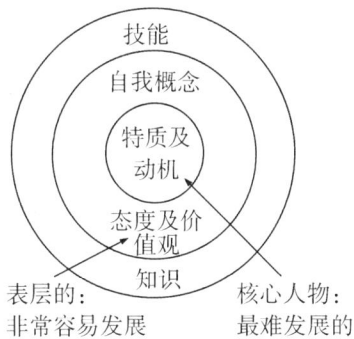

图5-2　洋葱模型

（三）胜任力模型在管理领域中的运用

国内管理领域对胜任特征的学术研究始于20世纪90年代末，多年来取得了很多研究成果。1999年，王重鸣提出了跨文化背景下的胜任力管理发展模型四个维度：文化胜任力、决策胜任力、成就胜任力和团队胜任力。刘学方和王重鸣（2006）通过访谈和问卷调查的方法，在国内外首次建立了家族企业接班人胜任力模型。

三、关于教师胜任力的研究

（一）国外研究

有关胜任力的研究不只是局限于企业组织管理领域，在教育领域胜任力的研究已经逐渐展开。

莫斯（1971）提出教师具有的胜任力被认为是把教师区别于其他职业的那些胜任特征。瓦特斯（1982）提出教师胜任力是指成功的教学实践所必需的教育教学方面的知识和能力。丹尼尔森等（1996）人提出教师胜任力模型的四个维度：计划与准备、教师环境监控、教学和专业责任感。

（二）国内关于教师胜任力的研究

我国有关教师的研究是一个循序渐进的过程，以往的研究主要是对优秀教师应该具备的品质进行研究，侧重从教师能力和素质的角度去研究。研究主要集中在优秀教师和班主任、高校辅导员应该具备的品质特性的研究。刘兆吉等人（1998）研究了120名优秀教师和模范班主任的心理品质。傅道春（2001）认为优秀教师与一般教师的差别主要表现在从事教育工作的使命感、求知的欲望与兴趣、对工作的事业心与上进心、物质条件需要上的差别、获取成就的动机与欲望这五个方面。徐建平（2004）运用行为事件访谈法构建了中小学教师胜任力模型。朱晓颖（2010）将小学教师的教学胜任划分为教育能力、态度、心理特质和动机四个维度对小学教师进行调查研究。

四、乡村教师胜任力相关研究

何秋菊（2011）通过问卷调查法以及核检表法研究了构建西南地区乡村中小学教师胜任特征的结构维度，具体包括沟通合作、自我意向、工作态度。魏向军、周亚莉、王婷（2013）界定了教师胜任力的内涵，认为教师胜任力是指教师的人格特征知识和在不同教学背景下所需要的教学技巧及教学态度的综合，是教师个体所具备且与实施成功教学有关的一种专业知识、专业技能和专业态度或价值观。李三福、吴姝璇、邝娅（2015）通过问卷调查研究分析了乡村中小学教师胜任特征发展的困境，并从发展的视角提升乡村中小学教师胜任特征水平应着眼于破解一系列发展困境。

五、乡村学校教师教学胜任力相关研究

李雪通过行为事件访谈法和问卷调查法构建了辽西农村小学教师教学胜任力模型，划分为九个维度，即认知特征、职业态度、个人特质、关系特征、成就动机、学生观、教学机制、情绪特征、管理能力，并从教龄、学历、性别、任教学科等角度分析了辽西农村小学教师胜任力水平的影响因素。

梁燕、唐和川认为，基于小学职初教师教学胜任力提升的研究，提出教学胜任力是指教师个体所具备的、与实施成功教学有关的专业知识、专业技能、专业价值观和个性特质，并从以活动为载体、以教研为平台、以评价为导向三个方面提出职初教师教学胜任力的提升策略。

六、教师教学胜任力的影响因素研究

教师的教学胜任力受到多种因素影响，从已有研究文献来看，主要有内部因素和外部因素。

（一）内部因素

影响教师教学胜任力的内部因素主要包括教师的教龄和教师的受教育水平。

1. 教龄

已有的大量研究都表明教师的教龄对其教学胜任力水平有重要影响。一般而言，随着教龄的增加，教师的教学经验也在不断地增加，教师的教学胜任力水平也呈现逐渐上升的趋势。徐建平（2004）将教师的

教龄划分为0～5年、5～10年、10～20年及20年以上四个阶段，通过比较发现教师的教龄越长，其胜任力水平也越高。马红宇针对824名中小学一线教师的调查也表明，随着教龄的增加，教师胜任力的总体水平呈上升的趋势，并且在从教15年以前这种上升趋势比较快，而在从教15年以后这种上升的趋势逐渐减缓。

2. 受教育水平

教师的受教育水平对教师的教学胜任力的发展也具有重要影响。教师的受教育水平主要体现在学历上。李雪（2014）关于乡村学校教师胜任力的研究表明，学校教师胜任力在学历上存在显著差异，整体呈上升趋势，本科学历的教师要高于其他学历的教师。但学历因素对教师胜任力的影响差异会随着任教时间的增加而变小，因为教师从事教学工作以后，不断地学习提高自己，长期从事教学实践活动，使得自己的经验逐渐丰富，实际教学胜任力也得到提高。

（二）外部因素

1. 学校性质

已有的研究表明，学校性质是影响教师胜任特征水平的一个重要的外部因素。马红宇（2010）针对中小学教师进行的一项调查研究发现，不同层次学校的教师在胜任力水平上存在显著差异，即随着学校层次的下降（由省重点学校到普通学校），被调查教师的胜任力水平也呈现出逐渐下降的趋势。

2. 学生特点

作为教师最重要的工作对象，学生的类型和特点也可能影响教师的胜任力水平。韩蔓茹研究发现，在心理辅导能力和知识结构上，初中班主任的水平显著高于高中班主任。

七、简要评析

通过对胜任力、教师胜任力、学校教师教学胜任力三个层面的研究综述可以发现，胜任力理论内容已经被广泛接受，研究的结果证明胜任力理论的科学性和有效性。教师作为一种专业人员已经被纳入胜任力理论的研究范畴，有关教师教学胜任力、学校教师教学胜任力的研究也取得了一定的成果，但是研究还存在一些不足的方面：

（一）研究重理论、轻实证

大多数关于教师教学胜任力的研究偏向理论思辨，研究或仅限于教学胜任力模型的建构而缺乏进一步的论证和检验，或者只是一些有关国内外关于这方面的研究综述，实证研究相对较少。

（二）管理领域的研究较多，有关学校教师教学胜任力的研究较少

通过文献检索及分析可以发现，不管是著作还是期刊论文、毕业文，有关胜任力的研究在管理领域居多，在教育领域的较少。与教师有关的胜任力研究也仅限于教师的岗位胜任力的研究，有关教学方面的研究少之又少。而有关教学胜任力的研究也多为中小学教师教学胜任力的研究，单独以小学、初中、高中教师教学胜任力作为研究对象的也很少。乡村学校教师教学胜任力的研究并没有引起足够的重视，因此对其进行深入研究，是十分迫切而且有必要的。

（三）教学胜任力研究缺乏针对性，研究对象、内涵表述模糊不清

尽管胜任力理论为我们的研究提供了一个全新的视角，并且其模型的建构给我们很多启发。但通过对有关文献的分析，发现许多通用的胜任力模型都被不加取舍地套用到教师教学胜任力的研究中，或者存在内涵表述不清，甚至一些与教学胜任力无关的维度也被划入教学胜任力的内涵当中，或者所研究的内容与题目不相符，出现教学胜任力和教师胜任力相混淆的现象。因此有必要对乡村学校教师教学胜任力进行研究，厘清其概念内涵，并进一步探究其提升路径。

第四节　乡村学校教师教学胜任力研究意义

随着城镇化进程的加快，城乡二元结构日益凸显，城乡教育资源的不均衡也随之加剧，许多乡村教师都通过各种考试考到城里，使乡村师资出现大规模流失和紧缺。由于编制名额有限，乡村教师的结构性缺编和紧缺更加严重，许多乡村学校出现了"包班制"，这种现象严重影响了乡村学校的教育教学质量，加剧城乡教育的不均衡发展。因此，在当前城镇化快速发展、城乡教育资源不均衡的情况下，本研究从胜任力的视角，深入研究胜任力理论，并对乡村学校教师教学胜任力的现状进行调查研究，提出乡村学校教师教学胜任力的提升路径，对推动乡村学校教育教学实践活动有着十分重要的理论意义和实践意义。

一、理论意义

首先，通过胜任力的视角，并且以乡村地区为切入点，以特定学段教师的教学为研究对象进行研究，为乡村学校教师教学的研究提供了理论上的支持，同时也在一定程度上丰富了胜任力理论。

其次，通过对乡村学校教师教学胜任力各维度的分析，明确了研究的内涵和方法，为教师教学胜任力的提升提供了方法上的支持。

二、现实意义

其一，研究乡村学校教师教学胜任力是贯彻国家关于加强教师队伍建设的政策的现实需要。

其二，有助于提高乡村学校教学水平，促进乡村教育的均衡发展。

其三，为乡村学校教师的选拔聘任、职称评定、培训等提供有效的借鉴。

最后，有助于促进乡村学校教师的专业发展以及有针对性地制定职业生涯发展规划。

第五节 乡村学校教师教学胜任力研究思路及方法

本研究的核心内容是如何提升乡村学校教师的教学胜任力。即通过文献分析、现状调查等形式，深入了解乡村学校教师胜任力的现实水平，并在此基础上探寻乡村学校教师教学胜任力的提升路径。对该问题的探讨还会涉及相关延伸性问题，主要包括下列四个具体问题：乡村学校教师教学胜任力的内涵是什么？乡村学校教师教学胜任力的现状如何？乡村学校教师教学胜任力的影响因素是什么？乡村学校教师教学胜任力的提升路径是什么？

一、研究思路

本研究主要遵循如下思路：理论架构—现状调查—分析讨论—路径探析。具体步骤如下：第一，通过对国内外有关胜任力、教学胜任力以及教师教学胜任力的文献进行分析，为研究奠定一定的文献基础。第二，在文献分析、行为事件访谈以及专家小组评议的基础上，建立乡村学校教师教学胜任力的理论架构。第三，基于乡村学校教师教学胜任力的理论架构，形成乡村学校教师教学胜任力的理论维度，并结合有关教师教学胜任力以及乡村学校教师教学胜任力的问卷，编制"乡村学校教师教学胜任力问卷"，设计"乡村学校教师教学胜任力访谈提纲"，并在广西、重庆两地展开调查。第四，通过SPSS统计软件对问卷调查所搜集到的信息进行统计分析，了解乡村学校教师教学胜任力的现状。第五，在数据分析及结合访谈信息对乡村学校教师的个案研究的基础上，提出乡村学校教师教学胜任力的提升路径。研究思路如图5-3所示。

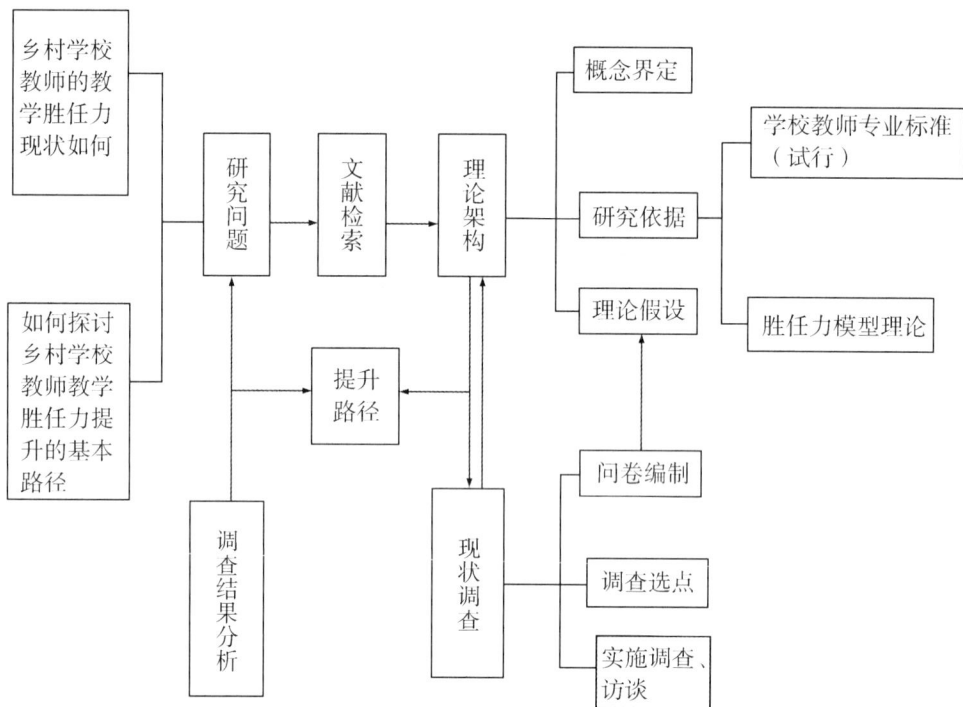

图5-3　乡村学校教师教学胜任力提升研究思路

二、研究方法

（一）文献研究法

文献研究法是根据一定的研究目的或课题需要，对文献进行查阅、分析、整合后，了解本研究领域的现状，并从中发现问题的一种方法。本研究通过对胜任力理论的历史演变以及有关胜任力的研究文献进行梳理和分析，了解其研究现状，汲取其有益经验，客观分析现有研究的不足，并以此作为本研究的起点。

（二）问卷调查法

问卷调查法是社会科学研究最常用的一种经济有效的方法，它能在短时间内搜集大量数据信息，通过对问卷的精心设计，对研究问题进行调查，获取研究数据，结合数据的分析，来说明现实的客观状况。在本研究中，问卷调查法的运用主要是结合有关教师教学胜任力以及乡村学校教师教学胜任力的问卷，编制"乡村学校教师教学胜任力调查问卷"，在广西、重庆两地展开调查，并通过SPSS统计软件对问卷调查所搜集到的信息进行统计分析，了解乡村学校教师教学胜任力的现状。

（三）访谈法

访谈法是指访谈者按照访谈提纲，通过个别面谈或集体访谈的方式，系统而有计划地收集资料的一种方法。本研究主要采用行为事件访谈法对广西、重庆两地的乡村学校教师进行访谈，了解他们在教学活动中发生的三件最成功以及三件最失败的行为事件，并从中提炼出乡村学校教师在工作中所表现出来的胜任力，架构乡村学校教师教学胜任力的理论维度。

（四）德尔菲法

该方法主要是由调查者拟定调查表，以函件的方式分别向专家组成员进行征询，最后获得具有很高准确率的集体判断结果。本研究在教学胜任力理论架构的过程以及问卷的预测、修订等都使用了德尔菲法。

第六节　乡村学校教师教学胜任力的现状调查

对乡村学校教师教学胜任力的现状调查，是展开本研究的现实依据。乡村学校教师教学胜任力如何？不同群体的乡村学校教师的胜任力是否存在差异？乡村学校教师教学胜任力提升的影响因素主要有哪些？基于这些问题，本研究选取了重庆市B区、C区，广西壮族自治区L市、B市的240名乡村学校教师为样本，对乡村学校教师的胜任力现状进行了调查分析。

一、调查的基本情况

（一）调查目的

本次调查的主要目的是了解乡村学校教师教学胜任力的现状，包括乡村学校教师的教学胜任力的水平、影响因素和支持性策略。在此基础上进一步分析影响乡村学校教师教学胜任力的相关因素，从而为乡村学校教师教学胜任力的提升提供依据和思路。

（二）调查对象

调查对象主要选取了重庆市B区、C区，广西壮族自治区L市、B市的部分乡村学校教师，共发放问卷240份，回收225份，回收率为93.8%，其中有效问卷200份，有效率为88.9%，符合统计处理的有效性原则。本次调查涉及不同性别、教龄、学历、职务、职称、任教学科和学校类别的乡村学校教师，其样本人口学分布如表5-1所示。

表5-1　研究样本的分布

类别	分类	人数/人	有效百分比/%
性别	男	81	40.5
	女	119	59.5
教龄	1~3年	18	9
	4~10年	23	11.5
	11~20年	80	40
	20~30年	63	31.5
	30年以上	16	8
职务	普通教师	145	72.5
	年级组长	17	8.5
	教务主任	18	9.0
	副校长	12	6.0
	校长	7	3.5
职称	未评级	17	8.5
	学校二级	10	5
	学校一级	72	36
	学校高级	101	50.5

类别	分类	人数/人	有效百分比/%
最后学历	中师	20	10
	大专	88	44
	本科	89	45.5
	硕士	3	1.5
科目	语文	94	47
	数学	66	33
	英语	17	8.5
	科学	6	3
	音乐	3	1.5
	美术	3	1.5
	社会与品德	2	1
	体育	4	2.0
	信息技术	5	2.5
学校位置	农村学校	170	85
	乡镇学校	30	15

（三）调查内容

基于乡村学校教师教学胜任力的内涵以及乡村学校的特殊性，本次调查主要围绕乡村学校教师教学胜任力的现状、乡村学校教师教学胜任力的影响因素和乡村学校教师教学胜任力提升的支持性策略三方面展开。

（四）调查方法

调查方法：本次调查主要采用问卷调查法和行为事件访谈法。

问卷编制的依据：首先参考了大量中外相关文献，并通过对相关"教师教学胜任力的问卷"进行分析的基础上，结合行为事件访谈法以及相关专家的意见，自行编制调查工具"乡村学校教师教学胜任力现状调查问卷"。使用统计软件SPSS19.0和EXCEL对数据进行录入和统计分析。单选题主要采用Likerts五点量表自陈回答，1表示"完全不符合"，2表示"不太不符合"，3表示"一般符合"，4表示"比较符合"，5表示"完全符合"。问卷得分越高代表教师某项胜任力越强；反之，得分越低，教师胜任力越弱。为保证调查问卷的科学性，本研究对其进行信效度分析。

问卷信效度分析如下：

1. 信度分析

本研究采用Cronbach's Alpha内部一致性系数检验问卷的信度，题项的内部一致性如表5-2所示。

表5-2 可靠性统计量

Cronbach's Alpha	基于标准化项的Cronbach's Alpha	项数
0.887	0.889	18

18道题的内部一致性系数为0.889，表明问卷具有的一致性较高，具有较高的可行度和稳定性。

2. 效度分析

首先，我们参考了大量中外相关文献，结合相关"教师教学胜任力的问卷"，以及乡村教育的实际情况，结合行为事件访谈编制而成，在初步拟定问卷之后，邀请了相关专家进行审查评定，同时发放了100份问卷进行预测，根据预测结果结合相关专家的意见进行修订，这在一定程度上保证了问卷工具能够较为真实地反映当前我国乡村学校教师教学胜任力的真实情况，具有良好的内容效度。其次，问卷回收录入数据后，又通过因子分析判断其结构效度，其KMO值为0.862，Bartlett球形检验结果达到了显著性水平，说明问卷具有较好的结构效度。

表5-3 KMO值和Bartlett的检验表

KMO值	0.862
Bartlett	近似卡方1500.868
自由度（df.）	153
显著性Sig.	0.000

二、乡村学校教师教学胜任力的现状分析

（一）乡村学校教师胜任力的总体状况

根据调研数据的统计（如图5-4所示），最终得出乡村学校教师教学胜任力的综合指数均值为3.61，这表明乡村学校教师的教学胜任力总体上处于中等偏下水平。从各维度上看，乡村学校教师的教学胜任力得分由高到低依次是自我学习能力3.97，教学效能感3.88，教学技能3.61，专业知识3.53，教学研究能力3.1。这表明乡村学校教师总体上的专业知识较欠缺，教学技能较低，教学研究能力低。

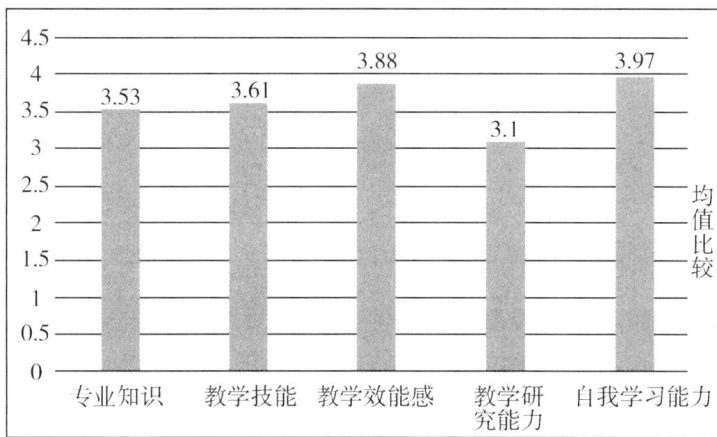

图5-4 乡村学校教师教学胜任力各维度综合指数均值统计

（二）不同乡村学校教师群体教学胜任力总体差异状况

以乡村学校教师教学胜任力的综合指数为因变量，分别对性别、教龄、职称、学历、任教科目以及学校类型进行方差分析，得出以下结果。

1. 不同性别乡村学校教师教学胜任力总体差异状况（如表5-4所示）

表5-4 不同性别乡村学校教师教学胜任力综合指数的方差分析（M±SD）

性别	总数/人	综合指数（M ± SD）	F值	P值
男	81	3.57±0 .46	0.741	0.39
女	119	3.63±0.43		

就教学胜任力的综合指数而言，乡村学校教师教学胜任力在性别方面存在一定差异性，女教师的教学胜任力稍微高于男教师，但两者之间

差异不显著（P=0.39>0.05）。

2. 不同教龄乡村学校教师教学胜任力总体差异状况（如表5-5所示）

表5-5　不同教龄乡村学校教师教学胜任力综合指数的方差分析（M±SD）

教龄	总数/人	综合指数（M±SD）	F值	P值
1~3年	18	3.32±0.54		
4~10年	23	3.48±0.34		
11~20年	80	3.63±0.44	3.707	0.006
21~30年	63	3.66±0.41		
30年以上	16	3.81±0.42		

如表5-5所示，随着教龄的增加，乡村学校教师的总体教学胜任力水平呈现上升的趋势，并且1~3年、4~10年、11~20年、21~30年、30年以上教龄之间差异比较显著（P=0.006<0.05），其原因可能是随着教龄的增加，教师的教学经验不断增加，其教学胜任力也得到不断提升，这与徐建平有关教师胜任力的研究结论一致。

3. 不同职称乡村学校教师教学胜任力总体差异状况（如表5-6所示）

表5-6　不同职称乡村学校教师教学胜任力综合指数的方差分析（M±SD）

职称	总数/人	综合指数（M±SD）	F值	P值
未评级教师	17	3.18±0.44		
二级教师	10	3.35±0.57		
一级教师	72	3.65±0.39	6.276	0.000
高级教师	10	3.67±0.43		

调查结果显示，在职称水平上，随着职称级别的提高，乡村学校教师的教学胜任力水平总体上也在提高，并且职称与教学胜任力之间的相关性比较高（P=0.000<0.05）。未评级的乡村学校教师教学胜任力得分最低，均值仅为3.18；其次是二级教师，均值为3.35；高级教师得分最高，均值为3.67；一级教师与高级教师总体的教学胜任力相差不大。其原因可能是教师职称与教龄之间关系密切，未评级的乡村教师多为新任教师，其教育教学水平相对较低，高级别职称者的教龄也较长，其胜任力水平

也较高，并且职称评定很大程度上以教师的教育教学水平作为参考，因而，教师的教学胜任力会随着职称级别的递增而不断提高。

（1）不同学历乡村学校教师教学胜任力总体差异状况（如表5-7所示）。

表5-7 不同学历乡村学校教师教学胜任力综合指数的方差分析（M±SD）

学历	总数/人	综合指数（M±SD）	F值	P值
中师	20	3.65±0.42		
大专	88	3.54±0.35		
本科	89	3.61±0.49	6.949	0.000
硕士	3	3.79±0.45		

在学历水平上，学历与教学胜任力之间具有较高的相关性（P=0.000<0.05），不同乡村学校教师的教学胜任力总体上存在差异。硕士学历的教师教学胜任力最高，均值为3.79；其次是中师学历的教师，均值为3.65；再次是本科学历的教师，均值为3.61；大专学历最低，均值为3.54。这表明学历并不是影响乡村学校教师教学胜任力的决定性因素，教师教育教学经验的积累以及继续教育都会对其教学胜任力产生影响。

（2）不同任教学科乡村学校教师教学胜任力总体差异状况（如表5-8所示）。

表5-8 不同任教科目乡村学校教师教学胜任力综合指数的方差分析（M±SD）

任教科目	总数/人	综合指数（M±SD）	F值	P值
语文	94	3.89±0.47		
数学	66	3.96±0.43		
英语	17	3.66±0.36		
科学	6	3.50±0.42		
音乐	3	3.42±0.50	1.237	0.280
美术	3	3.23±0.44		
社会与品德	3	3.62±0.27		
体育	2	3.60±0.15		
信息技术	4	3.48±0.33		

任教学科与教师的教学胜任力之间差异不显著。各任教科目教师的总体教学胜任力水平存在差异，其中语文和数学教师总体教学胜任力水平较高，其他学科教师的教学胜任力则相对较低。之所以出现这种情况，与乡村学校的教育教学理念、教学评价制度以及乡村学校教师的学科结构有很大的关系。

（3）不同学校类型乡村学校教师教学胜任力总体差异状况（如表5-9所示）。

表5-9　不同学校类型乡村学校教师教学胜任力综合指数的方差分析（M±SD）

学校位置	总数/人	综合指数（M±SD）	F值	P值
农村	170	3.60±0.436	0.220	0.639
城镇	30	3.64±0.49		

就学校类型而言，乡村学校教师的教学胜任力总体水平与城镇学校教师相差不大。学校类型与乡村学校教师的教学胜任力两者之间差异不显著（P=0.639>0.05）。

（三）不同乡村学校教师群体教学胜任力的分维度比较

1. 不同性别乡村学校教师教学胜任力的分维度差异

以性别为自变量对乡村学校教师教学胜任力分维度的差异性进行统计分析，结果如表5-10所示。

表5-10　以性别为自变量的乡村学校教师教学胜任力分维度的差异性分析（M±SD）

维度	分类	平方和	自由度	均方	F值	P值
专业知识	组间	0.008	1	0.008	0.021	0.886
	组内	72.014	198	0.364		
	总计	72.022	199			
教学技能	组间	0.322	1	0.322	1.239	0.267
	组内	51.503	198	0.260		
	总计	51.826	199			
教学效能感	组间	578	1	0.578	0.979	0.324
	组内	117.042	198	0.260		
	总计	117.620	199	591		

维度	分类	平方和	自由度	均方	F值	P值
教学研究能力	组间	1.097	1	1.097	2.324	0.129
	组内	93.501	198	0.472		
	总计	94.599	199			
自我学习能力	组间	1.097	1	1.097	2.324	0.129
	组内	93.501	198	0.472		
	总计	94.599	199			

从表5-10可见，从性别上看，乡村学校教师的教学胜任力差异性较小，各维度P值均大于0.05，即乡村学校男教师与女教师在教学胜任力的各维度上差异较小。

2. 不同教龄乡村学校教师教学胜任力的分维度差异

以教龄为自变量对乡村学校教师教学胜任力分维度的差异性进行统计分析，结果如表5-11所示。

表5-11　以教龄为自变量的乡村学校教师教学胜任力的差异性分析（M±SD）

维度	分类	平方和	自由度	均方	F值	P值
专业知识	组间	7.261	4	1.815	5.466	0.000
	组内	64.760	195	0.332		
	总计	72.022	199			
教学技能	组间	3.872	4	0.968	3.936	0.004
	组内	47.954	195	0.246		
	总计	51.826	199			
教学效能感	组间	4.129	4	1.0321	0.773	0.136
	组内	113.49	195	5.582		
	总计	117.620	199			
教学研究能力	组间	2.079	4.520	1	0.699	0.152
	组内	59.64	195	0.306		
	总计	61.720	199			
自我学习能力	组间	0.546	4	0.136	0.283	0.889
	组内	94.053	195	0.482		
	总计	94.599	199			

经统计检验，不同教龄乡村学校教师的教学胜任力差异性较小，主要表现在专业知识（F=5.466，P=0.000<0.05）、教学技能（F=3.936，P=0.004<0.05），它们之间的差异情况如表5-12所示。

表5-12　不同教龄乡村学校教师在"专业知识""教学技能"维度上的均值比较

教龄	专业知识（M±SD）	教学技能（M±SD）
1～3年	3.06±0.81	3.23±0.57
4～10年	3.29±0.53	3.48±0.45
11～20年	3.58±0.58	3.61±0.49
21～30年	3.62±0.54	3.71±0.49
30年以上	3.79±0.38	3.77±0.37
总计	3.53±0.60	3.61±0.51

从表5-12可见，不同教龄乡村学校教师教学胜任力在各维度存在着显著差异。首先，从专业知识维度上看，随着教龄的增加，乡村学校教师的专业知识呈现上升趋势，并且处于中等水平，其均值分别为3.06、3.29、3.58、3.62、3.79。其次，从教学技能维度上看，乡村学校教师教学技能也是随着教龄的增加而增强的，教龄为30年以上的乡村学校教师的教学技能水平最高，其均值达到3.77。

3. 不同职称乡村学校教师教学胜任力的分维度差异

以职称为自变量对乡村学校教师教学胜任力分维度的差异性进行统计分析，结果如表5-13所示。

表5-13　以职称为自变量的乡村学校教师教学胜任力分维度的差异性分析（M±SD）

维度	分类	平方和	自由度	均方	F值	P值
专业知识	组间	7.583	3	2.509	7.688	0.000
	组内	64.439	196	0.329		
	总计	72.022	199			
教学技能	组间	3.333	3	1.111	4.490	0.005
	组内	48.493	196	0.247		
	总计	51.826	199			

维度	分类	平方和	自由度	均方	F值	P值
教学效能感	组间	7.526	3	2.509	4.466	0.005
	组内	110.094	196	0.562		
	总计	117.620	199			
教学研究能力	组间	1.344	3	0.448	1.455	0.228
	组内	60.376	196	0.308		
	总计	61.720	199			
自我学习能力	组间	0.959	3	0.320	0.669	0.572
	组内	93.640	196	0.478		
	总计	94.599	199			

从表5-13可见，不同职称的乡村学校教师在专业知识（F=7.688，P=0.000<0.05）、教学技能（F=4.490，P=0.005）、教学效能感（F=4.466，P=0.005）方面存在显著性差异，它们之间的差异情况如表5-14所示。

表5-14　不同职称乡村学校教师在"专业知识""教学技能"
"教学效能感"维度上的均值比较

职称	专业知识（M±SD）	教学技能（M±SD）	教学效能感（M±SD）
未评级教师	3.18±0.81	3.21±0.48	3.68±0.90
二级教师	2.87±0.74	3.33±0.61	3.10±0.94
一级教师	3.58±0.52	3.65±0.46	3.90±0.71
高级教师	3.62±0.55	3.66±0.52	3.94±0.73
总计	3.53±0.60	3.61±0.52	3.88±0.77

从表5-14可见，在专业知识方面，乡村学校高级教师对专业知识的掌握更好，其次是一级教师、未评级教师，二级教师在专业知识方面的掌握不是很好。就教学技能而言，随着职称级别的提高，乡村学校教师的教学技能也在不断提高，这与乡村学校教师的实际情况相符合，教师职称的评定很大程度上会以专业知识和教学技能作为参考。也就是说，

只有掌握了一定的专业知识和教学技能，才能提高教师的专业技术职称。在教学效能感方面，不同职称的乡村学校教师存在显著的差异，高级教师（均值为3.94）和一级教师（均值为3.90）的教学效能感达到较高水平，其次是未评级教师（均值为3.68），最低为二级教师（均值为3.10）。教学效能感高的教师对自己影响学生学习、促进学生发展的能力持肯定的态度，在教育教学过程中更能促进学习的发展，从而显示出较高的教育教学水平，同时学生的学习得到了发展，教师的追求成功的动机也得到了加强。

4. 不同学历乡村学校教师教学胜任力的分维度差异

以学历为自变量对乡村学校教师教学胜任力分维度的差异性进行统计分析，结果如表5-15所示。

表5-15　以学历为自变量的乡村学校教师教学胜任力的分维度差异分析（M±SD）

维度	分类	平方和	自由度	均方	F值	P值
专业知识	组间	7.810	3	2.603	7.947	0.000
	组内	64.211	196	0.328		
	总计	72.022	199			
教学技能	组间	0.320	3	2.107	9.074	0.000
	组内	45.505	196	0.232		
	总计	51.826	199			
教学效能感	组间	1.570	3	0.523	0.884	0.45
	组内	116.050	196	0.562		
	总计	117.620	199			
教学研究能力	组间	0.827	3	0.276	0.888	0.448
	组内	60.893	196	0.311		
	总计	61.720	199			
自我学习能力	组间	0.185	3	0.062	0.128	0.943
	组内	94.414	196	0.482		
	总计	94.599	199			

从表5-15可见，不同学历的乡村教师在专业知识（F=7.947，P=0.000<0.05）和教学技能（F=9.074，P=0.000<0.05）两个方面存在显著差异，两者之间的差异情况如表5-16所示。

表5-16 不同学历乡村学校教师在"专业知识""教学技能"维度上的均值比较

学历	专业知识（M±SD）	教学技能（M±SD）
中师	3.60±0.59	3.52±0.44
大专	3.32±0.49	3.78±0.41
本科	3.70±0.65	3.44±0.55
硕士	4.22±0.38	4.29±0.39
总计	3.53±0.60	3.61±0.51

根据表5-16显示的结果可以发现，在专业知识方面，不同学历的乡村学校教师存在较大的差异，但并不呈现正相关，其中硕士学历的乡村学校教师在专业知识方面掌握得最好（均值为4.22），其次是本科学历的教师（均值为3.7）、中师学历的教师（均值为3.60），最后是大专学历的教师（均值为3.32）。在教学技能方面，硕士学历的乡村学校教师得分最高（均值为4.29），其次是专科学历的乡村学校教师（均值为3.78）、中师学历的乡村学校教师（均值为3.52），最后是本科学历的乡村学校教师（均值为3.44）。教学技能和学历不存在正相关的关系，即大专学历的乡村学校教师的教学技能水平高于本科学历的乡村学校教师，可能大部分专科教师的教龄比本科学历的教师长，随着教龄的增加，其教学技能水平也得到了不断提升。

（四）不同任教科目乡村学校教师教学胜任力的分维度差异

经统计检验，不同任教学科的乡村学校教师在各个维度上的差异不是很大，如表5-17所示。

表5-17 以任教科目为自变量的乡村学校教师教学胜任力的分维度差异分析（M±SD）

维度	分类	平方和	自由度	均方	F值	P值
专业知识	组间	3.158	8	0.395	1.095	0.369
	组内	68.864	191	0.361		
	总计	72.022	199			

143

（续表）

维度	分类	平方和	自由度	均方	F值	P值
教学技能	组间	2.032	8	0.254	1.479	0.167
	组内	49.794	191	0.261		
	总计	51.826	199			
教学效能感	组间	6.860	8	0.858	0.884	0.45
	组内	110.760	191	0.580		
	总计	117.620	199			
教学研究能力	组间	4.102	8	0.376	0.784	0.618
	组内	57.618	191	0.480		
	总计	61.720	199			
自我学习能力	组间	3.006	8	0.062	0.128	0.943
	组内	91.593	191	0.482		
	总计	94.599	199			

（五）不同学校类别的乡村学校教师的教学胜任力分维度差异

表5-18列出了不同学校类别的乡村学校教师在教学胜任力各维度的差异。

表5-18　以学校类别为自变量的乡村学校教师教学胜任力的分维度差异分析（M±SD）

维度	分类	平方和	自由度	均方	F值	P值
专业知识	组间	0.165	1	0.165	0.454	0.501
	组内	1.857	198	0.363		
	总计	72.022	199			
教学技能	组间	0.189	1	0.189	0.724	0.396
	组内	51.637	198	0.261		
	总计	51.826	199			
教学效能感	组间	0.142	1	0.142	0.239	0.626
	组内	117.478	198	0.593		
	总计	117.620	199			
教学研究能力	组间	0.142	1	0.142	0.455	0.501
	组内	61.578	198	0.311		
	总计	61.720	199			
自我学习能力	组间	0.004	1	0.004	0.009	0.926
	组内	94.595	198	0.478		
	总计	94.595	199			

从表5-18可见，乡村学校教师和城镇学校教师在教学胜任力的各维度差异不大，这可能是由于撤点并校，许多乡村学校教师来到城镇学校任教，导致其教学胜任力的差异并不显著，也有可能是城镇学校与乡村学校之间的教师交流所致。

三、调研结论

通过对以上研究数据的统计与分析，可以得出如下几点结论：

（一）乡村学校教师教学胜任力总体上处于中等水平

根据调研数据的统计，最终得出乡村学校教师教学胜任力的综合指数均值为3.61，这表明乡村学校教师的教学胜任力总体上处于中等水平。从各维度上看，乡村学校教师的教学胜任力得分由高到低依次为自我学习能力3.97，教学效能感3.88，教学技能3.61，专业知识3.53，教学研究能力3.1。这表明乡村学校教师总体上自我学习能力不强，教学效能感不高，专业知识较欠缺，教学技能较低，教学研究能力低。

（二）不同乡村学校教师教学胜任力水平存在一定差异

第一，乡村学校教师教学胜任力在性别方面存在一定差异性，女教师的教学胜任力稍微高于男教师。

第二，乡村学校教师教学胜任力在教龄方面存在显著差异。随着教龄的增加，乡村学校教师的总体教学胜任力水平呈现上升的趋势，并且各教龄阶段的教师胜任力差异比较明显，原因可能是随着教龄的增加，教师的教学经验不断增加，其教学胜任力也得到了不断提升。

第三，在职称方面，各级别职称与乡村学校教师教学胜任力之间存在显著的相关性。随着职称级别的提高，乡村学校教师的教学胜任力水平总体上也在提高。其中未评级的乡村学校教师教学胜任力得分最低，其次是二级教师，高级教师得分最高，一级教师与高级教师教学胜任力总体水平相差不大。其原因可能是教师职称与教龄之间关系密切，未评级的乡村教师多为新任教师，其教育教学水平相对较低，高级别职称者

其教龄也较长，其胜任力水平也不断增强。并且职称评定很大程度上以教师的教育教学水平作为参考，因而，教师的教学胜任力会随着职称级别的递增而不断提高。

第四，在学历方面，不同学历乡村教师胜任力总体上具有较为显著的差异，但不存在正相关的关系。硕士学历的教师胜任力最高，其次是中师学历的教师，再次是本科学历的教师，大专学历的教师最低。这表明学历并不是影响乡村学校教师教学胜任力的决定性因素，教师的教育教学经验的积累以及继续教育都会对其教学胜任力产生影响。

第五，在任教科目上，任教学科与教师的教学胜任力之间差异不显著。各任教科目教师的总体教学胜任力水平存在差异，其中语文和数学教师总体教学胜任力水平较高，其他学科教师的教学胜任力则相对较低。之所以出现这种情况，与乡村学校的教育教学理念、教学评价制度以及乡村学校教师的学科结构之间有很大的关系。

第六，不同学校类别的乡村学校教师的教学胜任力分维度差异。

就学校类型而言，乡村学校教师的教学胜任力总体水平与城镇学校教师相差不大。农村学校教师和城镇学校教师在教学胜任力的各维度差异不大，这可能是由于撤点并校，许多农村学校教师来到城镇学校任教，导致其教学胜任力的差异并不显著，也有可能是城镇学校与农村学校之间的教师交流所致。

（三）乡村教学教师教学胜任力存在的问题

1. 乡村学校教师的专业知识不够完善

教师的专业知识是教师从事教学活动所必须具备的专业性知识，是教学活动顺利进行的支撑，是教师成功完成教学的基础。教师的教学是一种具有创造性的活动，教师要成功地完成教学，必须具有扎实的专业知识，掌握所教学科的课程标准，对所教学科的知识体系、基本思想与方法有深入透彻的理解，了解学生的心理发展特征和认知规律，了解所教学科与社会实践的联系。在教学中，合理教学目标的制定，有价值的学习活动的选择，创造性问题的提出，学生学习的有效评价以及学生合理知识结构的建构，都依赖于教师的专业知识的掌握。由于中学学科的综合性较强，对中学教师专业知识的要求不仅强调知识的纵深发展，而且要注重知识的广度与横向联系，要求中学教师需要有更全面的、综合性较强的知识结构。然而本研究调查发现，由于乡村学校教师的来源比较复杂，有些教师在其专业基础知识不是很牢固的情况下从事教育事业后，又受到地理、环境、经济等多方面因素的影响，限制了其专业知识的及时更新与终身学习的途径，导致其专业知识普遍较为缺乏，不够完善。调查结果显示，对于"您认为自己所具备的专业学科知识已经够用"这一题项，有4%的乡村学校教师选择"完全不符合"，25.5%的乡村学校教师选择"不太符合"，34%的乡村学校教师选择"一般"，32%的乡村学校教师选择"比较符合"，4.5%的乡村学校教师选择"完全符合"。对于"您很了解所教班级学生的身心发展及认知特点"这一题项，有3.5%的乡村学校教师选择选择"不太符合"，36.5%的乡村学校教师选择"一般"，52%的乡村学校教师选择"比较符合"，8%的乡村学校教师选择"完全符合"。对于题项"您能熟练掌握所教学科的教材"，有5%的乡村学校教师选择"不太符合"，31%的乡村学校教师选择"一般"，43%的乡村学校教师选择"比较符合"，11%的乡村学校教师选择"完全符合"。通过访谈我们还发现，许多乡村学校教师不能根据课程标准进行备课，他们备课主要依赖教科书和教师教学用书，从来没有对学生的情况进行研究，甚至还有一部分乡村学校教师从没听说过课程标准；乡村学校教师有关课程开发的知识更是欠缺；有些教师从没听说过校本课程；有些教师认为只要能将书本上的知识传授给学生就好了；还有一些教师认为，学校的课程相对简单，对教师的专业知识要求不高，因此不会主动地学习及更新专业知识。这说明乡村教师对专业知识掌握得不够，与教师的教学胜任力要求不相适应。

2. 乡村学校教师教学技能有待提升

教学技能是教师教学胜任力的主要组成部分，是指教师在教学活动中运用专业知识、教学理论，依据教学原则和学习理论进行教学设计和教学研究，组织课内外教学活动，有效地促进学生完成学习任务的活动方式。通过调查我们发现，乡村学校教师的教学技能普遍不高，需要进一步提升，仍有相当一部分乡村学校教师对自己在课堂中的语言表达能力以及书写示范能力感到不满意。对于题项"教学环节没有按照预设进行，您能坦然应对和处理"，仍然有3.5%的乡村学校教师选择"完全不符合"，有2.5%的乡村学校教师选择"不太符合"，42%的乡村学校教师选择"一般"。对于题项"在教学中，您能与学生适时进行互动，并能及时提供反馈信息"，有4%的乡村学校教师选择"完全不符合"，3.5%的乡村学校教师选择"不太符合"，34%的乡村学校教师选择"一般"，47%的乡村学校教师选择"比较符合"，11.5%的乡村学校教师选择"完全符合"。这说明相当一部分乡村学校教师学生的互动反馈技能水平不高。有8.5%的乡村学校教师认为自己不能使用多元评价方式，给学生恰当的评价和指导。有50.5%的乡村学校教师将考试与测验成绩作为对学生学习评价的唯一依据。对于题项"您能经常对课堂教学行为和效果进行反思"，有15%的乡村学校教师选择"完全不符合"，21%的乡村学校教师选择"不太符合"，40%的乡村学校教师选择"一般"，20%的乡村学校教师选择"比较符合"，只有4%的乡村学校教师选择"完全符合"。研究还发现，极大部分乡村学校教师的现代教育教学技术水平较低，不能将现代教育技手段整合应用到教学中，仍然使用粉笔加黑板的教学方式。

3. 乡村学校教师的教学研究意识和能力薄弱

新课程改革要求教师做学生学习的组织者、引导者以及合作者，然而当下随着教育的进一步发展，以上角色不能完全适应教育教学的需要，因此，要求教师还应做教学活动的研究者，做研究型教师。然而调查发现，乡村学校教师普遍缺乏教学研究意识，教学研究能力也有待提升。在一些农村学校中，教学研究几乎处于空白状态，有些教师根本不明白何为教学研究；很多教师将研究神秘化，认为教学研究高不可攀，只有专家才有能力搞研究；有些教师认为平时的教学任务已经很繁重，没有时间进行教学研究；一些教师虽然有教学研究的想法，但由于没有学过教育科研方法，不知道有哪些方法，更不知道该如何着手进行研究。有些乡村学校为了显示自己的科研力量，也会申报一些课题，但由于与实际的教学联系不紧密，所研究的结果对教师教学水平的提升作用也不大，还会影响教师投入教学研究的积极性。除了访谈之外，这个问题反映在问卷上，也是较为突出。对于题项"您会将遇到的教学问题变成课题进行研究"，有38.5%的乡村学校教师选择"完全不符合"，40.5%的乡村学校教师选择"不太符合"，17.5%的乡村学校教师选择"一般"，3.5%的乡村学校教师选择"比较符合"，没有教师选择"完全符合"。这说明还有极大部分乡村学校教师不会将教学问题变成课题进行研究。对于题项"您积极参加各种形式的教学研究活动"，有1.5%的乡村学校教师选择"完全不符合"，38%的乡村学校教师选择"不太符合"，26%的乡村学校教师选择"一般"，24%的乡村学校教师选择"比较符合"，10.5%的乡村学校教师选择"完全不符合"。这说明乡村学校教师参加教学研究活动的积极性不高，还有一些学校从来没有开展过教学研究活动。因此，乡村学校教师教学研究意识薄弱，研究能力不足，也就不难解释了。

第七节　乡村学校教师教学胜任力提升的主要依据

一、学校教师专业标准

随着教育改革浪潮的兴起，教师在教育、教学中的作用也逐渐受到重视，教师专业发展理论认为，教师作为从事教育教学工作的专业人员，通常要经历由不成熟到相对成熟的过程，需要通过不断的学习与实践来提高其专业水平。

本研究主要以《小学教师专业标准（试行）》和《中学教师专业标准（试行）》作为研究的主要依据之一。

为了规范学校教师专业行为，促进学校教师专业发展、设立学校教师合格标准，为其职前培养、职后培训提供目标参照，教育部于2012年印发的《小学教师专业标准（试行）》和《中学教师专业标准（试行）》，对中小学教师做出了要求：设置了三个维度，即专业理念与师德、专业知识、专业能力。每个维度下设若干领域，其中专业理念与师德维度有职业理解与认同、对学生的态度与行为、教育教学的态度与行为、个人修养与行为四个领域；专业知识有学生发展知识、学科知识、教育教学知识、通识性知识四个领域；专业能力有教育教学设计、组织与实施、激励与评价、沟通与合作、反思与发展五个维度。《小学教师专业标准（试行）》和《中学教师专业标准（试行）》是教师队伍建设的基本准则，在教师队伍建设中具有基础性、先导性的作用。它们以政策的形式为本研究提供政策导向，其中有关专业理念、专业知识以及教学能力等方面的要求，又为本研究提供了一定的启示。然而，这两个标准的定位是对合格学校教师的基本专业要求，是对学校教师的一般性的最基本的共同要求。也就是说，符合这两个标准要求的教师即是合格的学校教师，但具体到教学工作中，其教育教学水平如何，能否胜任教学工作，却不得而知。因此，要胜任学校教学工作必须引进教学胜任力的概念，对学校教师的教学胜任力进行研究。

二、胜任力模型理论

有关胜任力模型理论的研究始于20世纪60年代后期，麦克利兰的胜任力研究，通过运用行为事件访谈法甄选外交官，提出胜任力的概念并建立了第一个胜任力模型。斯宾塞总结了20年关于胜任力研究的成果，在对多领域的工作行为与工作结果进行比较、研究、综合的基础上，于1993年提出了胜任力的"冰山模型"理论。胜任力的冰山模型主张胜任力自上而下分为五个层面：①技能，将某一职业领域内的事情做好的能力；②知识，对某一职业领域有用信息的组织和利用；③自我概念，自我的认识或知觉；④特质，相对持久的个人行为的特征；⑤动机，决定外显行为的自然而稳定的心理倾向。该模型的水上部分表示表层的胜任特征，如知识、技能，这部分相对容易改变，易于观察和评价；水下部分表示深层的胜任特征，如自我概念、特质和动机，这部分是潜在的、内隐的，不易触及、发展和改变，但这些特征恰恰是将来可能显现的潜在能力，决定人们行为和表现的关键因素。

胜任力模型理论对乡村学校教师教学胜任力提升的研究具有重要的理论价值和指导意义。首先，乡村学校教师的引进主要通过教师资格考试的方式，而我国教育部颁布的《教师资格条例》只规定了申请认定教师资格者的教育教学能力应当符合下列要求：①具备承担教育教学工作所必需的基本素质和能力；②普通话水平应当达到国家语言文字工作委员会颁布的《普通话水平测试等级标准》二级乙等以上标准；③具有良好的身体素质和心理素质等。这些并不能预测达到以上要求的教师能胜任教育教学工作，而胜任力模型中的胜任特征则是根据具体岗位的工作要求而提出的，将能很好地预测教师的行为和表现。

其次，以往传统的乡村学校教师教学的测评侧重对教师知识、技能等方面的考查，而忽视对教师的动机、特质等潜在的、不易察觉的因素的考查，这样的测评，得高分的教师不一定能胜任教学工作，因此这样的测评并不能很好地检测教师能否胜任教学工作。而胜任力的冰山模型理论提出除了要考查知识、技能表层的胜任特征，还要重视深层的胜任特征的考查，弥补了以往只对教师知识和技能提出要求的不足，这样的测评能够更全面地考查教师的教学胜任力，增强教师教学测评的科学性。此外，胜任力模型理论提出的行为事件访谈法为乡村学校教师教学胜任力要素的提取提供了有效的方法。因此，本研究将胜任力模型理论作为研究的理论基础之一。

第八节　乡村学校教师教学胜任力
提升的影响因素

一、主体因素

（一）乡村学校教师的教学观念存在问题

教师的教学观念是指教师从实践的经验中逐步形成的对教学的本质和过程的基本看法，是教师专业的核心要素。观念是行动的先导，教师教学观念的先进或落后，正确或错误，直接决定着教师的教育教学水平。新课程改革倡导的教学观念，给教师的教学提供了很好的导向。然而，通过对乡村学校教师的访谈以及课堂观察，我们发现很多教师对新课程改革的教学观念还不了解，有一些教师已经将新课程改革倡导的教学观念纳入自己的观念之中，但是价值、认知以及行为等层面还存在一些比较突出的问题。

1. 价值层面的立场冲突

新课程改革所倡导的教学观念在价值层面上对教师提出了要求，价值层面的新课程改革所倡导的教学观念即追问和澄清教学观念应该是什么、为什么要这样做以及怎样做才能更好。新课程改革倡导课程观、知识观、学生观、教师观、教学过程观、教学本质观、学习方式的变革和三维目标的统一，一部分乡村学校教师认同新课程改革观念的合理性，但又对其在操作层面上的可行性以及在实施后对教学效果的影响表示怀疑和担心。访谈中,一所镇中心学校的教师是这样说的:"新课程改革以来,我们也看到了一些学校在课程改革方面取得了很多成果,我们对一些新课程改革的观念表示赞同,但是要在实际的教学过程去实现似乎不大可能,因为我们已经习惯了原来的教学模式,一下子要改变它,还是有一点难度,而且我们也担心这样的改变会影响教学效果,家长也担心这样会使学生的学习成绩受到影响。"可见,乡村学校教师的教学观念受到应试教育的影响,导致了对新的教学观念的价值层面的立场冲突,在教学活动中,最终也避免不了片面追求升学率,为升学而教,为升学而学。这种教学观念的存在,势必会导致乡村学校教师故步自封,因循守旧,不乐于接受和学习新的知识以及理念,影响其教师教学胜任力的提升。

2. 认知层面的理解偏差

认知层面的教学观,即教师对教学、教师、学生、知识、课程"应该是什么样"的认识,是对教学活动的各种观念以及看法,对教师的教学活动起着重要的支配作用。与新课程相适应的教学过程,应该是师生之间以对话、交流、合作为基础进行文化传承的和创新的特殊交往过程。既然教学过程是一种特殊的交往活动,那么在教学活动中,教师与学生应该以一种平等的身份,基于一定的教学内容,通过对话、交流、合作等方式进行交往,并且这种交往以每一个学生的发展为目的,并最终达到教学教学相长的效果。但是通过访谈发现,大部分乡村学校教师,尤其是较为偏远的乡村学校的老教师,依然保留着一种较为落后的观念,认为教学就是教师将知识传授给学生,教师掌握着对知识的绝对支配权,学生的"学"取决于教师的"教",把教学活动看成单向的教师的教授过程。这种对教学的错误认识,必然导致错误的教师观、学生观、知识观和课程观。教师会把自己当作知识的传授者,知识的绝对权威,而不是学生学习的组织者、引导者、合作者,并且忽视学生个体的独特性、发展性以及教学的异质性,把学生看成没有个性、没有差异的

被动接受知识的容器，而不是学习的主体，影响学生对知识的主动的意义建构，影响学生的学习效果，不利于学生的全面发展，更不利于教师的教育教学水平的提高。对于教学知识，一部分乡村学校教师坚持一种静止的知识观，教师认为教学知识无外乎是教科书所包含的知识，只要将教科书的知识掌握好，学生的考试就不用担心了，没有考虑到应该随着课程与教学的改革去主动进行教学知识的更新。因此，对于课程，大部分乡村学校教师认为课程就是教材，更没有课程开发的意识。对于新课程倡导的三维教学目标，有些教师有一定程度的了解，但是这样的理解只是停留在表面上，缺乏对其实质性的认识，在制定教学目标的过程中，有意地将各部分的教学目标分为知识与能力、过程与方法、情感态度价值观三点，但是有些教学内容是一个完整的整体，其三维目标也在同一个教学环节中，相互融合、共同实现的，人为地将它分割开来，只会裂解教学内容的完整性以及其在培养学生知识、能力以及个性品质方面的完整性，失去教学目标的原本作用。

3. 行为层面的浅表化

行为层面的教师教学观念，是通过教师个体的教学行为而体现出来的对于教学活动的各种观点和信念，是教师教学行为的内在动因。通过课堂观察发现，部分乡村学校教师对新课程改革倡导的教学观念有一定程度的了解，但是在实际的课堂教学的实施过程中出现了行为层面的浅表化。新课程改革倡导学生是学习的主体，是学习的主人，教师是学生学习的组织者、引导者、合作者，然而在实际的教学过程中，一些乡村学校教师还是扮演着演员的角色一个人在唱"独角戏"，学生则成了看"戏"的观众。新课程改革倡导对话教学，要注重教师与学生之间的交流互动，一部分乡村学校教师有了一定的课堂提问意识，但是只问不收，由原来的"满堂灌"演变成了"满堂问"。对于新课程改革倡导的自主合作探究的学习方式，一些乡村教师也表示赞同，但由于乡村学生的学习基础较薄弱，并且之前对新课程改革倡导的学习方式基本上是陌生的，在实际的教学过程中，教师却忽视了这一点，没有对学生事先进行学习方式的训练就直接将之运用到教学中，结果造成了课堂表面上的活跃以及热闹，实际上并没有达到预期的效果，一节课之后学生还是脑袋空空，一无所获。

（二）乡村学校教师的教学反思意识较薄弱

教学反思是教师为了实现有效教学，在教学反思倾向的支持下，对已经发生或正在发生的教学活动，以及这些教学活动背后的理论、假设进行积极、持续、周密、深入、自我调节性的思考。通过思考，教师能够发现教学中存在的问题，并解决问题。

波斯纳认为，没有经过反思所形成的经验只是一种狭隘的经验，只能形成肤浅的认识，并提出教师成长的公式——教师成长=经验+反思。每一位教师走上教学岗位后，都会积累一些教育教学经验，但这些经验往往是处于零碎状态的，如果教师没有加以反思，那么教学实践的经验不仅增长缓慢，甚至会随着时间的增加而渐渐丢失。舍恩提出的"反思性实践"观点，认为教师必须经过"实践—反思—再实践"不断循环的过程，最终实现对现实问题的解决。因此，教师要做一个反思性实践者，通过教学反思，发现教学中的问题，及时采取合理和有效的教学决策来调整已有的教学。教师越是善于反思自身的教学，他的教学就会越有效果，就越能促进自身教学胜任力的提升，就能更好地促进学生的发展。然而通过问卷调查与访谈发现，乡村学校教师普遍存在教学反思意识薄弱，以及对教学反思的概念模糊的情况。对于问卷题项"您能经常对课堂教学行为和效果进行反思"，有9%的乡村学校教师选择"完全不符合"，32%的乡村学校教师选择"不太符合"，28%的乡村学校教师选择"一般"，19%的乡村学校教师选择"比较符合"，12%的乡村学校教师选择"完全符合"。数据表明，大部分乡村学校教师不会经常性地进行教学反思。访谈结果也表明，乡村学校教师的教学反思意识较为薄弱，普遍存在对教学反思概念模糊，也缺乏相关理论的指导，导致在教

学反思中出现偏差或不足。有些乡村学校教师片面地认为教学反思就是课后反思和对自己教学失误的反省，并且反思的方法大多仅限于独自思考或写课后感；有些乡村学校教师没有养成自觉的教学反思习惯，都是在教学出现问题之后或者学生考试成绩不理想之后才会进行教学反思。受传统教学评价的影响，他们经常思考的问题就是如何才能提高学生的成绩，因为在他们看来，成绩是决定一个教师是否优秀、一所学校是否优秀的唯一依据，而不是其他因素；还有一些乡村学校教师受到传统教学观念的支配，在教学过程中一味地强调学生对教师的绝对服从和配合，将教学问题的出现归因于学生没有配合好自己，或者是学生基础差又调皮捣蛋等，而没有从自身去找原因，最终教学问题还是没有解决，这样的反思归因，对自己的教学所起的作用甚微，长此以往将在教学中形成恶性循环，不利于学生的进步与发展，严重影响其教学胜任力的提升。

（三）乡村学校教师的自我学习意识有待加强

我们生活在信息和知识大爆炸时代，随着社会的迅速变革，新理念、新教法、新技术层出不穷，教学变得异常复杂，继续学习和终身学习已成为教师追求的基本价值取向。学生知识的不断增长也决定着教师需要不断地学习，更新教学理念，补充教学知识，学会不同教学方法，才能满足学生日益增长的学习需求。

教师的学习直接影响到教学，很多教学问题实际是教师的学习问题。教师不学习无法胜任教学工作，自然也会被社会淘汰。专业学习应当成为教师最重要的日常活动。《小学教师专业标准（试行）》《中学教师专业标准（试行）》更是将终身学习作为一个理念来指导中小学教师的专业发展。然而通过调查发现，乡村学校教师的学习意识还较为模糊。对于题项"您参加培训的最主要原因是？"有39.5%的乡村学校教师选择"上级规定"，32.5%的乡村学校教师选择"评定职称需要"，28%的乡村学校教师选择"自我发展的需要"。可见，绝大部分乡村学校教师自我学习意识比较薄弱，缺乏主动性和积极性，受外部因素的影响较大，参加培训的主要原因是迫于上级的规定或者是为了评定职称，而不是为了自身的发展。访谈中还发现，有一些乡村学校教师认为自己平时太忙，几乎没有时间学习；有些教师把教学工作当作谋生的手段，认为把本职工作做好就行了，不需要过多的学习；有些教师存在自满情绪，认为自己所掌握的知识、技能对于胜任学校教学工作已经绰绰有余，无须参加学习及培训；有些教师认为随着经验的增长，教学胜任力慢慢会提高，无须刻意去学习；有些教师认为自己已经评上高级职称，无须再学习。许多乡村学校教师并没有意识到自己缺乏理论指导，教育方式、方法陈旧落后，不适应新课程改革的要求。乡村学校教师自我学习意识的薄弱，不积极主动地进行自我学习，那么将会导致其专业知识的过时，个人知识空间的窄化，跟不上新课程改革的步伐以及学生不断增长的学习需求，不仅不利于自身的教学胜任力提升，反而会降低其教学胜任力。

二、客体因素

（一）乡村学校教师工资待遇较低

合理的工资待遇是促进教师提升自身教学胜任力的重要物质保障，关系到教师的教育教学水平以及学生的培养问题。但是通过访谈发现，乡村学校教师的工资水平不容乐观。受经济区域发展水平的制约和城乡结构的影响，目前很多地方实行的是城市与农村分开运行的制度，即城区学校的教师由县（市、区）财政负责，而乡村学校教师的工资则由乡镇政府负责，这就造成了城乡学校教师的工资有很大的差别，在一些经济条件比较差的乡镇，这样的差别就更明显了。还有一些乡镇的乡村学校教师工资发放缺乏透明度，工资不足额发放以及拖欠工资的现象时有发生。同样的问题在问卷调查的结果中也得到了体现，对于题项"您在教学胜任力提升方面遇到哪些困难？"其中选择"经济困难"这一项的乡村学校教师占总数的76%，可见工资水平低以及工资的拖欠等问题牵扯着乡村学校教师的精力，使其不能全身地投入教学工作中，严重影响其

教学胜任力的提升。

（二）乡村学校教师专业结构不合理

研究发现，乡村学校教师专业结构不合理，语文、数学教师占有绝对的比重，而其他学科教师缺编现象十分严重，教师队伍已由单纯的总量不足转变为结构性矛盾突出，所教非所学的现象比较普遍。在本研究的200名乡村学校教师中，第一学历所学专业的比例为汉语言文学占32%，数学占11%，英语占5.5%，科学占2%，音乐占2%，美术占2.5%，体育占2.5%，心理、书法、会计、中师普通师范共占42.5%。而他们任教后各科目的人数及比例是语文教师94人，数学教师66人，英语教师17人，分别占总数的47%、33%、8.5%；科学教师6人，占3%；音乐教师3人，仅占1.5%；美术教师3人，仅占1.5%；社会与品德教师2人，仅占1%；体育教师4人，仅占2%；信息技术相对较少；很多乡村学校并未开设英语课。而科学、音乐、体育、美术等非考试学科，则开设得更少，即便是开课，由于没有相应的专业教师，其教学也是由语文、数学、英语等教师兼任，在一些人数较少的乡村学校，更是实行"包班制"，即一名教师担任整个班级所有学科的教学，这样的专业结构，势必造成乡村学校教师教学胜任力水平的低下，严重影响教学质量以及学生的学习效果，不利于乡村学校学生素质的全面提高。

（三）乡村学校教学资源缺乏

首先是教育教学设备落后，导致教学手段的更新举步维艰。通过调查发现，在一些比较偏远的乡村学校，由于教学设施设备的缺乏，教师还停留在"一个讲台，一块黑板，一支粉笔，一本书"的传统教学上，整个学校都没有一台电脑，更不用谈多媒体教学。以下是我们对广西L市的一名农村学校体育特岗教师王老师的访谈：

笔者："王老师，您好！您任教时间有多长了？为什么选择当特岗老师？"

王老师："我任教有两年时间了，当时考特岗一是想到农村支援农村的教育，二是想到农村锻炼自己，也希望能在这个过程中提升自己的教学水平。"

笔者："您觉得目前影响您教学胜任力提升的最主要的原因是什么？"

王老师："体育科在学校看来，算是副科，得不到学校的重视。学校体育教学资源以及运动场地缺乏。学校的体育器材少得可怜，只有一个篮球和一个泄了气的皮球，也没有运动场地，唯一的场地是学校外边村里的一个篮球场。一到体育课，我只能让学生到篮球场打球或者做体操，雨天的话只能留在室内上体育健康课。没有配套的教学设备，有些知识很难讲清楚，感觉在学校学到的东西都没有用上，觉得挺可惜的，学生也没有能学好，更不用说教学质量了。要是学校多投入一点经费购买必备的体育器材，增加运动场地的建设就好了。"（言语中透露着无奈和心酸。）

有些乡村学校没有图书馆、阅览室，领导掌握着有限的教学书刊，致使其得不到有效利用，教师自学也没有资料可学，想进行教学研究更没有资料可查，任课教师只有一个人孤军奋战，在这样一个缺乏教育资源的封闭环境中，教师专业知识的更新、教师教学技能的提高、教学胜任力的提升简直是纸上谈兵。

（四）教学研究缺乏支持

经过走访发现，一些乡村学校教师开始有进行教学研究的意识，但是他们的教学研究缺乏支持，主要表现在以下几个方面：

1. 缺乏学校领导的支持

在走访过程中发现许多乡村学校领导还是没有从根本上改变应试教育的理念，他们更注重的是学生的期末考试成绩及其在整个乡镇的排名，对教师的教学研究漠不关心，认为他们是在"瞎整"，浪费时间，影响正常教学任务的完成，更不会从行动上去支持教师的教学研究。

2. 缺乏同伴的支持

在一些乡村学校，教师很少有教学研究的意识，即使有少数教师积

极开展教学研究，但是由于缺乏同伴之间的互相理解以及交流，最终只有孤军奋战。

3. 缺乏专业的引领

一般认为，专业引领是指专家、学者等专业人员的理论引领，其目的在于帮助广大教师提高新课程理论素养和解决教育教学实际问题的能力。然而研究发现，一些乡村学校对开展教学研究也有一定的尝试，但是缺乏专家尤其是一线教学专家的引领，对教育科研方法不了解，使教学研究举步维艰。乡村学校教师主要接触的是县、乡一级的教研员，由于许多教研员长期脱离教学、脱离课堂，缺乏对一线教学问题的了解，对乡村学校教师的教学研究起不到很好的引领作用。这就导致了乡村学校教师的教学研究内容单一、形式单调，教学研究的形式主要是教学研讨，教学研讨也仅限于看观摩课录像、听课、评课的形式，由于这样的观摩课带有表演的性质，对于乡村学校具体的教学指导作用不是很大。并且，教师的评课也是泛泛而谈，缺少实质性的讨论，没有深入思考，不能追究问题的本质，久而久之便流于形式，因此这样的教学研究并不能真正从理论和实践上帮助教师解决教学中发生的问题。

（五）学校对教材的二次开发重视不够

新课程改革倡导教师创造性、批判性地使用教材，要求教师要针对具体的教学目标、实际的教育教学情境对既定的教材进行加工和改造。教材的"二次开发"主要是指教师和学生在课程实施的过程中，依据课程标准对既定教材的内容进行适度地调整，合理选用、开发教材，使之更好地满足教育教学情境以及学生需求。美国课程论专家施瓦布认为，课程是教师、学生、教材、环境四个持续相互作用的要素构成的动态的"生态系统"。教材具有情境性，每个情境会因当地的经济文化水平、教育政策和制度、教师的专业水平、学生的兴趣、需求和水平等不同而呈现出多样性和差异性。因此教师必须根据每个情境的差异去进行教材的"二次开发"。教材的"二次开发"是教师对"课程的重构"的过程，要求教师强化自己的课程意识，并运用自己的知识和技能去实现专业内涵的拓展，也是教师提升自身教学胜任力的一个过程。然而在调查研究的过程中，发现乡村学校对教材的"二次开发"不够重视，以下是我们在广西B市的一所乡村学校对一名姓杨的英语教师访谈记录的一部分：

笔者："杨老师，您好！请问您参加教学工作有多少年了，任教什么学科？"

杨老师："您好，我参加教学工作已经有12年，目前教英语。"

笔者："对于提升自身的教学胜任力，您有哪些需求和建议？"

杨老师："我觉得目前最大的困难是我们学校不大重视英语学科，因此对我的教学不是很关注，而我们的学生主要来自农村，英语基础差，现在使用的教材难度太大，学生根本无法接受，我自己也不知道怎样去修改教材，主要是领导不重视，所以对教学总感觉力不从心。"

出现访谈中的这种情况，说明教材的"二次开发"在乡村学校没有引起足够的重视，学校没有根据乡村学校学生的发展水平以及认知特点去对教材进行"二次开发"，个别教师发现了既定教材对学生的学习以及自身教学的不适应，但是没有足够的能力去对其进行"二次开发"，严重影响了学生的学习、教师的教学及其自身教学胜任力的提升。

（六）不科学的教学管理剥夺了教师的学习时间

苏霍姆林斯基提出，"教师没有自由支配的时间，这对于学校是真正的威胁"。然而在调研中发现，时间和精力的不足是影响乡村学校教师教学胜任力提升的重要因素。一些乡村学校的领导对教师的管理过死过严，教师除了承担大量的教学工作之外，还要应付上级的各种检查，参加各种大大小小的与教学无关的会议，致使教师分身乏术，无暇学习。尤其是在一些寄宿制学校，由于学校没有聘请相应的后勤人员，教师除了承担教学工作之外，还要兼任生活教师，每天负责学生的日常生活管理，洗衣服、看学生睡觉等琐事，严重剥夺了教师的学习时间和休息时

间，教师的正常教学生活都受到干扰，谈何提升自身的教学胜任力？

（七）教学培训缺乏实效性

教学培训是促进教师教学胜任力提升的重要途径，然而本研究通过调查发现，乡村学校教师的教学培训存在缺乏实效性的问题。主要表现在以下几个方面：

1. 缺少培训机会

通过调查访谈发现，培训机会少是阻碍乡村学校教师参加培训的一个重要因素。乡村学校教师参加培训主要是由上级教育行政部门分配名额，但是乡村学校分配到的名额往往很少，并且能够参加培训的主要是少数骨干教师，一般的教师即使想参加教学培训也是没有机会的。此外，一些乡村学校校长并没有端正培训意识，认为培训没有什么用处，所以不希望教师参加培训，有时候会对培训消息进行封锁，致使教师无法参加培训，更主要的原因是这些乡村学校的师资比较缺乏，有些教师同时担任几门学科的教学。一旦教师参加培训，又找不到代课的教师，那只有停课，导致学生无法进行正常学习。在一些偏远地方的学校教学点，甚至连一个培训名额都分配不到。培训机会少或者没有机会参加培训，导致乡村学校教师无法沐浴到新课程改革的春风，致使其教育教学水平在原地踏步，无法进一步提高。

2. 培训缺乏必要的经费支持

教育部颁发的《中小学教师继续教育规定》提出："中小学教师继续育经费以政府拨款为主，多渠道筹措，在地方教育事业费中专项列支。"

但是，培训经费的发放受到县级财政收入的影响，调查发现，在一些相对比较贫困的县，其财政收入难以承担对乡村学校教师的教学培训经费，分到教师手中的经费几乎没有，加上学校的经费又不足，培训费用大多需要由教师自己承担，一些乡村学校教师渴望参加培训，但是自身工资又不高，无力承担包括培训费、交通费、伙食费、住宿费在内的高额费用，最后只有无奈作罢。培训缺乏必要的经费支持，影响了教师参加培训的积极性，最终影响了培训实效性的发挥。

3. 培训内容缺乏对乡村教学的针对性

通过调查发现，乡村学校教师普遍认为教学内容缺乏针对性，培训多为理论性的内容，并且与乡村学校教师的教学没有紧密的关联性：

"培训应该具体和实际，对于一些单纯的理论性的东西，我觉得并不适用。"

"专家讲的都是大道理，但解决不了实际问题。"

"我希望教学培训能根据具体的一堂课，指导教师如何使课堂高效率地完成。"

培训内容没有针对性，脱离乡村学校教师的教学实际，与其实际的需求不一致，不能引起参训的乡村学校教师的共鸣，导致知识、理论无法有效地迁移内化，最终使乡村学校教师的教学胜任力没有得到真正的提高。

4. 培训方式单一化

调研发现，乡村学校教师的教学培训，多是请一些教学专家来做讲座、报告，多是单纯的讲授式，专家在讲台上讲，教师在下面听，专家与教师之间缺乏交流、互动，这样的培训方式导致培训枯燥，使教师感到乏味，在培训过程中并没有认真地去学。因此，对于这样的教学培训，参训教师睡觉打盹者有之，低头玩手机者有之，大声说话者有之，迟到早退者有之……培训结束后，教师基本上没有什么收获。

5. 培训时间短

通过调查发现，乡村学校教师的培训除了中小学教师国家级培训计划之外，多数利用周末时间参加培训，专家为了赶时间，一个周末至少安排一个学科的培训，这样短促的培训，参训教师来不及融入培训中，培训就结束了，培训的实效性得不到保障。

6. 培训缺乏层次性

乡村学校教师的培训多为集中培训，即将所有参训的乡村学校教师集中在一起进行培训，没有考虑到参训的乡村学校教师队伍水平的差异性，忽视其培训的需求，对其进行统一内容、统一形式的培训，这样就导致了对于同一个内容，有些教师早已熟悉，不愿意再学，有些教师却很陌生，大大弱化了培训的效果。

7. 培训缺乏有效的评价和监管机制

有效的评价和监管机制是确保培训实效性的重要保障。然而，通过调查发现，乡村学校教师的培训缺乏有效的评价和监督机制。在培训的评价上，以理论考试为主，缺乏对乡村学校教师平时的学习态度和学习行为的考评。乡村学校教师教学培训缺乏长期的监测体系，对培训机构的合法性、培训者的从业资格、培训水平等缺乏监督和评估。培训结束后，乡村学校教师所在学校也没有对参训教师的培训结果进行考核，培训的实效性没有得到真正的监测。

第九节　乡村学校教师教学胜任力提升的基本路径

一、更新教育教学理念，发挥先进教学理念的引领作用

理念是行动的先导，没有先进的教育教学理念做指导，教师教学胜任力的提升只会是一句空话。乡村学校教师应该坚持用发展的观点看问题，应该随着新一轮课程改革的步伐，使其原来落后的不适应教育教学发展的理念得到根本上的转变。

（一）要实现教学目的观由应试教育向素质教育的转变

传统的教学目的观将知识的教学视为教学的最终目的，最后形成了

教师教学就是为了教知识，学生学习就是为了学知识，为了考试能考高分的恶性循环，影响了教师对专业知识的体认，不利于教师教学胜任力的提升以及学生综合素质的提高。因此，乡村学校教师应该树立素质教育的教学目的观，明确知识传授只是培养学生素质的一种手段，教学的最终目的在于使学生的素质得到全面的发展，在于培养学生的独立、完善的人格，使学生成为多方面和谐发展的人。

（二）要实现教学本质观由单向传授向师生交往的转变

教学本质观决定着教师教学行为的科学性。单向传授的教学本质观，认为教学就是教师向学生传授知识，学生被动地接受教师所传授知识的一个单向的过程，在这个过程中，教师和学生被割裂成一个个没有联系的个体，教师和学生缺乏必要的互动以及交流，导致课堂气氛死气沉沉。因此，乡村学校教师应该明确教学的交往意识，注重教学过程中良好师生关系的建立，把教学看成教师和学生双方之间的一种交往的过程，在这个过程中，教师和学生处于平等的位置，基于一定的教学内容，通过具体的教学方法去交流、互动、合作，最后达到认知的共振、思维的同步以及情感上的共鸣，实现教学相长。

（三）实现教师的学生观由被动接受知识的个体向学习主体的转变

乡村学校教师应该明确学生是学习的主体，是具有独立个性的个体，而不是被动接受知识的容器，学生的学习过程不仅是知识由外向内的转移和传递，更是学生对知识的主动意义的建构过程。因此，乡村学校教师应该将学习的主动权交给学生，并针对不同学生的认知特点和发展规律，实施差异性教学。

（四）实现教师角色由知识的传授者向学生学习的组织者、引导者和合作者转变

乡村学校教师要依据新课程改革的理念实现自身角色的转变，在教学中不应一味地给学生灌输知识，应该成为学生学习的组织者、引导者和合作者，注重教学方法的启发性，根据学科的类型和内容的不同，实

施自主、合作、探究教学，并注重教学过程学生的参与度。

（五）实现课程观由单一封闭向全面整合的转变

新课程倡导国家课程、地方课程、学校课程三级课程体制，这就要求教师改变过去单一、封闭的课程观为全面整合的课程观，类似于"教师要给学生一杯水，自己要有一桶水"的隐喻显然已经不恰当，照本宣科式的讲授模式也已经不再适用。因此，乡村学校教师要根据教学的具体情境，根据乡村学校学生的特点，对课程进行全面的整合，并且要培养课程开发意识，根据当地的具体情况，适当地开发校本课程，要与时俱进地更新专业知识，适应学生的学习需要。

（六）实现教学评价观由单一化向多元化的转变

传统的教学评价是一种单一化、结果性的教学评价，评价目的只是为了检测学生对知识的掌握程度，评价内容主要是学生期末的考试成绩，评价方式主要是考试，评价主体只有教师，是一种与素质教育相悖的评价。因此，乡村学校教师应该彻底转变教学评价观，坚持多元化的过程性评价。

明确评价的目的不仅是要检测学生对知识的掌握，还要评价学生的综合素质，促进学生的全面发展，促进教师教学胜任力的提升以及教师的专业发展。

乡村学校教师要坚持使用过程性评价，使用多种评价方式对学生进行评价，例如日常观察（包括课堂、课后行为表现）、考试与测验成绩、成长记录袋、作业质量、情境测验等多种形式的结合，同时教师不能只评价自己教得怎样，还要评价学生学得怎样，不仅评价学生的期中、期末考试成绩，还要对学生的学习过程进行全面的评价。学生是学习的主体，因此学生有权利对自己的学习进行评价，也有权利对教师的教学进行评价，教师应该坚持评价主体的多元化。要实现教育教学理念的全面更新，乡村学校教师必须从价值、认知、行为三个层面确保以上的教育教学理念的内化及实施。

二、丰富学习资源，为乡村学校教师提供更多的学习平台

学习资源对乡村学校教师的重要性不言而喻，乡村学校教师要提升自己的教学胜任力，必须及时更新丰富自身的教育教学知识，这除了依赖乡村教师较强的学习动力之外，还需要有丰富的学习资源。根据调查研究的结果，乡村学校的软硬件等基础设施的匮乏，造成了乡村学校学习资源的匮乏，已经严重影响乡村学校教师教学胜任力的提升。因此，相关政府部门要加强对乡村学校的支持力度，丰富乡村学校教师的学习资源，征订专业书籍及期刊，并及时发放到乡村学校教师手中。此外，除了丰富乡村学校教师学习的传统硬件资源，还应加强计算机网络平台的建设。我们在调查研究时发现，许多乡村学校甚至没有一台电脑，有些仅有几台，但是由于教师的计算机操作水平比较低，许多老教师不知道如何使用电脑，因此往往处于闲置摆设的状态。

因此必须加大经费投入，加强乡村学校的计算机网络建设，并对乡村学校教师进行计算机互联网应用技术的培训，通过互联网给乡村学校教师分享更多、更全面的学习资源，并给予乡村学校教师更多在线交流的平台，使乡村学校教师在与同事、专家之间的交流互动中不断提升自身的教学胜任力。

三、加强校本教研，促进乡村学校教师教学胜任力的提升

新课程改革要求教师不仅是知识的传授者，还应该是教学的研究者。然而乡村学校教师面临着专业知识缺乏、教学技能水平不高、学习资源匮乏、缺乏专业引领、培训机会少等问题，进而导致对新课程改革出现种种不适应的问题。如果这些问题得不到解决，将会阻碍乡村学校的变革和发展，影响乡村学校教师教学胜任力的提升。要破解这些难题，必须结合乡村学校师资现状以及乡村学校的发展特点，把乡村学校

教师教学胜任力水平的提升建立在教师教学实践中，教研合一，以研促教，开展校本教研。

校本教研是以学校为本位的教学研究的简称，它是以中小学教师为研究的主体、教育教学中的实际问题为研究对象，并将研究成果直接用于学校实际的研究活动。

要落实好校本教研，必须做到以下几个方面：

（一）以校长为教学研究的第一责任人

乡村学校校长必须认识到校本教研的价值所在，认识到校本教研的根本目的在于探索教育教学规律，解决教育教学问题，促进师生的共同发展，对促进新课程的有效实施，促进乡村学校教师教学胜任力的提升，提高乡村学校的教育教学质量具有重要的意义。因此，乡村学校校长应充当校本教研的领头人，承担起校本教研第一责任人的角色，主动与教育部门交流，进而了解教育的新动态、新方针、新理念，成为乡村学校教师向外获取"新鲜空气"的窗口。乡村学校校长要主动接受新方针、新理念，树立科研兴校、以研促教的新理念，营造浓郁的校本教研氛围，调动教师的积极性，使教师认识到校本教研对自己专业发展的意义，认识到只有通过校本教研，才能更深入地挖掘课堂教学中存在的问题，并予以解决，使学生、教师以及学校得到更好的发展。乡村学校校长要加强对校本教研的领导，除了掌握先进的教育教学理念之外，还必须对教学有深入的了解，要深入教学一线，授课、听课、评课、导课、发现、思考教学中存在的突出问题，并将之纳入校本研究的选题之中，只有这样才能引来校本教研的源头活水。

（二）明确教师的研究主体地位

教师是教学研究的主体，是校本教研内涵的主要组成部分。校本教研必须由教师发现问题、思考问题、研究问题，而不是由学校领导或教研员的全盘控制或专家包办。然而调查发现，一些乡村学校也在开展校本教研，但是对校本教研的理解存在偏差，他们认为校本教研是一种教育科研工作，因为教师的研究能力比较低，故而请校外的高水平专家来主持学校的课题研究，所选的课题也脱离了学校的实际，与教师的教学工作也是没有丝毫联系。从课题的选择到研究计划的制订，从研究活动的开展到课题的结题，都是由专家说了算，教师则成了旁观者。显然，这样的认知与做法都是不正确的。因此，乡村学校校本教研所选课题应该密切联系本校教学实际，实施的主体也应是本校教师。

（三）加强校本教研的专业引领

校本教研突出"校本"二字，但并不等于不需要专家的指导。由于乡村学校教师自身的理论水平有限，对教学研究方法也不甚了解，因此要开展校本教研，就迫切需要专业的引领。乡村学校可以邀请富有校本教研经验的一线教师介绍教研工作的心得，也可以邀请有关专家或者高校的教师以及其他科研人员来学校进行指导，当然这种指导不能喧宾夺主，剥夺乡村学校教师进行教学研究的主体地位，而是以参与者、合作者的身份加入校本教研中，帮助乡村学校教师发现平时教学工作中难以发现的问题，进行归因，并以自身的信息优势，使乡村学校教师了解教育教学发展的新动态，其他国家的、其他地区教学改革的新进展，开阔乡村学校教师的视野。此外，还要用系统化的理论指导校本教研实践，并采取"一帮一""一帮多"的形式，带动其他教师科研理论素养水平的提高，提升乡村学校教师的校本教研能力。

（四）丰富校本教研形式

乡村学校发展的差异以及乡村学校教师自身的差异性决定了校本教研形式的多元化，因此必须丰富乡村学校的校本教研形式，通过有效整合各种研究力量，整体推动乡村学校新课程改革以及乡村学校教师教学胜任力的提升。教研团队可以是乡村学校的教研组、兴趣相投的教师团队，也可以是独立进行小课题研究的教师个人，还可以是校际、片区之间相互合作的城乡教研共同体，甚至可以是高校与中小学合作的教研团

队。教研内容可以是课堂问题、教学方法、学生问题或者教师自身的发展问题、学校资源的开发与利用问题等。

（五）构建必要的校本教研导向、激励机制

有效的导向、激励机制是乡村学校教师教学进行教学研究的制度保障。乡村学校应该建立校本教研成果奖励机制，对先进教研成果和有突出成绩的教师及时予以奖励和表彰，激发乡村教师积极主动地投入校本教研中，及时总结学校在校本教研方面的成功经验并加以推广，为教师展示自身才华共享研究成果创设良好的平台。

四、建立乡村学校教师学习共同体，增强乡村学校教师的学习动力

在信息与知识急剧增长、知识更新周期缩短、创新频率加快的信息社会里，终身学习逐渐成为人们的一种生活方式。乡村学校教师教学胜任力的提升，是一个终身自我培养、自我提升的过程。勒温提出群体动力理论的概念，并且认为，要改变个体，最好从改变他生活的群体入手，通过群体提升个体的归属感。

针对乡村学校教师学习意识薄弱、学习氛围不浓厚、自我学习能力不高的情况，必须建立乡村学校教师学习共同体，为乡村学校教师教学胜任力的提升提供资源和情感上的支持，为他们的发展创设一个实践、合作的平台，促使乡村学校教师学习共同体形成组织学习能力，整体带动乡村学校教师共同发展。教师学习共同体是教师自发组织的，以提高教师专业能力和促进教师专业发展为根本宗旨，可尝试多种自主学习形式，注重成员之间的经验资源共享，实现一种互促共进的教师学习型组织（或者团体）。

教师学习共同体的建立主要包括以下几个方面：

（一）构筑共同愿景

共同愿景是每个教学共同体必不可少的重要组成部分，是教师对未来

的共同设想和期待。没有共同愿景，一个学习共同体最多只能产生适应性学习，只有当组织成员都致力于与自身密切相关的事情，才有可能产生创造性的学习。因此，创造一个共同愿景，激发教师学习的积极性、主动性和创造性，使教师深深地感受到自己是为自身的发展而学习，而不再是服从上级的命令，才能更好地发挥教师团体的学习能力和创造性。

乡村学校在构建学习共同体时，应该让全体教师参与共同愿景建立的全过程。由于教师对愿景都有自己不同的认识，因此需要征询每个共同体成员的意见，可以用问卷或者访谈的方法调查、收集共同体教师的想法。最后可通过座谈会讨论、协商，最后正式发布。这样，通过乡村学校教师参与构筑共同愿景的全过程，使他们加深对共同愿景的心理认同，最终全体成员为共同愿景而努力。

（二）加强交流合作

针对乡村学校教师之间缺乏合作交流的情况，教师学习共同体应该建立一种公开平等、互相支持、全体成员畅所欲言的交流合作文化。这种合作文化倡导协作互助，使乡村教师处于民主平等的氛围中，可以有效使乡村学校同学科教师之间、不同学科教师之间学习缺乏交流的情况，转变为不同学科、不同经验水平的教师之间一起对话、交流，分享各自专长，实现资源优势互补，从而促进乡村学校教师教学胜任力的提升。

（三）培养团队精神

教师学习共同体的成员由于工作职能不同，因此形成了不同的团队。乡村学校教师学习共同体要获得良性循环发展，必须发挥团队精神，每一个团队的成员都应该为团队的发展建言献策，成员之间的水平各有差异，因此成员之间要发挥团队精神，互相配合和协调，努力做到不让一个成员掉队，规避或者减少团队内耗。例如，一些乡村学校的老教师的教育教学观念比较落后，那么在学习共同体中掌握了先进教育教学理念的教师就应该在教学观念方面帮助老教师，促使其更新教育教学理念，实现教学胜任力的提升。

五、增强教学培训的实效性，
为乡村学校教师的教学提供专业引领

针对调查研究发现的乡村学校教师的教学培训缺乏实效性的问题，我们提出了以下几点增强培训的实效性的建议：

（一）确保培训经费落到实处，增加培训名额

针对调查发现的乡村学校教师的教学培训缺乏必要的经费支持，培训名额缺乏，导致乡村学校教师缺少培训机会的情况。首先，政府应该加大对贫困地区的继续教育经费的投入，加强经费使用监管，确保专款专用，提高经费使用效率，确保乡村学校教师的培训经费落到实处，并在"国培计划"的基础上，增加培训师资，使更多的乡村学校教师有机会参加培训。其次，乡村学校校长应该采取轮流培训的制度，确保乡村学校培训机会的均等，让每一位教师都有机会参加培训，而不是每次都选派骨干教师参加培训。再次，参加培训的乡村学校教师在接受培训后，可对没有参加培训的本校教师进行培训，实现资源共享。

（二）加强培训需求调查，增强培训内容的针对性

培训内容与参训教师实际需求的一致性程度直接影响着参训乡村学校教师的培训积极性与主动性。针对乡村学校教师反映的教学培训只关注教学计划而不关心乡村教师教学实际，培训缺乏针对性，缺乏层次性的问题，相关培训机构应在培训之前对乡村学校教师进行培训需求调查以及分析。例如，可以运用如下一些方式来调查乡村学校教师队伍中存在问题及实际需求：一是召开座谈会，与教师座谈、与学生座谈，了解双方对学校教育教学的认识和困惑；二是通过问卷调查教师的培训需求；三是现场观察与记录，比如通过听课真实地把握课堂上教师的行为表现以及学生的行为方式，在教学第一线把握乡村学校教师课堂存在的突出问题，再针对问题，采用恰当的教学培训方式和有针对性的教学评价内容。此外，还要根据乡村学校教师的年龄结构、学历结构、职称结

构、心理素质、专业水平、技能程度等，在此基础上，制定目标，确定内容，对症下药，才好分阶段、分类别、按需求、按层次去开展培训活动，增强培训的针对性，激发参训乡村学校教师的积极性和主动性。

（三）合理安排培训时间，确保乡村学校教师有充足的参训时间

调查结果显示，许多乡村学校教师居住的地方较为偏远，由于大部分的教学培训都在县城或市里，并且在周末进行，这给乡村学校教师参加教学培训造成了很大的不便，并且培训时间过短，严重影响了教学培训的实效性。为此，除了"国培计划""省培计划"等时间较长的教学培训，相关培训机构可将培训时间设在寒暑假，以确保乡村学校教师有充足的参训时间，增强培训的实效性。此外，相关培训机构也可通过远程培训，对乡村学校教师进行网络研修，还可以通过专家送教下乡等方式到乡村学校进行现场培训。

（四）建立有效的教学培训评价和监管机制，确保培训工作落到实处

为增强乡村学校教师培训评价的科学性和实效性，必须建立有效的教学培训评价和监管机制。应该改变以考试为主的考评方式，不仅注重乡村学校教师知识掌握的情况，而且还要评价乡村学校教师平时的学习态度、学习行为。应该对培训者的从业资格、培训机构的合法性、培训的形式与内容、参训者的实际收效等方面进行全程监督和评估，将监督机制落实到每一位参加培训的乡村教师身上。

在培训结束后，基层学校的领导、教师和教育管理部门应该对参训教师进行真实而有效的考核，避免乡村学校教师的教学培训流于应付和"走形式"，充分发挥教师培训监督机制的作用，真正把教师培训工作做到实处。

六、加强教学反思，
在反思实践中促进乡村学校教师教学胜任力的提升

底波拉·布雷兹曼指出，教学理论的形成过程是建立在个人实践的

基础上，而不是脱离教学经验而存在的。我国著名教育家、华东师范大学教授叶澜也指出反思在一个教师专业化成长的进程中具有决定性的作用，因此乡村学校教师应该增强教学反思意识，学会反思、善于反思，使自己成为反思性实践者。在教学实践中，教师可以通过教学反思意识到教学存在的问题，通过诊断、分析、综合等方式对教学行为迅速做出调整，进而改进和完善教学，从而促进自身教学胜任力的提升。

　　乡村学校教师的类型主要有教学前的反思、教学中的反思、教学后的反思。反思的内容主要有对教学理念的反思、对教学内容方面的反思、对教学过程的反思和对教学效果的反思。乡村学校教师可以通过撰写反思日记等自我总结的形式进行反思，也可以通过同事及学生进行反思，可以对成功的经验进行反思或者从失败的经历进行反思，还可独自进行教学反思或者集体进行教学反思。

第六章 乡村学校教学资源开发

XIANGCUN XUEXIAO JIAOXUE ZIYUAN KAIFA

　　数字化教学资源的开发与利用不仅是教育现代化和教育信息化的表现，也是国家教育发展的应有之义。乡村教育的发展在一定程度上决定了我国教育事业发展的速度和质量。然而，乡村学校在开发与利用数字化教学资源的过程中存在着很多的障碍与不足，限制了其有效的开发与利用。第一，乡村学校的信息基础建设与城市学校数字化建设仍存在巨大差距；第二，乡村教师应用信息技术的水平受到一定程度的限制；第三，乡村学校数字教学资源管理缺乏标准化和规范化；第四，城市学校优质资源引入乡村学校存在水土不服现象。基于此，对乡村学校数字化教学资源的开发与利用进行综合研究显得必要和重要。

第一节　乡村学校教学资源及数字化教学资源

随着各种信息技术的发展及其在教育中的应用，开发与利用高质量的数字化教学资源已成为教育信息化的迫切需要。近年来，通过国家和相关部门的不懈努力，教育信息化尤其是数字化教学得到长足发展，国家对于数字化教学资源的开发、利用、共享做了相关的文件批示。2012年3月13日，教育部颁布《教育信息化十年发展规划（2011—2020年）》（以下简称"规划"），规划在整体的发展任务中强调"缩小基础教育数字鸿沟，促进优质教育资源共享；协力推进农业农村信息化，在整体的行动任务中着重强调优质数字教育资源建设与共享和学校信息化能力的建设与提升"。2012年12月19日，教育部全面启动实施"教学点数字教育资源全覆盖"项目，强调依据"农村义务教育薄弱学校改造计划，组织教学点应用配备的设备和教育资源开展教学，并且对教学点进行财力、物力倾斜，督促有条件的乡村教学点与中心校实现同步教学"。《2015年教育信息化工作要点》也强调，"优质教育资源开发与应用深入推进，鼓励学校建设校本资源库，实现课堂教学的常态化、普遍性应用"。随着科技时代的到来，教育信息化逐步发展，数字化教学资源的开发和利用得到了国家政策的大力支持。

自新课程改革以来，无论是教育主管部门、学校抑或是学者们，对教学资源开发与利用的研究都极为重视。在教学资源开发与利用的理论方面，主要进行教学资源的本土化、西方教学资源开发与利用的理论借鉴、教学资源的本体认识、教学资源的现代化和数字化的研究；在教学资源研究的实践方面更为广阔，而数字化教学资源主要是在教学资源研究的实践过程中衍生出来的，在教学资源的实践方面研究则主要集中在远程教学资源库的建立、各个学科教学资源的开发和利用、教学资源的系统设计等方面。在教学资源的实践过程中，伴随着信息时代和大数据时代的到来，微视频教学资源的应用、网络教学资源库的建立、远程教学资源建设的模式、数字化教学资源的共享机制、数字化教学资源的应用情况、数字化教学资源与数字、网络、微课、慕课这些关键词结合在一起的教学资源的开发备受关注，并成为学者们研究教学资源开发和有效利用的重点。

在当今时代，随着城市化进程的逐渐加快，乡村教育教学的发展速度远不及城市教育，其中一个很重要的因素就是，乡村教学资源相对较为贫乏，如若能够通过数字化教学资源开发的形式，使乡村学校能够利用城市中小学的优质教学资源，这在很大程度上将会提高乡村教育教学的质量。乡村，作为地域概念时是一种与"城区"相对的概念，作为文化概念时更强调其"乡土情怀"。我们这里的乡村主要指镇及其以下的地区。尽管现在不少家乡学校从外部的校舍、课桌椅到教学用具、教学媒体都有了很大的变化，但是，教育的城乡差距依然存在，城乡数字教学资源的开发与利用方面仍然存在较大差异。首先，在乡村学校的学生水平参差不齐，且较为偏远乡村的少数民族学生的文化迥异；其次，乡村学校条件有限，村镇级别学校与县级学校无法匹敌，与市级学校更无法相比较；再次，乡村学校的师资条件有限，乡村学校的教师有35%左右为特岗教师，且教师的教龄结构两极化分布，年轻化和老龄化并存使其与城市学校之间的差距日益明显。这些差异或区别不得不使我们追问，慕课、微课迅速发展，在乡村教育教学中有无利用的可能？如何才能有效利用乡村现有的教学资源？如何才能使乡村学校的教学用上城市的优质教学资源？基于这些困惑，我们在分析当下乡村教学资源开发和利用的现实境遇所存在问题的基础之上，根据国家政策依据、学科理论依据，提出乡村数字化教学资源开发和应用的对策。

一、乡村学校教学资源

学者们对教学资源的概念定义不尽相同，主要存在以下几种界定：①要素说，即教学资源的构成要素有哪些。要素说分为"三要素说"和"七要素说"，前者认为教学资源主要分为教师、学生和教学内容，南斯拉夫的弗·鲍良克是这一类主要代表人物，他认为"教学的三个基本要素是教师、学生、教学内容，这三个要素也被称为教学论的三角形，缺少任何一方，都不能称其为教学"。我国学者认为，"教学活动是由学生、目的、课程、方法、环境、反馈和教师等七个要素组成"，这就是"七要素说"。②统整说或关系说，主要认为教学资源是一个"总体"或"总和"。有学者认为教学资源是由"学科性与学段性、构成性与影响性、预设性与生成性、单一性与混合性、物性与人本性相互影响，且是几种关系的彼此协同、共融共生和和谐统一的整体"。《教育大词典》中对教学资源所作出的定义是"为保证教育活动正常进行而使用的财力、人力、物力的总和"。还有学者指出，教学活动是由"教师、学生、课程教材、教学方法、教学手段、教学环境以及教学评价等要素组成，要素之间构成错综复杂的关系"。③广义和狭义的教学资源。有学者认为，"广义的教学资源是指有可能进入课程，间接或者直接支持教学活动的物质与非物质的一切资源；而狭义的教学资源仅指直接支持教学活动的物质与非物质来源，如教科书、教师、技能、方法等"。还有学者认为，"凡对课堂教学起作用的事物，如课堂教学时间、教学资料（包括课程内容和辅助资料）、教学设备、教学环境、教学群体、教学技术，都可作为教学资源，可供开发和利用"。教学资源是指"形成教学的要素来源以及实施教学的必要而直接的条件"。④等同于学习资源的教学资源。在与教育技术学科相关的定义中，所谓"资源"主要是指"学习资源，包括学习过程中所要利用的各种教学材料（信息）、支持系统、环境和人际（包括教师及学生同伴）等"。在这里，教学资源是指用以支撑教学活动顺利或者有效进行的教学材料、资源或媒介材料。

二、乡村学校数字化教学资源

对数字化教学资源的解读主要涉及基本概念、类型和主要呈现形式。

（一）数字化教学资源的基本概念

数字化教学资源的定义是基于"教学资源"的定义发展而来，数字化教学资源的定义主要有以下几种：

一是经过数字化处理的资源、材料。"数字化教学资源指经过数字化处理的，可以在多媒体计算机或者网络环境下运行的教学信息资源，主要针对的是以数字化形式存在的，用于支持教与学的活动各类信息化的教学资源"。该定义强调数字化教学资源的数字处理和网络运行。有学者将数字化教学资源定义为"以计算机技术为基础设计、开发、存储与传播，基于信息化环境传递的教学资源"。该定义强调数字化教学资源的计算机基础以及信息化传递环境。有学者认为，数字化教学资源是指"经过数字化处理的，可以通过多媒体计算机及网络环境运行的多媒体形式的教学材料，这类材料主要包括图像、图片、视频、动画、文本等，数字化教学资源的表现形式主要有网络化教学资源、资源库和多媒体教学软件"。该定义主要强调数字化教学的网络环境，将数字化教学资源视为支撑教学活动的教学材料。

二是作为现代教育教学的必须。有学者也指出，"数字化教学资源是把数字化技术处理方式，媒体应用手段和网络传输与资源的可操作性集于一身，是现代教育不可或缺的部分"。也有学者认为，"数字化教学资源应该还是支持教师的'教'和学生'学'的教学材料、教学环境以及教学支持系统，是支持数字化教学过程中可以被教学和学习者利用的一切人力和非人力资源"。该定义强调数字化教学资源作为一个整体出现，其处理方式、操作手段对于现代教学具有重要的意义。有学者认

为，"将文字、图像、语音、影像等，运用数字化信息技术和手段进行处理以数字符号形式在网上进行传输的信息资源"。该定义强调数字化教学资源与信息资源的密切关系，并且着重在教学资源的网络传输。

三是与学习材料相等同。有学者认为，数字化教学资源指的是"学习材料（Content），又分为学生学习材料（Student Instructional Content）、教师备课材料（Teacher Preparation Materials）、学生作品（Student Products）、学生特殊兴趣作品（Special Interest）"。我们认为，数字化教学资源是指经过数字化处理的教学资源，用以支撑教学活动顺利、有效进行的可以在多媒体或网络环境下运行的教学活动材料，如多媒体课件、试题库、电子文本、图片、视频等。

（二）数字化教学资源的类型

按照不同的分类标准，根据数字化教学资源的来源以及呈现形式，可以作如下分类：

如果按照来源划分，可以分为学校优质数字化教学资源、网络优质教学视频、社会优质教学资源。学校优质数字化教学资源主要是指学校的优质教学内容、教学课件、教学材料等通过相关的数字处理成为可以在多媒体和计算机上运行的教学资源；网络优质教学资源主要是指通过互联网进行传播的学校、教师个体以及社会的优质教学资源；社会优质教学资源是指相关的教育培训机构和一些教育性的或非教育性的社会群体或者个体通过数字处理的一些教学资源，这类数字化教学资源包括的范围较为广泛，如公安部门的一些宣传片、教育培训机构的教学视频等。

如果按照呈现形式划分，可以分为动态和静态。动态包括动画、声音、视频等；静态包括文字、图片等。

（三）乡村学校数字化教学资源的呈现形式

相对于城市学校而言，乡村学校条件有限，受乡村学校教师信息化能力和乡村学校其他诸多因素影响，其数字化教学资源的呈现形式不及城市丰富和多样。通过对乡村学校数字化教学资源的情况进行总体调研，认为乡村数字化教学资源的呈现形式主要有以下几种：

一是"班班通"形式。"班班通"是融合了基础教育设施和教育教学整合的系统工程。它在教育信息化的基础之上发展而来，主要融合了国家"十二五"期间的"三通"（通硬件、方法和资源），旨在通过网络、软件等配置，让每一个班级的每一位教师和学生都享受数字化教学资源带来的便捷。

二是多媒体形式。多媒体形式指的是有条件的乡村学校通过配置投影仪和电脑等软硬件设施，将教学内容通过PPT、Flash等形式呈现在学生面前。

三是网络形式。网络形式对于网络要求较高，主要是通过网络与其他优质学校进行网络授课，这种网络授课形式主要集中在城市学校。而乡村学校的网络形式主要表现在数字化教学资源通过网页浏览的形式获得。

第二节　乡村学校数字化教学资源研究述评

任何研究的重点和基础都是该研究文献的梳理，通过对已有关于教学资源和数字化教学资源开发和利用的主要观点进行整理，有助于全面了解该领域的研究现状，从而找到乡村学校数字化教学资源的开发和利用研究的突破点。

一、研究现状

我们在西南大学数据库超星电子图书（数字文献服务）中，以"教学资源"为书名或者主题词进行文献检索，检索到著作12本，与本研究联系紧密的分别是《教学资源科学（上）》（2002）、《本科教学资源信息管理与服务系统》（2006）、《信息化教学资源应用能力培训》（2007）、《多媒体课件制作与教学资源应用》（2001）、《教学资源

信息化以地学实践教学为例》（2009）、《新课程学校数学教学资源库（人教版）》（2007）、《新课程教学资源库：数学教学资料七年级》（2003）。以"数字化教学资源的开发与利用"为书名或者主题词进行文献检索，检索到图书0本。

另外，我们也在中国期刊全文数据库进行文献检索，检索时间跨度均为1990年至2015年，以"教学资源"为题名进行模糊检索，检索到论文42 961篇；以"数字化教学资源"为主题词进行模糊检索，检索到论文1623篇；以"数字化教学资源的开发与利用"为主题词进行模糊检索，检索到论文2篇；以"乡村数字化教学资源的开发与利用"为主题词进行模糊检索，检索到论文0篇。

我们在西南大学图书馆外文数据库"springer"学位论文全文检索中，以"teaching resources"进行检索，检索到论文172 754篇；以"digital teaching resources"进行检索，检索到论文6491篇；同时，在外文数据库"Web of science"中以"teaching resources"进行检索，检索时间为1990年至2015年，检索到论文18 530篇，以"digital teaching resources"进行检索，检索到论文539篇。后者出现的最早时间为1994年，说明相对于教学资源来说，数字化教学资源的研究较晚，根据其研究的发展趋势，最近几年较多。

二、研究概述

综观已有的研究，学者们从不同的角度对数字化教学资源的开发与利用进行了研究，我们主要从数字化教学资源的开发与利用的研究价值取向、主要观点、影响因素和策略探讨等维度对已有的研究进行简要概括。

（一）研究的价值

数字化教学资源的开发与利用的研究价值取向主要有以下几个方面：一是从高等学校建设方面来说。"数字化教学资源库建设是高等院校实现教育信息化要求和广大师生的共同期盼"。"有助于建设适用于高校数字化教学资源系统，满足高等院校的数字化教学资源建设和管理方面的需求，提高高等院校的数字化教学资源的利用率、标准化程度和校际数字化教学资源的利用程度"。有学者通过实验研究的方法证明，"利用数字化教学资源可以提高教学的有效性，同时还能缩短学生学习时间，在学生学习成绩和师生共同发展方面也有重要影响"。

二是从职业院校发展的角度来说。对于职业院校而言，数字化教学已然成为一大趋势，"中等职业学校的教学对象和内容都发生了巨大的变化，新设备、新工艺、新技术和新的人才要求都需要现代的数字化支撑，中等职业学校的数字化教学成为大势所趋"。

三是从乡村学校教育教学方面来说。有学者在研究中指出，"数字化教学资源对学习动机的强弱程度和创设情境的影响，数字化教学资源对于学生主动参与学习、探究学习具有重要的作用，从而促进整个乡村中小学教学质量的提升"。有学者从教师使用数字化教学资源的偏好角度，通过调查乡村中小学教师数字化教学资源的看法，最终得出"数字化教学资源的利用有助于提高教师的教学水平和教学质量"。同时也有选择对个别地区的数字化教育教学资源进行研究，有学者以分析"拜泉县农村中小学数字化教育资源的具体应用情况、问题，并结合该地区已有的教育信息化情况提出相应的对策建议"。有学者以保山市龙陵县农村的初中物理的数字化教学资源为研究对象，通过对一线物理学科教师的深入分析，"让教师们反思自身的教育教学，从而抓住物理课程改革的关键因素——数字化"，其认为数字化教学资源是教育改革的关键。

四是从教育信息化和适应教育现代化发展的角度说。改变传统的以教师为中心，"学生自主学习模式改革，且是现代化教学资源的有效利用，在数字化教学资源的开发和利用中开展的师生现代化教育技术的相关培训可以提高教师数字化教学水平"。有学者认为，随着现代社会对人才的问题解决能力的日益关注，"数字化教学资源的设计应该着重于学生问题解决能力的培养，数字化教学资源不仅仅是为了提高教育教学质量，最为重要的是发展学生问题解决的能力"。在信息环境之下，"数字化教学资源的开发和利用已经成为教师教育教学的基础，数字化教学资源库的构建决定着教师的个人知识管理工具和教师进行现代教育的重要内容"。有学者在研究中提出，无论是从"理论还是时间上数字化教学资源在推动教学模式变革和学生自主探究能力培养上起着重要的作用，不仅如此，在教师角色转变、学生角色转变和教育变革上也发挥着重要作用"。

通过对数字化教学资源已有研究的回顾发现，数字化教学资源开发与利用研究的最大价值在于整个教育的现代化和信息化，在于教育教学质量的不断提升。

（二）研究的主要观点

第一，发展均衡性——数字化教学资源的共享。根据相关文献，数字化教学资源发展的不平衡首先表现在区域发展的不平衡，区域不平衡又包含了不同地方和城乡发展的不均衡，"数字化教学资源在不同区域、城乡之间的建设和发展都存在不平衡现象，区域之间、城乡之间存在数字鸿沟"。其次是教师素养发展不均衡。有学者对浙江11个地级市的数字化教学资源进行综合竞争力的排名调查发现，"经济发达地区、经济一般地区各科教师信息素养存在较大差异，经济较发达地区教师经常组织学生利用网络资源进行学习的比例占37.15%"。有学者将数字化教学资源的区域发展、需求和共享结合在一起。"以发展可用性较高的生态化数字资源共享和应用环境为教学资源开发的目标，以北京基础教育资源网这样的领先实践领域为依托，对区域化的数字化教学资源的共享条件进行现状调研，研究区域级基础教育资源网发展的需求"。

第二，应用水平度——数字化教学资源作用彰显。应用水平的程度主要分为教师应用水平程度的高低和学生应用水平的高低。在教师应用方面，教师对数字化教学资源的应用水平是数字化教学资源优势得以彰显的重中之重，即使有了"数字化教学资源，相当一部分教师上课仍然采用传统的'黑板+粉笔'的教学模式，一部分教师熟悉传统教学，但是对多媒体和网络技术教育很难驾驭，强调教师对数字化的应用水平和能力的提升"。根据国家颁布的各科课程标准的要求，"将数字化教学资源有效应用到'任务型教学'的新型教学模式中，可以有效改变学生的学习方式，从而提高学习者的适应信息时代所需的相关素质，和对于提高学习者高阶能力的要求"。由此可知，在学生应用方面主要强调学生的信息素养和学习方式的转变。有学者通过对英美两国的数字化教学资源的建设进行对比发现，"英美两国信息素养教学平台建设也是其数字化资源建设的重点内容之一"。有学者认为，"数字化教学资源及其管理平台的建设是基础，数字化教学资源的应用是数字化教学资源得以发展的核心"。

第三，本土适应度——数字化教学资源再生源泉。有学者通过问卷的形式调研获取数字化教学资源的渠道，在"教师的选择中发现7.4%的教师选择从开发资源库的企业当中购买，18.3%的教师选择通过自主开发建设数字化教学资源库，12.6%的教师直接共享其他学校的优质资源，而占有68.6%的教师选择从网络上进行下载"。这在一定程度上说明教师很少考虑数字化教学资源的"本地性""本校性"和"本土性"。任何"学校的校本资源都应该具有校本特色，并且以立足于本校教学实际为根本，体现学校的现有特色和各学科本身的特点，注重与教师的日常性教学应用和学生的学习实效相联系，同时也是平时教与学过程中各种点滴资源汇总的结果"。

第四，教学需求度——数字化教学资源发展契机。数字化教学资源"一蹴而就"是不可能也是不应该的，"需要不断地开发和引进各类符合学生和教师需求的素材、资源和信息"，以促进其不断发展。有学者强调在"教学资源开发的过程前阶段就应该搜集素材和对搜集的素材进行分析扫描，在搜集素材的过程中应考虑和满足不同的教学需求"。有学者通过调研发现，"无论从一线学科教师的角度还是信息技术主管的角度来看，学校现有的数字化教学资源与一线教师教学需要的结合性仍然有较大的延伸空间"。有学者认为，"通过'有效聚合'的方式，将网上分散的数字化教学资源通过一系列的方式如资源制作、知识整合等集中于同一个资源中心，使资源中心产生巨大的综合效能，以此满足不同用户的教学需求"。

第五，整合并共享——数字化教学资源发展精髓。数字化教学资源的整合是指"遵循一定的原则、规范、标准，把一个组织内不同部门之间的资源（包括教学媒体素材、试题等数字形式的教学内容、环境和自动化管理系统）整合以实现数字化教学资源之间的无缝链接，使所有的数字化教学资源形成一个体系"。并且通过对"管理策略、数据库管理系统、学科数据库等达到数字化教学资源开发和利用的增值型"。由于数字化教学资源的基本特征存在"多媒体化、多样化、连接性，因此数字化教学资源的开发建设不是资源的简单集合，学校内学科之间教学资源应该实现资源共享，以先进的教学理论作为指导，进行周密设计和研发"。有研究者认为，对于数字化资源的使用不能盲从，要"根据本学科教学内容进行适当选择，数字化教学资源或者教学视频不能替代教师的讲解和示范，对于数字化教学资源的应用应该遵循大众化、科学化和实用化的原则，并且要学会和其他教师共享"。有学者明确提出，"资源中心建设和开发的目标是资源的共享和分布的协同，即对数字化教学资源进行统一规划、部署、整合和共享，解决多个层次的共享和协作，并且普遍采取国际资源的共享方式"。有学者撰文介绍了"数字化教学资源共享的基本现状，通过模块分析构建一个数字化教学资源共享，从而完善数字化教学资源共享平台建设"。有学者认为，"数字化教学资源的建设必须树立战略理念、服务理念、共享理念、以人为本理念等六个方面的数字化理念"。

（三）影响因素研究

数字化教学资源的开发与利用受众多因素的制约，通过对已有文献的研究发现主要的因素有教育支持系统、学校关注、教师能力、教学风格、学生学习风格等。有学者认为，"数字化教学资源开发与利用主要受环境（学校资源环境和学校文化环境），教师（信念、教学动机、教学能力），学生（学习风格、信息素养）以及信息化的教学模式的影响"。有学者认为，数字化教学资源开发除受"地方高校自身经费和师资力量的限制外，管理者的思想观念和重视程度以及缺乏优质资源共享机制，资源类型失衡，重'建'轻'用'等"也是其重要影响因素。有学者认为，影响教学资源优化的因素主要有"内部因素（教师教学资源意识、教师教学资源能力）和外部因素（教育资源的配置、课程资源）"，数字化教学资源作为教学资源的衍生部分，同样也受这些因素影响。有学者认为，影响数字化教学资源利用的主要因素是"教师（教师必须具备较强的学科教学能力和信息技术能力，且教师具有积极的心态极为关键）和学生因素（学生必须具备较高的内在学习动机，对数字化教学资源具有较强的好奇心，并且能够主动从事探究活动）"。其在数字化教学资源的利用中强调了教师和学生心态转变的重要性。有学者认为，数字化教学资源的建设受"教师自身时间和能力因素影响，有专业教师队伍指导和辅助制作复杂教学课件的可能性越大，相反就比较简单"。有学者认为，"传统教育理念的束缚、数字教学基础设施较差、教师数字教学素质低是数字化教学发展的制约因素"。综观已有数字化教学资源的影响因素研究，大多都集中在教师、学生和教育系统，这也为本研究的调研提供了参考点。

（四）策略研究

从宏观角度来说，国家、政府、教育部门增加免费共享的优质数字化教学资源，由"国家投资建设的尽可能向社会尤其是向各级各类的学校开放，鼓励通过其他各种渠道增加免费优质数字化教学资源的开发、共享与利用，建立数字化教学资源的保障体系，将IBM developer works（IBM开发人员作品）和alpha works（阿尔法作品）引入数字化教学资

源的建设过程，除此之外国家应该加大教师培训，从而扩大其适用范围"。"国家或者相关部门也可以通过广泛共享、有效聚合、充分应用的方式构建数字化教学资源，满足不同客户的需求，为教师和学生提供个性化的服务"。

从中观角度来说，"学校方面应进一步转变学校领导思想观念，建立良好的激励措施，深入开展校本研修工作"。"教育资源的配置直接决定着教学资源优化的条件"，同样也决定着数字化教学资源的优化条件。

从微观角度来说，从教学本身和教师角度来说，以"教学活动为中心"的方法是数字化教学资源开发和设计的基本，"教学活动"通过支持教学方法、教学策略、教学活动等方面的重用，当前"数字化教学资源建设的研究也应该从关注学习对象到关注学习活动的转变，最终扩展到学生的学习过程，教师教学过程的关注"。教师应该提升教师使用"数字化教学资源的情意，提高教师的信息素养"。

三、研究简要评析

（一）概念混淆不清

数字化教学资源、信息化教育资源和电子教学资源，数字化教学资源与信息化教学资源，教学资源和教育资源之间存在着概念混淆的现象。有的研究在标题为"数字化教学资源的××研究"，然而在文章的论述中却以"信息化教学资源"代替了"数字化教学资源"，将二者混为一体。教育资源包括教学资源，教育资源为整个教育系统服务，而教学资源为教学活动服务。我们认为信息化教学资源比数字化教学资源更为广阔，数字化教学资源在某种程度上是信息化教学资源的表现形式。在研究数字化教学的过程中必须明确如何给数字化教学资源分类，数字化教学资源的分类标准又是什么。

（二）高校数字化教学资源研究多，中小学尤其是乡村学校研究较少

通过对已有研究的整理发现，数字化教学资源的各个方面，如数字

化教学资源的建设、共享、整合等都更为重视高校或职业院校，研究中小学尤其是乡村中小学的文章少之又少。在文章数量和质量上，通过以"高校数字化教学资源"为主题进行精确检索，共检索到文章50篇，其中核心期刊有7篇，以"中小学数字化教学资源"为主题进行精确检索，共检索到文献6篇，其中核心期刊1篇，以"乡村学校数字化教学资源"为主题进行精确检索，共检索到文献0篇。由此可见，虽然国家在政策、财力和物力上对乡村学校数字化教学资源，甚至对教学点的数字化教学资源建设都给予大量支持，但是乡村数字化教学资源建设仍然是数字化教学资源研究的一大缺口。在整个国家政策的支持上，高校数字化教学资源建设走在中小学数字化教学资源建设的前列，中小学的数字化教学资源尤其是乡村学校的数字化教学资源建设落后，但却没有得到应有的重视。只有不断地推进乡村学校数字化教学资源的开发和利用，才能够以此带动乡村教育教学质量的提升。

（三）理论研究少，实证研究多

从理论研究的角度来说，数字化教学资源应该是教学资源的一种延伸、细化和应用，在整体上，由于在教学资源研究领域已经出现"什么是教学资源"和"教学资源是什么"的混淆，在一定程度上造成数字化教学资源研究领域的混淆。尤其是在区分"什么是数字化教学资源"和"数字化教学资源是什么"中存在混淆，通过对已有研究分析发现，对于"什么是数字化教学资源"的研究较多，而对于"数字化教学资源是什么"的研究相对较少。从逻辑上讲，前者包含了数字化教学资源概念的应用范围，而后者则包括它的基本概念，揭示了数字化教学资源的本质；从整个教育领域来说，"什么是数字化教学资源"是对现有的数字化教学资源的整个反思过程，而对于"数字化教学资源是什么"则带有人们对于数字化教学资源的一种理想追寻。

（四）多"照搬"式研究，少适应性研究

通过对已有研究文献分析发现，在数字化教学资源的研究中，大部

分研究都指向数字化教学资源中心的建设，在高等院校的数字化教学研究中，更多的是以统一的、同标准的数字化教学资源提供给所有的高等院校。但是在乡村学校，各个乡村学校所具备的硬件设施不同，各乡村数字化发展的速度不尽相同，各乡村教师教学水平和教学能力也不尽相同。因此，在乡村学校数字化发展的过程中，更应该强调数字化教学资源发展的"本土性"和"适应性"，本土性要求数字化教学资源不仅仅带有本土特色，还应该强调引进的数字化教学资源与教师教学风格、学生学习习惯和学习风格之间的适应度不强。

第三节　乡村学校数字化教学资源研究目的及意义

一、研究的目的

本研究的目的在于通过对乡村学校数字化教学资源开发与利用的现状调查，探究其在开发与利用过程中遇到的问题及其原因，最终促进数字化教学资源在乡村学校的有效利用以及优质资源的城乡共享。这一研究目的可以分为如下三个子项：

第一，从认识论角度对数字化教学资源的剖析，奠定乡村数字化教学资源的理论基础。

第二，乡村学校数字化教学资源开发与利用的现状调查，全面了解乡村学校数字化教学资源现状以及教师的数字化教学水平和数字化教学能力，从而为数字化教学资源的有效利用做铺垫。

第三，通过对问卷调查进行统计分析，再结合已有的观察和访谈，对数字化教学资源的有效利用提出相应的建议。

二、研究的意义

（一）理论意义

首先，数字化教学资源开发与利用是学校教学活动的重要组成部分，开发与利用的质量在一定程度上决定着教学质量的高低，通过对数字化教学资源的认识论解析，有助于丰富现有的教育理论。

其次，在对数字化教学资源现状调查和全面分析的基础之上，探讨数字化教学资源的构成和分类，有助于全面理解数字化教学资源以及教学资源的理论本体。

（二）实践意义

首先，从宏观而言，研究乡村学校数字化教学资源的开发与利用有助于贯彻新课程标准，有助于推动乡村基础教育的发展。

其次，从中观而言，教学质量决定着学校的生存与发展。研究乡村数字化教学中资源的开发与利用，促进乡村对于优质教学资源的引进和利用，改善和提高乡村学校教学质量，协调城乡差异，实现城乡教育和谐发展，从而实现学校教育教学质量的提升。

再次，从微观而言，研究数字化教学资源的有效利用，可以提高乡村学校教师教育教学的积极性和主动性，转变乡村学校教师教学方式；同时也有助于转变乡村学校学生的学习方式。

第四节　乡村学校数字化教学资源研究思路与方法

一、研究思路

本研究主要遵循如下思路：首先通过概念解读，在概念解读的基础上将数字化教学资源细分为数字化资源价值、教师数字化教学资源开发与利用能力，再通过编制问卷对乡村数字化教学资源进行现状调查，通过现状调查和问卷分析发现存在的问题，基于计划行为理论和教育传播理论提出相应的对策建议。具体步骤如下：第一，对数字化教学资源的国内外研究进行梳理，一方面为了了解该领域的研究现状，另一方面为本文的研究奠定文献基础；第二，根据已有的相关概念界定和我们的理解，对数字化教学资源进行概念解读；第三，根据已有研究分类和概念解读，编制"乡村学校数字化教学资源现状调查"问卷，并主要在G省地区展开调查，对教师和学生访谈所搜集到的信息进行归纳和总结，提炼出对研究有用的信息；第四，通过SPSS统计软件进行问卷的统计分析，主要是进行描述性分析、方差分析和单因素分析；第五，在文献分析整理的基础上，借助计划行为理论、教育传播理论等，为进一步研究数字化教学资源奠定理论基础；第六，根据现状调查中存在的问题和理论基础，为数字化教学资源的开发和利用提出相应的对策建议。

二、研究方法

（一）文献研究法

本研究方法是在对学者们的已有研究进行分析的基础上，以把握研究的深度以及广度为首要目的；文献研究法的另一个研究目的支撑该研究。文献分析旨在发现学者们的已有观点和已有研究"概览"，通过文献述评了解哪些问题还需要研究，是一个问题逐步聚焦的研究过程。在本研究中，主要通过学校电子和实体图书馆进行文献资料收集。

（二）问卷调查法

问卷调查法具有时间短、收效快等特点，它能够让研究者在相对较短的时间内收集到更多的资料。在该研究中，通过参照已有教学资源、数字化教学资源问卷的基础上，自行编制"乡村学校数字化教学资源现状调查"问卷和相关访谈提纲。该问卷由引导语、基本信息和问卷主体三部分构成。其中问卷主体以封闭式选择题为主。调查对象主要选取G省乡村学校教师和学校的数字化教学资源现状。调查问卷的发放方式采取随机形式。

（三）访谈法

访谈法主要是通过对研究对象进行访谈或询问而收集研究资料的过程。在本研究中，通过对乡村学校教师群体的访谈进一步了解数字化教学资源开发和利用的现状、影响数字化教学资源开发与利用的因素、所存在的问题以及如何改善等，最后通过对影响因素的分析提出相应的解决对策。

（四）统计分析法

统计分析法主要指的是运用相关的数据统计软件对已收集到的资料进行处理，最终得到能够反映调研内容的数据。本研究通过对调研资料的整理，用SPSS 19.0统计软件进行统计分析，最终结果反映在调研结果部分。

第五节 乡村学校数字化教学资源现状调查

一、研究设计

（一）研究内容

本研究的内容主要是了解乡村学校数字化教学资源开发与利用的现状，涉及数字化教学资源的价值、教师数字化教学资源利用能力、教师满意度和教师对数字化教学资源的态度四个方面。

（二）研究工具

研究工具主要有两个："乡村学校数字化教学资源现状调查"问卷和教师访谈提纲，以及SPSS统计软件。问卷为自编问卷，问卷编订后经导师及西南大学教育学部等多位专家教授指导，期间也与多位乡村学校教师交流讨论，修改了十余次，问卷设计编制过程比较严谨。问卷主要涉及数字化教学资源的现实价值，乡村教师开发与利用数字化教学资源的能力，乡村教师对于现有数字化教学资源的满意度、乡村教学资源的价值、态度等，这些问题主要体现为问卷第二部分的1～22题，采用李克特五点量表进行正向计分。除此之外，在问卷的问答题部分，还涉及数字化教学资源的获得形式，开发与利用现存问题等，由于这部分的主观性较大，因此多采用多选题的方式。

（三）研究对象

本研究采取目的抽样方式，以G省9所乡村学校教师为调研对象，共发放问卷240份，回收问卷234份，回收率97.5%，其中有效问卷228份，有效率97.44%。样本分布如表6-1所示。

表6-1　样本研究分布情况

类别		人数（比例）
性别	男	97（42.5%）
	女	131（57.5%）
教龄	2年以下	30（13.2%）
	3～5年	58（25.4%）
	6～10年	40（17.5%）
	11～15年	27（11.8%）
	16年以上	73（32%）
学历	中专及以下	2（0.9%）
	大专	27（26.3%）
	本科	73（72.8%）
	硕士（含教育硕士）及以上	0（0%）

（四）问卷信效度

本研究通过Cronbach's Alpha系数对"数字化教学资源现状调查问卷"进行信度分析，从而检验问卷的内部一致性和稳定性。一般而言，某一问卷的信度系数越大，则表明该问卷的可信程度就越高。通过检验，乡村学校数字化教学资源问卷的内部一致性系数为0.80，各个维度之间的系数分别是数字化教学资源价值为0.88，教师数字化教学资源利用能力为0.85，教师对已有数字化教学资源的满意度为0.58，教师对数字化教学资源的开发与利用态度为0.72，各维度的信度系数均在0.58～0.88之间。

通过相关因素分析，发现问卷各维度与总体值之间的相关系数在 0.58～0.88之间，表明数字化教学资源问卷的各维度与问卷总体之间存在较高的相关性。

二、调研结果与分析

（一）乡村学校数字化教学资源的总体状况

为了能够从总体上掌握调研的结果，本研究对数字化教学资源进行总体分析，其结果如表6-2所示。

表6-2　数字化教学资源开发与利用总体状况

维度	题数	均值（M）	标准差（SD）
资源价值	5	3.94	0.76
教师利用能力	5	3.75	0.83
教师满意度	5	3.77	0.69
教师态度	5	3.66	0.72
总体	20	3.78	0.62

从表6-2可以看出，乡村数字化教学资源开发的总体均值为3.78，高于中间值3；而在教师对数字化教学资源的价值、教师利用能力、教师满意度和教师对数字化教学资源的态度四个方面上的均值分别为3.94、3.75、3.77和3.66。从图6-1可以直观地看出，教师对数字化教学资源的价值、教师利用能力、教师满意度和教师对数字化教学资源的态度四个方面的具体分布情况。

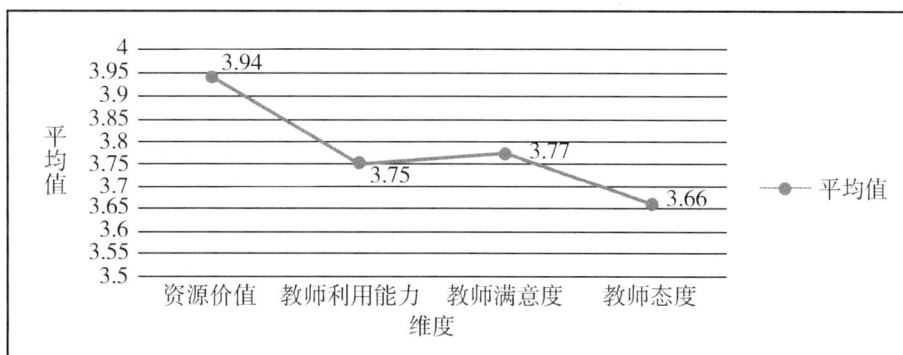

图6-1　数字化资源开发与利用总体状况

从图6-1可以看出，教师对数字化教学资源的价值、教师利用能力、教师满意度和教师对数字化教学资源的态度四个维度的平均值在3.66~3.94之间，表明数字化教学资源在这几个方面的水平都处于中等偏上。其中，数字化教学资源的价值得分最高，表明数字化教学资源在教师群体中具有较高的价值认可，数字化教学资源本身对教育教学有较高的价值。教师对于数字化教学资源的开发和利用态度上分值相对较低，这与教师们对数字化教学资源的价值认可度不匹配，说明教师们在数字化教学资源开发与利用过程中存在偏差。

（二）乡村学校数字化教学资源现状的方差分析

1. 乡村学校数字化教学资源利用的教龄因素

为了能够全方位地探讨教龄因素对数字化教学资源的影响，本研究对开发和利用数字化教学资源的各教师教龄进行方差分析，其检验结果如表6-3所示。

表6-3 数字化教学资源利用的教龄因素

教龄	资源价值（M/SD）	教师利用能力（M/SD）	教师满意度（M/SD）	教师态度（M/SD）	总体（M/SD）
2年以下（M/SD）	4.09/0.52	3.86/0.59	3.92/0.65	3.93/0.65	3.93/0.52
3~5年（M/SD）	3.69/0.79	3.33/0.89	3.51/0.77	3.51/0.61	3.51/0.67
6~10年（M/SD）	4.10/0.72	4.13/0.63	3.89/0.51	4.02/0.51	4.02/0.54
11~15年（M/SD）	3.77/0.79	3.82/0.69	3.85/0.57	3.51/0.80	3.73/0.59
16年以上（M/SD）	4.05/0.76	3.78/0.86	3.85/0.70	3.56/0.83	3.81/0.60
总计（M/SD）	3.94/0.75	3.74/0.82	3.77/0.69	3.66/0.72	3.78/0.62
F值	3.11	6.75	3.37	3.89	4.96
P值	0.016*	0.000***	0.023*	0.004*	0.001**

注：*表示P<0.05，**表示P<0.01，***表示P<0.001，下同。

从表6-3可以看出，不同教龄的教师对数字化教学资源的价值、教师利用能力、教师满意度和教师对数字化教学资源的满意度各维度的反应不尽相同，且教龄因素在这几个方面都呈现显著相关（P=0.001，P<0.05）。同时，教龄与资源价值（P=0.016，P<0.05）、教师利用能力（P=0.000，P<0.01）、教师对现有资源的满意程度（P=0.023，P<0.05）和教师对数字化教学资源的态度（P=0.004，P<0.05）上都呈现出显著性差异。尤其在数字化教学资源的应用能力上，教龄因素对数字化教学资源的应用能力上影响明显，教龄越久，教师数字化教学资源能力越弱。

2. 乡村学校数字化教学资源的学科因素

为了能够全方面地探讨学科因素对数字化教学资源的影响，本研究对开发和利用数字化教学资源的各教师学科进行方差分析，其检验结果如表6-4所示。

表6-4　数字化教学资源利用的学科因素

学科	资源价值（M/SD）	教师利用能力（M/SD）	教师满意度（M/SD）	教师态度（M/SD）	总体（M/SD）
语文（M/SD）	3.83/0.83	3.84/0.73	3.80/0.70	3.75/0.62	3.80/0.57
数学（M/SD）	4.15/0.78	3.94/0.90	3.93/0.68	3.48/0.80	3.87/0.67
英语（M/SD）	3.91/0.74	3.22/0.88	3.54/0.65	3.49/0.75	3.54/0.59
历史（M/SD）	4.50/0.75	4.50/0.57	4.50/0.57	4.40/0.46	4.47/0.54
地理（M/SD）	3.66/1.15	3.60/1.03	3.00/1.03	3.33/1.27	3.40/1.12
政治（M/SD）	3.47/0.94	3.60/0.57	3.50/0.65	3.45/0.84	3.50/0.70
化学（M/SD）	3.68/0.51	3.64/0.50	3.95/0.21	3.86/0.38	3.78/0.40
物理（M/SD）	4.13/0.53	3.90/0.75	3.73/0.64	4.00/0.60	3.94/0.59

（续表）

学科	资源价值（M/SD）	教师利用能力（M/SD）	教师满意度（M/SD）	教师态度（M/SD）	总体（M/SD）
体育（M/SD）	3.76/0.33	3.76/0.50	3.92/0.43	3.80/0.44	3.81/0.36
美术（M/SD）	4.2/0.54	3.72/1.21	3.73/0.99	3.64/0.79	3.82/0.74
音乐（M/SD）	4.15/0.17	4.05/0.17	3.85/0.17	4.10/0.18	4.03/0.11
生物（M/SD）	4.10/0.11	4.10/0.11	4.2/0.23	4.20/0.00	4.10/0.11
总计（M/SD）	3.94/0.75	3.74/0.82	3.77/0.69	3.66/0.72	3.78/0.62
F值	2.00	2.34	1.95	2.03	1.95
P值	0.030*	0.010*	0.034*	0.027*	0.034*

从表6-4可以看出，不同学科的教师对数字化教学资源的价值、教师利用能力、教师满意度和教师对数字化教学资源的态度各维度的反应不尽相同，且学科因素在这几个方面都呈现显著相关（P=0.034，P<0.05）。同时，教师所授学科与资源价值（P=0.030，P<0.05）、教师利用能力（P=0.010，P<0.01）、教师对现有资源的满意程度（P=0.034，P<0.05）和教师对数字化教学资源的态度（P=0.027，P<0.05）上都呈现出显著性。尤其在数字化教学资源的应用能力上，学科因素对数字化教学资源的应用能力上影响明显。这一点与现实观察到的情况交相辉映，不同学科的乡村学校教师数字化教学资源能力不尽相同，对数字化教学资源的态度及使用情况也不同。通过表6-3和表6-4可以看出，教龄和学科因素对教师对于数字化教学资源的应用能力影响最大，相关性最高，分别是P=0.000和P=0.010，因此在数字化教学资源的利用过程中，数字化教学资源的应用尤其应该重视教师的应用能力。

3. 乡村学校数字化教学资源利用的专业因素

为了能够全方面地探讨教师专业因素对数字化教学资源的影响，本研究对开发和利用数字化教学资源的各教师是否为师范院校毕业进行方差分析，其检验结果具体如表6-5所示。

表6-5 数字化教学资源利用的专业因素

是否为师范院校毕业	资源价值（M/SD）	教师利用能力（M/SD）	教师满意度（M/SD）	教师态度（M/SD）	总体（M/SD）
是（M/SD）	3.96/0.74	3.68/0.80	3.72/0.66	3.71/0.67	3.75/0.67
否（M/SD）	4.13/0.79	4.08/0.88	4.07/0.79	3.36/0.94	3.91/0.71
总计（M/SD）	3.94/0.75	3.74/0.82	3.77/0.69	3.66/0.72	3.78/0.62
F值	2.59	6.62	7.38	6.52	1.82
P值	0.108	0.011*	0.007**	0.011*	0.178

从表6-5可以看出，师范专业毕业的教师与非师范专业毕业的教师在数字化教学资源的价值、教师利用能力、教师满意度和教师对数字化教学资源的态度各维度的反应各不相同，且教师专业因素在三个方面呈现显著相关，分别是教师利用能力（P=0.011，P<0.05）、教师对现有资源的满意程度（P=0.007，P<0.05）和教师对数字化教学资源的态度（P=0.011，P<0.05）上呈现出显著相关。尤其在教学资源的满意程度差异最为明显，且非师范专业教师在数字化教学资源的态度上比师范专业教师低，这与其高数字化教学资源价值认同相违背。非师范专业教师的满意度和能力均值较高，但对数字化教学资源的态度较差。相反，师范专业毕业的乡村学校教师在四个方面处于中等偏上水平，发展平稳。

（三）乡村学校教师数字化教学资源能力分析

为了能够更进一步了解乡村学校教师数字化教学资源的应用能力对于乡村数字化教学资源的影响，本研究对教龄与教师应用能力（在本研究中教师应用能力主要分为数字化教学资源应用的软件能力，主要包括一些数字化教学资源的软件，如PPT等的使用能力；数字化教学资源的硬件操控能力，如电子白板、多媒体投影仪、电脑等应用能力；数字化教学资源搜索和选择能力；以及对这些能力的认知和培训看法）进行方差分析，其检验结果如表6-6所示。

表6-6　数字化教学资源开发和利用能力与教龄分析

教龄	数字化教学资源软件使用能力（M/SD）	数字化教学资源硬件操控能力（M/SD）	数字化教学资源搜索和选择能力（M/SD）	数字化教学资源的教师能力认知（M/SD）	数字化教学资源能力培训（M/SD）
2年以下（M/SD）	3.66/0.88	3.73/0.94	3.86/0.81	4.06/0.58	4.00/0.74
3～5年（M/SD）	3.00/1.27	2.89/1.19	3.27/1.37	3.51/1.00	3.89/0.96
6～10年（M/SD）	4.12/0.60	4.02/0.94	4.02/1.20	4.27/0.64	4.22/0.83
11～15年（M/SD）	3.74/0.94	4.00/0.87	3.51/1.13	3.81/1.00	4.03/0.58
16年以上（M/SD）	3.54/1.22	3.50/1.04	3.66/01.13	3.82/1.00	3.31/0.74
总计（M/SD）	3.54/1.35	3.53/1.11	3.66/1.19	3.87/0.92	4.11/0.81
F值	6.88	9.34	2.91	3.85	2.58
P值	0.000***	0.000***	0.022*	0.005**	0.038*

从表6-6可以看出，教师教龄与教师数字化教学资源的应用能力呈现出相关性，在教师应用数字化教学资源能力的各方面P值分别是数字化教学资源的软件使用能力（P=0.000，P<0.01），数字化教学资源硬件操控能力（P=0.000，P<0.01），数字化教学资源搜索和选择能力（P=0.022，P<0.05），乡村学校教师数字化教学资源的能力认知，即乡村学校教师在教育教学过程中是否将数字化教学资源能力视为教师能力结构的必要组

成部分（P=0.005，P<0.05），数字化教学资源能力培训是教师能力更新的必备途径（P=0.038，P<0.05），与教师教龄呈现出相关性。随着教师教龄的增加，教师数字化教学资源的硬件操控能力、软件使用能力、数字化教学资源搜索和选择能力以及教师本身的能力结构都在逐步降低。尤其是在数字化教学资源的软件使用能力和硬件操控能力上表现极为明显。

第六节　乡村学校数字化教学资源开发与利用存在的问题

数字化教学资源开发与利用有先后顺序，其思维过程是一个整体，在实践过程上有先后之分，且开发在前，利用在后，利用的可靠性和有效性回馈二次开发。数字化教学资源的开发与利用过程从某个角度而言是思维的统一和实践的循环。通过对调研结果进行分析，在数字化教学资源的开发、利用上主要存在以下问题。

一、数字化教学资源开发存在的问题

（一）乡村学校数字化教学资源开发条件的限制

1. 乡村学校网络质量较差

G省的绝大多数乡村学校都在小镇上，而镇上的经济基础较为薄弱，乡村学校数字化教学资源的开发的基础设施设备受经济发展的影响。乡村学校网络质量较差，影响乡村学校教师对网络优质资源进行二次开发。经调查发现，乡村学校的数字化教学资源94%以上来自网络，而乡村学校网络质量成为乡村学校教师上网浏览、下载教学资源的绊脚石。同时，乡村学校教师群体对数字化教学资源的态度与数字化教学资源的价值认可失调。这种失调与交叉的网络质量相结合，致使乡村学校教师的数字化教学资源开发积极性减弱。

2. 乡村学校投入有限，开发重视程度相对较低

一般而言，在城市学校数字化教学资源开发受到较大程度重视，投入较大。相比之下，乡村学校的经济条件较差，从上级拨下的资金大部分用于学校硬件建设，而作为学校软实力的数字化教学资源相对于学校硬件来说未得到足够重视。根据乡村学校教师介绍，学校在硬件上的投入是近年来学校整体投入的60%以上，各部门逐级分配。在数字化教学资源开发与利用上投入最大的是数字化教学资源设备，而真正投入数字化教学资源内容上的相对较少。有领导认为，在数字化教学资源开发和利用过程中，学校的主要责任在于设备，而教师的责任主要在于开发和利用。这些都在一定程度上反映数字化教学资源虽然在乡村学校逐步发展，但却未得到应有的重视。

（二）乡村学校数字化资源设备管理不到位

目前，乡村学校配有电子白板等信息化设备，教育信息化逐步延伸，但由于设备管理不到位，影响了电子设备作用的发挥。通过调研发现，乡村学校数字化教学资源设备管理不到位主要表现为以下几点：

1. 乡村学校数字化资源设备安装前的培训欠缺

乡村学校的数字化教学资源设备大都由政府采购并配备，且有专门的安装人员到学校进行安装。在"硬件"上为满足乡村地区学校教育教学的需求提供了保证，然而在教师应用数字教育资源开展教学方面缺乏相应的培训。很多乡村学校教师仅仅是在说明书上看到相关操作方法，但这与自主操作相差甚远。一些乡村学校教师反映，即使像"班班通"这样看似简单的数字化教学设备，对于绝大多数40岁以上的他们来说，仍然是"摸不着头脑"，不知道该从何下手。这就影响了教师对数字化教学资源的开发。

2. 乡村学校数字化资源设备安装后缺乏专业管理

首先，乡村学校缺乏专业的管理人员。并非所有的乡村学校在安装

数字化教学资源设备以后都有专门的管理人员，甚至一些学校因为编制或者资金原因，将数字化教学资源设备管理的任务直接交给计算机教师。一般情况下，一所乡村学校仅有1～3名计算机教师。在负责学校所有年级的计算机课程的同时兼管数字化教学资源设备，不仅加大了其教学负担，也影响了数字教学设备的有效管理。除此之外，也有一些学校的设备维修流程复杂，一位特岗教师反映，有的时候觉得想用投影仪更新教学方式，改善学生对教师教学方式的疲劳状况，但却苦于教学白板设备无法启用，学校安装了电子白板，相关管理人员和维修人员不能随叫随到，只能通过书面申请—班主任签字—学校审核—管理人员到位的流程进行维修，流程周期较长从而耽误了预设的教学流程。原则上，乡村学校每个班级都有"班班通"设备，然而在一些较为偏远的乡村学校，一所学校仅有一两间设备齐全的"班班通"设备，且没有专门的技术管理人员，针对一些专业性的技术问题难以自我消化。这在很大程度上影响了教育信息化惠及乡村的应有之义，结果适得其反。

二、数字化教学资源利用存在的问题

（一）乡村学校教师数字化教学资源利用能力有待提升

1. 数字化教学资源利用受乡村学校教师专业限制

根据调研发现，在228名乡村教师中，有一部分教师为非师范专业毕业，具体情况如表6-7所示。

表6-7 教师毕业专业

是否为师范院校毕业	人数/人	百分比
是	195	85.5%
否	33	14.5%

从表6-7可以看出，在所调研的乡村教师中，仍有14.5%的教师为非师范专业毕业，这给数字化教学资源的开发带来一定程度的影响。非师

范专业的教师在任职初期和任职中期要花更多的时间和精力在教学技能提升上，更多考虑自身的专业发展，相对就会减少对于数字化教学资源的开发和利用，且对教育本领域的理论及其精髓不甚深入。在表6-5中已经能够很明确地看出，教师是否为师范院校毕业在很大程度上影响着数字化教学资源的利用，通过对非师范专业教师的访谈发现，即使教师们对数字化教学资源的硬件操控和软件使用较熟悉，但对使用数字化教学资源的态度相对较差；非师范专业的教师对教育理论和教育发展规律知之甚少，影响数字化教学资源的有效利用。目前，教师毕业专业仍然是数字化教学资源开发与利用的最大障碍之一。即使是师范院校毕业的教师，在开发数字化教学资源的过程中也会遇到专业瓶颈，比如一些信息处理，非计算机专业人员难以执行。

2. 乡村学校教师信息技术操控能力较低

从图6-1中可以看到，乡村教师数字化教学资源的利用能力均值为3.75，虽然教师整体对数字化教学资源的价值予以肯定，但教师的信息化操控能力却不能够将数字化教学资源的原有价值发挥出来。通过表6-6中教师的教龄与教师数字化教学能力的相关分析发现，无论是从整体还是从部分看，教师教学能力与教龄呈现出相关性。通过观察发现，教龄越久，数字化教学能力相对越弱，计算机运用水平和其他数字化教学资源的媒体选择和使用能力越欠缺。

乡村学校教师信息技术操控能力较低主要体现为教师数字化教学设备应用能力较低和故障处理能力较差。处在前者状态的乡村学校教师不会使用数字化教学资源设备，后者是在使用的过程中一点"意外"情况也不会处理。一位教师谈到，自己每次用投影仪或"班班通"的"下一步"应该按哪个按钮都是靠背下来的，要是在使用的过程中出现与以往不同的情况，自己便茫然不知所措。类似的情况比比皆是。

（二）乡村学校现有数字化教学资源本土适应性较差

乡村学校数字化教学资源本土适应性较差是乡村学校数字化教学资

源利用过程中存在的一个较为严重的问题。这一问题主要体现在以下几个方面：

1. 缺乏本土化的数字化教学资源

本土教学资源数字化是在乡村学校实际情况和乡村学校学生特点的基础上，将乡村优秀教师的教学资源经过数字处理，从而达到乡村学校教师共享目的的数字化教学资源。调研发现，数字化教学资源不能够满足本土化需要的问题突出。当前乡村学校数字化教学资源，大部分源自网络、城市优质学校、教育辅导机构的教师共享的数字化教学资源，而这些到了乡村学校，适应性较差，事倍功半。特别是一些少数民族学校运用双语进行教学，而现有的数字化教学资源远远不能够适应其现实教学情况。

2. 城市数字化教学资源无法在乡村扎根发展

城市学校和乡村学校在教学方式方面的最大区别在于所处的环境和学生特点不同，城市环境较乡村优越，且数字化教学资源的设备比乡村更完善、更齐全；相反，乡村学校教学条件较差，乡村环境较城市艰辛，数字化教学资源设备稀缺。城市学生与乡村学生的已有经验各不相同，接触的事物与环境迥异，这使得很多数字化教学资源到了乡村学校，学生无法理解或者因理解过深而从乡村脱离。这种脱离并非身体的脱离，而是心灵的脱离。基于此，直接照搬城市数字化教学资源为己所用的方法在很大程度上行不通。

3. 设备所配套的教材不合适

有些乡村教师反映国家所配备的一些数字化教学资源与本地区教材情况不切合。以语文课为例，其中不乏在本地区教材基础上多课文或者少课文的现象。本地区所用的教材课文与数字化教学资源系统中的教材不匹配，不能给教学带来长足的便利，这让一些教师对数字化教学资源设备望而却步，视不用为明智，也省去了不必要的麻烦。

第七节　乡村学校数字化教学资源开发的理论依据

数字化教学资源的开发与利用是教育发展的有机组成部分。乡村学校数字化教学资源的开发与利用在某种程度上是乡村学校、教师个体或群体受到行为态度、主观性规范和知觉行为控制的一种教学改善行为。教学改善行为始终着眼于学生的发展，学生发展能否实现预期目标，或者预期目标的实现程度又体现了数字化教学资源能否通过教育传播实现其本身价值。

一、计划行为理论

计划行为理论（Theory of Planned Behavior），简称TPB，是由菲什拜因（Fishbein）和阿耶兹（Ajzen）提出的，计划行为理论认为人的行为是处在行为控制认知（Perceived Behavior Control）之下的，人的行为是经过深思熟虑的过程。计划行为理论的主要观点包含："①意志、行为意向、实际控制条件（人的能力、条件和资源）控制人的行为；②实际控制条件的状况是由准确的知觉行为控制反映的；③行为态度、主观性规范和知觉行为控制是决定行为意向的三个主要变量；④个体拥有大量有关行为的信念；⑤个人以及社会文化等因素通过对信念的间接影响而影响个体主要变量；⑥行为态度、主观性规范和行为控制认知同样的信念，彼此独立又相辅相成。"其模式如图6-2所示。

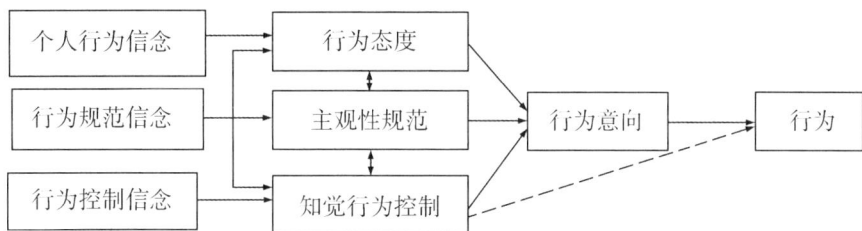

图6-2 计划行为理论模型图

（一）主观性规范

主观性规范（Subjective Norm），简称SN。作为群体中的个体，个人采取某项行为会感觉到相应的社会压力。一个群体中的领袖或者多数人的行为对于某项行为的态度影响个体行为作用的大小，个体所感觉到的压力、期望等都会影响个体行为的产生。教育现代化对传统的教育教学方式带来强大的冲击，学校在进行数字教学资源开发与利用时，会感到巨大的社会压力。面对这些压力，数字化教学资源的开发与利用这一理性行为的最终行动依据是对数字化教学资源开发与利用的行为态度和知觉行为控制。

（二）行为态度

行为态度（Attitude toward The Behavior），简称AB，指的是个体对于某项行为的喜爱或者不喜爱的程度评价。"人的态度，大体上都由个体对所采取行动的属性的评估"。态度对行为的影响一直是心理学学者们研究的重点。阿耶兹和菲什拜因于1977年提出了特定性配合度，并指出当态度特定和相关的行为越具体时，两者高度相关的可能性就越大。阿耶兹和菲什拜因将态度分为对人的态度和对物的态度，并认为行为态度与行为的发生之间有直接的关系，当一个人对某种行为的态度越强烈时，该行为发生的可能性就越大。

（三）知觉行为控制

知觉行为控制（Perceived Behavior Control），简称PBC，是指个体对某种行为难易程度的认知，同时也包括对其促进或者阻碍因素的认知。

PBC不仅反映人们过去的经验，同时也对即将到来的情况做出预测，不仅如此，知觉行为控制还影响着行为态度和主观性规范。控制信念指的是"个体对于促进或者阻碍执行某种行为的认知；而对这些促进或者阻碍因素的知觉程度叫作知觉强度"。在数字化教学资源的开发与利用过程中，知觉行为控制的作用在于觉察资源开发的难易程度，并且形成对资源利用难度的认知。

（四）计划行为理论对乡村学校数字化教学资源开发的启示

数字化教学资源的开发与利用作为个体或学校群体的行为，是一个深思熟虑的过程。当前，国家越来越重视教育信息化和教学方式的转变，数字化教学资源的开发与利用既是顺应教育信息化发展的需要，又是转变教学方式以提高教育教学质量的重要举措。教师或者学校感受或者体验到的数字化教学资源开发与利用的必要性，这种来自教育发展的压力和教育教学提升期望的信念，构成这一行为顺利进行的主观性规范。在有了教育发展的压力和教育教学提升期望的信念之后，教师或者学校有了数字化教学资源开发与利用的动机，要实现这一行为还要对整个数字化教学资源开发与利用的可能性和可行性进行分析。乡村学校教师数字化教学资源利用能力、乡村学校的优劣势和数字化教学资源的管理等成为知觉行为控制的重要考查部分。数字化教学资源开发与利用作为一个完整行为，行为态度、主观性规范和知觉行为控制三个方面相辅相成，缺一不可。

二、教育传播理论

教育传播是指"教育者按照相应的教育目的和教育要求，通过媒体通道将相应的知识、技能、观念等信息内容传递给教育对象的一种活动"。教育传播理论是对教育传播内在规律的理论概括。现有的教育传播理论主要有三种形式：拉斯威尔的"5W"传播理论、施拉姆的双向传播理论及贝罗的"SMCR"传播理论。

（一）"5W"传播理论

拉斯威尔（Laswell）于1948年提出了"5W"传播理论，这种理论在西方传播理论中极具代表性，"5W"指的是谁传播（who）、说什么（say what）、什么渠道（in which channel）、向谁（to whom）、效果怎样（what effect）五个英文单词的首字母缩写，以一句英文表示"Who says what in which channel to whom with what effect"。这种理论主要涉及传播者、传播信息、传播对象、传播渠道和传播效果五个方面。在该理论中，这五个方面是一个线性过程，逐级向下，具体表现为传播者—传播信息—传播渠道—传播对象—传播效果。"5W"传播模式的地位不可撼动，因为它最早明确地将传播过程划分为五个部分或者要素，并且相对应地限定了五个研究领域，有效地描述了传播和规划了传播学研究。然而，这一传播理论忽视了传播者向传播对象传播信息的过程中传播者的反馈，且认为传播者的地位是绝对的，导致传播对象较为被动。

（二）施拉姆的双向传播理论

施拉姆在《传播是怎样运行的》中提出了双向传播模式。这一传播模式"与之前的单向传播理论划清界限，强调在信息传播者和传播对象之间要有共同的经验范围才能进行传播，传播者和传播对象之间在传递信息过程中相互影响、相互作用，信息传播过程是一个循环往复、持续不断的过程"。这一模式相对于拉斯威尔的"5W"传播理论来说更为完善，它强调教育传播是相互影响的，重视传播对象与传播者之间的互动。同时，双向传播模式还强调教育传播者和接受者双方应该以一定的共同经验作为基础，这说明在开发数字化教学资源过程中应该考虑学生已有的经验或学生已有的文化底蕴。

（三）贝罗的"SMCR"传播理论

贝罗综合了各门学科，将传播分为四个要素：信源（Source）、信息（Message）、通道（Channel）和受传者（Receiver），简称"SMCR"传播理论。该模式揭示了教育传播的一般规律，"把人们的注意力从

209

'物'引向人，从信息源引向受传者"。由于该模式揭示了教育传播的基本规律，人们常用其解释教育传播过程。在数字化教学资源开发与利用时所考虑的有效性和可用性就是依据信息源的真实程度和有效程度决定的。基于此，数字化教学资源作为教育教学的信息源泉，影响着教育教学效果，影响受传播者的信息接收或学习。

（四）传播理论对乡村学校数字化教学资源开发的启示

传播理论强调信息传播双方要有共同的经验范围才能进行传播，也只有这样的传播才能够产生传播应有的效果。当前已有的数字化教学资源大多数来自网络和城市优质教学资源，这些教学资源与乡村学校的学生经验、经历无法有效地融合，从而影响数字化教学资源的传播效果。

知识传播的过程是一个由单向到双向，再到多维相互作用的不断发展和完善的过程，教学活动本质上是一个知识传播的过程。数字化教学资源作为一种知识传播的信息源，其信息收集必须是有效、有用的，任何一种单向传播的最终效果都不尽人意。有效和有用的信息必然是数字化教学资源利用效果反馈给开发者的，数字化教学资源的开发与利用必须将教育者、受教育者和教学活动的整体纳入参考体系。

第八节　乡村学校数字化教学资源
开发与利用的基本策略

通过对调研进行整体分析发现，乡村学校数字化教学资源的开发与利用主要存在一些问题：基础设施较差，投入有限，重视程度较低；受专业限制，教师对数字化教学资源的操控能力较低；数字化教学资源设备的装前装后管理不到位；数字化教学资源的本土适应性较差；等等。在分析基本现状的基础上，我们结合计划行为理论和教育传播理论提出了相应的解决之策。数字化教学资源开发与利用是一个理性行为，经过深思熟虑的过程，所以数字化资源开发与利用的条件、设备管理应该纳入整个系统进行考虑。教育传播过程中信息出错或传播双方缺乏共同经验等因素都会影响最终的教育传播效果，所以数字化教学资源的开发与利用应在考虑乡村学校学生经验基础上探索本土化的路径。

一、乡村学校数字化教学资源开发的基本策略

（一）改善数字化教学资源开发条件

在计划行为理论看来，人的任何行为都是经过深思熟虑的过程，数字化教学资源开发与利用作为适应教育信息化和教育现代化的重要标志，其出发点和落脚点在于提高教育教学质量。人的行为受到行为态度、主观性规范和知觉行为控制的影响。乡村学校教师在感受到现代教学压力的同时，也应具备提高教育教学质量的动力，即具备开发数字化教学资源的主观性规范。然而，这种主观性规范受制于人们对数字化教学资源的知觉行为控制，即对数字化教学资源开发与利用整个行为难易程度的把握和障碍的摒除。创设适于数字化教学资源开发的条件是整个理性行为发生的第一步。通过调研和对已有问题的分析，开发条件主要可以从以下两点改善数字化教学资源开发与利用的条件。

1. 加强乡村学校网络质量建设

在数字化教学资源的开发过程中，尤其是在网络数字化教学资源的开发中，网络起着至关重要的作用，因此要加强乡村学校网络建设。首先，强化学校网络建设的覆盖面，尤其是经济情况较差的乡村学校网络应放在首要位置，使一些有数字化教学资源设备但由于网络问题无法正常使用的学校能够顺利开发。其次，应该强化乡村网络建设的管理机制，网络建设走在前面，网络管理机制应相伴相生，没有管理，网络无法发挥其应有功能。再次，提高乡村学校网速。网络作为教师下载网络数字化教学资源的重要途径，应得到质量和速度保障。最后，强化教师的网络运用意识，一些教师在不办公的时候利用社交软件上网聊天，其

至看电影，如果教师们能够利用这些时间多多浏览网络优秀教学案例和优秀教学视频，也不失为一种有效学习。

2. 乡村学校应提高数字化教学资源开发重视程度

数字化教学资源的开发不仅是教育信息化和教育现代化发展的重要标志，还是有效教学和转变教学方式的重要途径。因此，乡村学校应该重视数字化教学资源的开发与利用。首先，应该加大对数字化教学资源开发的投入。通过调研发现，乡村学校对于数字化教学资源的设备投入资源比数字化教学资源开发的多。基于当前乡村学校的现有条件，在一些设备已经满足当前需要的学校后，应该投入更多的资金以开发数字化教学资源，缓解设备投入与开发投入不均衡。其次，建立数字化教学资源利用的管理制度，提高数字化教学资源的利用率。乡村学校已有的数字化教学设备未能实现充分、有效的开发，在很大程度上是由于重视程度不够，缺乏科学合理的设备管理制度，在这方面乡村学校应积极建立数字化教学资源利用的管理制度，促进数字化教学资源的有效开发。

（二）加强乡村学校数字化教学资源设备管理

1. 学校建立设备装前培训制度

数字化教学资源设备作为数字化教学资源开发必需因素应该受到重视，乡村学校教师只有在熟练数字化教学资源设备的基础上进行教学资源数字化。为解决学校数字化教学资源设备管理不到位的问题，学校应该建立相应的设备装前培训制度。设备装前培训制度，简而言之就是在设备即将安装完成以前，为乡村学校提供相应的技术培训。学校应该建立相应的制度，要求设配供应方无偿向学校提供必需的装前培训，以达到长期合作的目的。装前培训主要涉及设备的使用，设备供应方应该向乡村学校教师提供设备的使用技术，一些较为简单的维修技术，以期提高设备的利用率。在这个过程中，乡村学校和设备供应方可以达成合作形式，学校购买或者引进设备是一个长期的过程，设备供应方若想达成长期的合作协议，应提供相应的设备使用技术。

2. 学校加强设备装后管理

调研发现，一些学校数字化教学资源设备没有得到有效利用，在很大程度上是由于设备管理不到位。学校与设备供应单位或者购买单位建立相应的装前培训制度，是加强乡村学校数字化教学资源管理的第一步。接下来应该做的就是学校自身加强设备安装以后的管理。一些数字化教学资源设备尤其是投影仪、电脑等都需要时常的维护和维修。首先，学校要引进相应的设备管理人员负责专门的设备管理工作；其次，学校若欠缺专门的设备管理人员，可以在装前培训中让设备提供方在培训教师使用时，也培训一些维修和保养技术。如此一来，一旦设备出现小问题，教师就可以自行解决。

二、乡村学校数字化教学资源利用的基本策略

（一）提高乡村教师数字化教学资源利用能力

计划行为理论认为，个体对某一事物的看法和信念影响人的行为，而人的行为受知觉行为控制。数字化教学资源的开发与利用受数字化资源开发者和利用者，对其开发和利用的难度、条件等做出评估，继而通过对自身行为的控制来开发和利用数字化教学资源。我们认为，乡村学校数字化教学资源的利用在很大程度上取决于乡村数字化教学资源利用的知觉行为控制。

1. 改善乡村学校教师专业结构

乡村学校教师的专业结构在很大程度上影响着乡村教师数字化教学资源利用的能力，要有效地利用数字化教学资源，必须改善乡村教师专业结构。有78.1%的乡村学校教师认为在利用数字化教学资源中多媒体课件制作和使用能力是乡村学校教师首要掌握的技能；通过前文分析也发现乡村教师的信息化能力作为数字化教学资源的推动关键，不仅仅与教师教龄有着密切的关系，还与数字化教学资源的利用效果有关系。乡村学校教师的数字化教学资源设备的运用水平，尤其是PPT等多媒体课件制作和使用能力都影响着数字化教学资源的开发和利用。

2. 强化乡村学校教师信息化培训

调研发现，90%左右的乡村学校教师对数字化教学资源的利用感兴趣，由于各种条件限制，没有掌握数字化教学资源的相关技术，使得数字化教学资源的使用未能触及其根本。因此，需要加强教师的信息化技术培训，从而提高教学资源的利用率。"教师信息技术应用能力的培训不仅取决于教师关于信息技术能力的先前知识，也取决于教师在发展过程中的培训体系制定"。在某些数字化教学资源进行软件配备时，应该集中教师进行培训，培训主要涉及两个方面，一方面是培训设备的使用能力，从而减少因为不会使用设备而浪费教学资源；另一方面应该培训教师使用软件的能力。前者可以在短期内实现，但后者需要不断更新，不仅仅是乡村学校本身，国家也应该重视软件使用能力的培训。教育信息化已经成为一种不可扭转的趋势，但是在教龄较长的乡村学校教师群体中，仍然无法适应这一变化，这就需要学校、上级教育主管部门和国家更新教师培训项目。

（二）合理发掘和利用本土资源

1. 加强本土资源的数字化

调研发现，乡村学校数字化教学资源中缺乏本土的数字化教学资源，从而降低了乡村学校现有数字化教学资源的可用性。基于此，乡村学校或乡村教师应注重乡村或者乡村学校现有教学资源的数字化，以提高乡村学校数字化教学资源的重复利用率。学校应该制定相应的激励政策，鼓励教师们将一些"本土""本校"的教学资源通过数字化处理达到为自己所用。除此之外，学校学科带头人应该担负起相关责任，将本校教师们优秀的课件、教学案例、教学设计等资源收集和整理，形成"本土""本校"的数字化教学资源，以便其他教师对这些优秀资源的利用。

2. 选择适应乡村学校的电子教材版本

在乡村学校，一些数字化教学资源没有得到有效利用，其原因主要

在于已有的学校数字化教学资源教材版本与乡村学校教材版本不匹配。鉴于此，应该选择适应乡村教学的电子教材版本。首先，对于乡村学校的数字化教学资源管理部门来说，应慎重挑选适合本地区的教材版本，而不是将所有的教材版本都融合到数字化教学资源中。适合于乡村学校的教材不仅仅是教材版本的适合，更应是学生发展与本土文化的适应。其次，在一些没有数字化教学资源管理部门的乡村学校，乡村学校教师也应该学会相应地从众多的教材版本中找到适合自己的教学材料。再则，乡村数字化教学资源的利用虽然可以提高教学效果，但切忌所有的课程都使用数字化教学资源，而忽视了乡村教师本身也是一种乡村教学资源。

第七章

乡村教育教学改革

DI QI ZHANG

XIANGCUN JIAOYU JIAOXUE GAIGE

《中共中央国务院关于实施乡村振兴战略的意见》指出，要"坚持乡村全面振兴"，要"优先发展农村教育事业"。乡村教育教学改革能有效助推乡村教育持续健康发展，有利于乡村振兴发展战略的全面实施与实现。乡村教育教学改革的关照点在于全面关注农村留守儿童现实的学习需求，促进农村留守儿童有效学习的教学策略。农村留守儿童是我国农村存在的一个特殊群体，近年来，随着进城务工人员的增多，农村留守儿童群体也不断壮大。当前，我国农村留守儿童的学习存在相当普遍的低效现象，农村留守儿童的学习问题令人担忧。基于农村留守儿童学习现状调查，分析造成农村留守儿童学习低效原因的基础上，从教学的角度探讨促进农村留守儿童有效学习的基本策略是乡村教育教学改革的重要关照点。

第一节 乡村教育教学改革的关照点

一、关注农村留守儿童现实的学习需求

处在社会转型时期，中国的现代化进程不断加快，城乡一体化促使农村剩余劳动力大规模地向城市转移。外出务工的农民中，只有一少部分将其未成年子女带在身边，大多数父母因为精力不足无法照顾孩子或者孩子的上学问题，从而不能将孩子带到城市。他们将未成年子女寄养在年迈的父母家或亲朋好友家，实在无可托付时就索性让孩子中年长的哥哥姐姐照顾弟弟妹妹们。这样一来，农村"留守儿童"群体逐渐形成。据统计，2013年中国农村义务教育阶段留守儿童总数为2126.75万人，这是一个庞大的数字。尤其在全国的几个劳动力输出大省，如河南、四川、湖北、湖南、安徽、江西等，这些省份的农村留守儿童总数占中国农村留守儿童总量的52%。随着外出打工的农民不断增多，农村留守儿童群体规模也随之逐年扩大。

"留守儿童"现象是从20世纪80年代开始出现，90年代有人首次提出"留守儿童"这一问题，并引起了社会各界学者专家们的高度关注和广泛研究。关于留守儿童问题的研究，内容涉及心理健康、道德品质、情感、学习、安全问题等方面。大量研究表明，留守儿童无论是在健康、心理、情感，还是在教育上，都处于整个儿童群体中的弱势地位。农村留守儿童又受制于现实生活环境和客观条件，其在健康成长和发展中的不利就更为明显。因此农村留守儿童问题是一个需要社会各界共同关注和应对的重大现实问题，下面从农村留守儿童学习问题的角度进行研究。

当前，我国农村留守儿童的学习存在相当普遍的低效甚至是负效

现象，主要表现在：第一，农村留守儿童学习成绩普遍偏低。有调查显示，68.3%接受调查的留守儿童在班上的学习成绩处于中等以下。第二，农村留守儿童相较非留守儿童更易产生消极、被动的学习态度。据调查，班级所谓的"后进生"大部分都是留守儿童，农村学校教育观念相对落后，学生两极分化现象比较突出，学校和教师更是把注意力放在所谓的"优等生"身上，对"后进生"往往缺少必要的关心。在这种师生互动与反馈中，一些学业不良的留守儿童逐渐对教师和学校产生抵触情绪，以致最终对学习失去兴趣。第三，学习习惯不良。义务教育阶段的农村留守儿童归根结底还是孩子，处于青少年时期，尚未充分具备自我监管意识和相应的能力，正确的学习价值观尚未形成，其行为尚需来自外界的监督和引导。但由于与父母长期分离，学习缺少必要的外在督促和管理，自我控制管理力度不够，以致形成学习散漫等不良习惯。第四，课外学习无人辅导。农村留守儿童的留守方式主要有由祖辈或者亲戚代为看管、自己照顾自己、父母中的一方在家看管。这三种情况中的监护人或因家务和农活繁忙，或因自身的文化水平制约，或因教育观念落后等，对农村留守儿童的学习辅导欠缺，导致农村留守儿童在学习中遇到的问题不能得到及时有效解决。义务教育阶段留守儿童的学习问题已经不是个别地区、个别学校出现的情况，而是成为国家和地方各级义务教育事业发展的一个重要突破口。

农村留守儿童的家庭教育弱化甚至缺失，很少得到父母的引导和帮助，其他监护人也不能很好地发挥作用，儿童自我教育和学校教育应当替补家庭教育的缺位，承担起教育职责。学校教育是学生成才的特殊环境，农村留守儿童的学习必然也离不开教师的"教"，怎样针对农村留守儿童因特殊的"留守性"而导致的学习无效或者负效问题，提出教师有针对性的教学策略就显得很有现实必要性。

（一）农村留守儿童

对留守儿童的概念理解可以从本质内涵和外延属性两个方面进行。

在留守儿童问题的相关文献中，不同的研究者对留守儿童概念的本质内涵的理解基本一致，即父母双方或一方外出务工，不能与父母生活在一起，被留在户籍所在地的农村，由父母一方、代理监护人或自己进行监护的儿童。但是还在一些外延属性上存在一定分歧，有父母双方或者一方外出的争议、留守儿童年龄的争议、父母外出时间的争议、对家庭不健全的单亲儿童的争议等。综合起来，农村留守儿童主要分为以下三种情况：

（1）完全留守儿童，即父母双方均外出务工，自己被留在户籍所在地的农村，由爷爷奶奶、外公外婆或者其他亲戚代为监护的儿童。

（2）独立留守儿童，即父母双方均外出务工，自己留守在户籍所在地农村，不依靠别人独自生活的儿童。

（3）半留守儿童，即父亲或母亲一方外出务工，由另一方在家监护的儿童。

本研究的对象是农村义务教育阶段的农村留守儿童，所以限制年龄段是6～16岁。因此，我们对农村留守儿童的定义是指父母一方或双方外出务工，被留置在原籍所在农村的6～16周岁的义务教育阶段在校儿童。

杜威提出，儿童是教育的起点，是中心，也是目的。儿童的发展和生长，就是理想所在。强调教育就是促进儿童本能的生长，提出了"儿童中心主义"的教育原则。他还大声疾呼：必须以儿童为教育的出发点，把儿童当作目的，而不是当作手段来看待，教育措施一定要围绕着儿童来实施。"以儿童为中心"，体现在教育过程中就要求教师考虑儿童的个性特征，使每个学生都能发挥他们的特长，尊重儿童在教育活动中的主体地位，而不是消极地对待儿童，机械地使儿童"静听"。概括地说，教学重心是在儿童自己直接的本能和活动。农村留守儿童也是人，是认识主体，所以，对农村留守儿童的教育要围绕其自身特点和充分发挥其主观能动性。

（二）农村留守儿童的特点

1. 在学习上的特点

第一，家庭教育功能缺失。

有学者在对中国中西部地区的10个乡村社区中劳动力外出务工对留守儿童的学习方面带来的影响进行了微观社会学研究后，认为父母外出务工影响到了农村留守儿童的学习监管与学习辅导。

农村留守儿童父母自身文化素质过低，教育意识淡薄，无法辅导子女学习，也不能在日常的言传身教中给予子女帮助。改革浪潮中，出现了很多初中没毕业就外出打工，或者自己创业开工厂而暴富的例子。而由于现在就业形势严峻，许多大学生毕业后在短期内不能有很好的收入，这样的对比让留守儿童家长认为没文化也能挣钱，有文化却不一定能挣大钱，孩子学习好坏无关紧要，读不好书可以早点出来挣钱，所以对孩子教育漠不关心，以致这种思想影响到子女。"教育无用论"导致农村留守儿童教育问题愈加严重，如厌学、逃课，甚至辍学现象高发。

祖辈、亲戚、邻居教育不能有效地发挥作用。农村留守儿童隔代或者亲戚监护比重大，祖辈多对农村留守儿童采取溺爱的方式，纵容放任多而批评教育少；亲戚的教育有诸多不便和顾忌，教育太严格了，容易造成亲戚之间的矛盾，因此普遍采用"养而不教"的方式，保证孩子吃饱穿暖，平平安安就算尽到责任了。父母监督是最有效的监督形式，距离的分隔必然导致农村留守儿童缺乏有力的父母监督和教育。

第二，学校教育不到位。

由于家庭教育的相对缺失，在接受义务教育的阶段，学校和教师理所应当承担起解决农村留守儿童学习问题的任务。但是现实中，却有很多制约乡村学校和教师做好农村留守儿童的教育工作的因素，主要表现在：

（1）农村学校发展相对落后。

一是学校办学条件差。当前我国城乡教育资源配置不均，许多乡村学校尤其是村小学普遍面临着校舍破旧、教学设备落后、教育硬件设施不完善、学校经费紧张等尴尬境况，甚至在我们调查所在的淅川县，至今仍有不少村小学使用的教学楼因年久失修，遇到大雨天气房顶就漏雨导致教室的座位排列不得不发生变化。因此，乡村学校无力为留守儿童创造良好的学习和生活环境。二是教师队伍不稳定。大部分农村地区尤其是山区，自然环境较差，经济条件艰苦，教师工资待遇低。乡村学校缺乏吸引力，留不住人才，不能引进新晋教师扎根农村，虽然国家实施了支持农村地区教育发展的"特岗计划"和免费师范生计划，但是实际上真正扎根农村的师范毕业生少之又少。乡村学校教师队伍出多进少，导致乡村学校教师流失严重，加剧了乡村学校师资力量薄弱的情况。三是乡村中小学教师整体素质偏低，优秀教师资源匮乏。由于乡村学校自身缺乏吸引力，优秀的乡村教师为了追求更好的生活条件、更高的工资待遇，以及考虑到使子女享受更优质的教育资源，通过借调等方式向城镇流动，这是制约乡村教育事业发展和做好农村留守儿童教育工作的瓶颈。

在淅川县调查发现，近年来淅川县录用了大批的特岗教师，理论上是应该分配到村小学，可是实际上还是"拼关系"。有关系的都调到县城或镇上的学校，没关系的分在村小学也不上班，找代课教师代替自己。即使个别留在村里教书，也是三心二意，混一天是两晌。随着科学技术变革的日新月异，知识经济时代对于教师的业务能力要求也越来越高，教师本身的能力是农村留守儿童教育质量的保证。农村教师学历普遍偏低，专业知识和理论修养不足以支撑现实的教学活动。加上受各种条件的制约，农村教师较城镇教师继续学习的时间和条件都明显不足，教师知识不丰富，教学单调，无法让学生好学、乐学与学好，学生也容易学习动力不足和失去学习兴趣。

（2）不重视心理健康教育。

农村留守儿童成绩普遍不好，在心理上更需要教师的关怀，但是学校和教师往往偏爱成绩好的学生，因此农村留守儿童很难得到教师的关心爱护。学校教育不能只关注农村留守儿童取得的学业成就，也要培养

他们健康的身心状态和积极向上的学习生活态度，使之充满乐趣地学习。心理健康教育是农村留守儿童教育的主题之一，但是由于农村学校条件不足，无法开设专门的心理教育课程，无法配备专门的心理教育教师。而未受过专门的心理教育培训、对农村留守儿童的心理没有任何研究的科任教师则由于缺乏相关的心理学知识和心理沟通的技巧，也无法针对农村留守儿童复杂多样的心理问题，进行有效的心理辅导和教育，这直接影响着农村留守儿童的心理健康发展。

（3）教师特殊关心不足。

农村学校的育人观念落后，把智力教育看作教育的唯一指标，片面追求升学率。对教师的教学水平和学生学习情况的考核，学校都是以学习成绩作为标准。在这种绩效考核模式运转下，农村教师也是以成绩为中心，经常挂在嘴边的一句话就是"考，考，老师的法宝；分，分，学生的命根"，自然就喜欢会读书的学生，而相对忽视后进的学生。在这种错误的、片面的学生观指导下，乡村教师难以做到全面了解农村留守儿童，更不用说去关心、爱护他们。农村留守儿童由于自我监控能力弱，又缺乏家长的有效监督，往往学习成绩不良。教师对成绩稍差的农村留守儿童的关心爱护不足，甚至经常批评他们。缺少特殊关心让农村留守儿童认为自己不受重视，在校园生活中难免会产生心灵孤独感。在学习遇到困难时也不能够得到教师耐心、细致的讲解，学习无助感逐渐增强，长久下去，成绩不良的农村留守儿童容易破罐子破摔，索性不尊敬教师，不服从教师的教导，也不愿好好接受学校教育。

第三，自我教育能力欠缺。

马克思主义哲学观认为主体就是在一定的社会条件中不断实践着的社会人，实践的对象就是客体。主体与客体的辩证关系是，主体能动地改造客体，使客体能够满足主体的需要，同时客体又制约主体，决定着主体活动的范围和内容。农村留守儿童是人，是主体，农村留守儿童所受的教育是客体。要想实现农村留守儿童健康、全面的发展，离不开农村留守儿童自身的主观能动性的发挥，即需要农村留守儿童端正学习态度，激发内在学习动机，培养学习兴趣，加强自我教育，自觉坚决抵制不良社会文化和风气的侵蚀，努力学习，配合学校和教师对自己进行的教育。这里所说的农村留守儿童仍是没有行为能力或者限制行为能力的群体，在父母监管缺失的情况下，陷入过度自由中，自理、自控和自我教育能力欠缺，这又加剧了农村留守儿童的学习问题。

2. 在生活上的特点

第一，亲情饥渴。

已有研究发现，父母外出会在心理上给留守儿童造成了一定程度的压力和影响。留守儿童形成的直接原因就是家境相对不富裕，父母外出打工挣钱，留守在家的孩子大多需要承担一定的、处在这个年龄段的孩子本不该承担的家庭责任，比如回家帮忙干农活、做生活琐事甚至照顾年迈的祖辈等。对于一些父母双方均外出务工、独自一人生活的留守儿童，在面对生活和成长中的烦恼和困难时，根本无人倾诉，这就意味着更多地承担和独自应付一切的孤独。长期与父母分离，农村留守儿童会产生对亲情的渴望，希望得到家庭的关怀和温暖而不得，容易使他们产生消极自卑、孤僻冷漠的情绪体验。青少年时期是人格发展的关键点之一，不良的情绪体验会影响个体对现实和自己的态度，这也就是为什么很多农村留守儿童沉默寡言、性情冷淡的原因了。

第二，社会环境不良。

由于家庭和学校对农村留守儿童的教育和控制能力降低，农村留守儿童容易受到不良社会因素的影响。甚至在有些地方，本来应该用来丰富农村人精神生活的茶馆也变相地成为农村里最大的聚众赌博场。在农闲时期，麻将场几乎处处可见。孩子的模仿能力很强，在天天打牌的长辈影响下，他们自然也不能发展健康、积极、文明的兴趣爱好。同时，赌博行为本身就是不正确的价值观和金钱观的表现，沉迷于赌博的人大都好逸恶劳，幻想着能不劳而获，这种观念自然也在严重毒害农村留守

儿童的心理健康。

辍学在家的农村闲散青少年，也会对农村留守儿童产生负面榜样作用。由于农村中有很多学生父母认为自己孩子不是读书的命，或是学生自己不喜欢读书，他们就辍学在家，成为闲散的青少年。这部分群体因为多与农村留守儿童的年纪相仿，或是从小到大的伙伴，或是亲朋好友，农村留守儿童很容易受到他们的负面影响。面对亲情饥渴的困扰和不良社会环境的滋扰，农村留守儿童教育问题困难重重且任重道远，需要农村学校领导和教师引起足够的重视去解决。

二、促进农村留守儿童有效学习的教学策略

"有效学习"，顾名思义，是有效的学习，自然是相对于"低效学习"而言的，其概念的提出与信息时代的学习背景有关。在信息时代，知识总量剧增和知识更新速度大大加快，人们没有办法掌握所有的知识。面对铺天盖地的海量信息、知识和技能，人们很容易陷入忙碌但效率不高甚至无效的学习中。所以，在当今时代，学习最重要的不是掌握了什么，而是怎样去掌握知识，也就是知识获得的过程。"会学"成为我们必须掌握的一种技能。

有效解决学习内容的无限性和学习时间的有限性之间的矛盾，必然会影响到学生学习的过程和结果。有效学习便是解决这一基本矛盾的途径之一，同时也是促进学生学习和发展的重要条件。促进学生进行有效学习，不仅是教师教学的重要任务，也是新课程改革的必然要求，有利于学生的发展及各级各类学校教育目标的达成。那么，何谓有效学习？什么样的学习才是有效的学习？如何促进学生进行有效学习？对这些问题的解答，将直接关系教学质量的提高和学生的发展。

（一）有效学习

1. 有效学习的定义

学习是一种主动的认识过程，学生掌握知识、发展智力、培养能

力、形成良好品德，都必须通过自己的思维与实践，通过自身的思想矛盾运动和主观努力才能实现。这也就是说学习需要发挥学生的主观能动性，具体表现为主动加工的心理倾向和主动参与的行为活动。主动加工的心理倾向就是要有意愿去对学习内容进行信息整合，光有意愿认识不够，还要将意愿落实为具体的实践活动。学习的过程主要涉及动机与需要、情绪与情感、兴趣与态度、意志与努力、过程与方法等因素。主动积极是有效学习的关键特征，而主动的认知参与、积极的情意参与和有效的行为参与是有效学习的主要表现。

对"什么是有效学习"，学者和专家有各自的看法：

有学者认为，有效学习就属于高效率学习，指能够真正理解、灵活运用所学知识的学习，是推动能力和态度发展的学习。

有效学习主要是指学生通过自己的自主、探索和研究，发展自己创新思维的学习，即经验、思考、活动和再创造。

有效学习的核心思想是要让学生自己活动起来，去获得知识、解决问题，把可以托付给学生的教学都托付给学生，使学生处在真正自主的状态中，使他们的潜能得到激发，天性得到发展。

有效学习是指在教师的指导下，学生在学习活动中能够积极有效地运用各种学习资源和学习策略主动地学习，以最少的时间投入获取最佳的学习效果。

有效学习是有效率的学习、有效果的学习和有效益的学习三者的统一，强调学习的投入和产出比例的合理程度、学习结果与目标的符合程度，以及学习活动对个体和社会的有用程度。

有效学习是指学生在教师的指导下，运用恰当的策略对学习内容进行主动的加工，在一定时间内较好地完成学习任务，达成学习目标，使自身获得发展的过程。

有效学习就是指那种善于优化我们的学习环境以达到学习目标的学习活动。有效学习一方面体现为学生在学习过程中"会学"，另一方面

225

又表现在学习结果具有较高的达成度，即"学会"。

有效学习是指在教师的指导下，让学生领悟、理解书本知识的"客观意义"并将"客观意义"转化为"心理意义"的过程。

从以上已有的对有效学习的定义中，不难发现一些共同的特征：第一，强调学生的自主性。第二，强调对特定知识的掌握和运用。第三，强调学习的效率（时间观念）。第四，强调学习的个性化。

有效学习不仅要求个体学会知识技能，同时还要掌握正确的学习方法，以最少的时间投入取得最佳的学习效果，以达到学会学习和终身学习的目的，它包括学习过程的有效性（即"会学"）和学习结果的有效性（即"学会"）。教师可以从激发学生学习的积极性和主动性入手，指导他们运用科学的方法，关注学生的学习效益，着力提高学习效率。对于"有效"的关注还包括学生在情感、态度、价值观上的转变，使学生的这种转变不是机械的和被动的。

所以，本研究将有效学习的概念界定为：有效学习是学生在教师的指导下，积极主动运用正确的学习方法，完成学习任务并产生成功体验，实现理智与情感统一的实践活动。

2. 有效学习的标准和特征

课程改革提出了三维目标：知识与技能，过程与方法，情感、态度与价值观，有效学习就必须体现这三个方面，通过学习学生对基本知识和基本技能的获得，不能以牺牲健康成长和发展为代价，要促使学生在情感、态度和价值观等方面健全地发展，而不仅仅是成为只有知识和技能，没有情感、态度的"机器人"。

2016年9月，中国学生发展核心素养研究成果发布。中国学生发展核心素养以培养"全面发展的人"为核心，分为文化基础、自主发展、社会参与三个方面，综合表现为人文底蕴、科学精神、学会学习、健康生活、责任担当、实践创新六大素养，具体细化为国家认同等十八个基本要点。2018年1月，教育部制定的《普通高中课程方案（2017年版）》

中明确指出，"中国学生发展核心素养是党的教育方针的具体化、细化。"各学科要明确"学生学习该学科课程后应达成的正确价值观念、必备品格和关键能力，对知识与能力、过程与方法、情感态度价值观三维目标进行整合"，把学生培养成为"全面发展的人"。

（1）有效学习的标准。

对上文中有效学习概念进行解析，有效学习的判断标准有五个，具体如下：

一是明确学习任务。

有效学习必须是着眼于学习结果的，就目标维度而言，学习进步是衡量学习效果的唯一指标，而学习进步的底线就是目标的达成。明确学习任务，就是指学生要明确学习目标，要知道学什么以及学到什么程度。只有这样，他们才会有意识地主动参与。学习目标是学习者通过学习活动将要达到何种状态的一种具体、明确的表述。在"教"和"学"的过程中，师生心中都要有目标，只有这样才能形成"教"和"学"的合力，共同朝着预设的目标前进。20世纪70年代美国教育学家本杰明·布鲁姆的目标教学法就是基于教学目标是教学活动的出发点和归宿这一理论基础提出的。同样地，学习目标也是学生学习活动的出发点和归宿，预期要达到的学习目标是否明确和具体，直接影响学生的学习效果。所以学生要清楚认识学习的目标。

二是发挥学生自主性。

发挥学生自主性的实质是强调要充分发挥学生学习的主观能动性和树立学习的主人翁意识。学生是学习活动的主体，理当成为发起、保持、调控学习活动的主人。学生学习自主性的强弱，直接关系着学习的效果。充分发挥学生的学习自主性，挖掘学生的学习潜力，能切实提高"学"的质量和效率。现代建构主义观点强调知识的建构性，认为学习就是在新的学习内容与学生已有的知识和经验之间建立联系，从而使新信息获得明确的意义。具体地说，学生的学习是自己建构的过程，学生用自己

的经验去解读教材的内容，从而在头脑中建构出一个新的概念。这种学习是主动性、探索性、研究性和理解性的，需要发挥学生学习的自主性。

三是会学，也就是掌握科学的学习方法。

处在信息社会的当下，知识和信息总量在不断激增，未来的学校教育只能传授那些最重要的信息和最基本的理论。同时，学校教育还有一项非常重要的任务，就是教会学生如何学习，也就是要会学，掌握科学的学习方法。科学的学习方法符合认识规律和学习规律，可以帮助学习者在学习活动中避免走弯路，自然有助于学习效率的提高。所以教师要帮助学生研究学习规律，掌握基本的学习方法，使其能自觉地遵循学习规律进行学习。在研究具体的学习方法时，又要注意联系学习的实际，研究具有不同针对性的学习方法，要因课、因时而异，针对不同的内容和要求，采取不同的学习方法。同时，要从个人发展基础、学习习惯和特点、致力于非智力因素实际出发，创建和采用适合自己特点的科学学习方法，切忌"千人一方"。"学有其法，学无定法"。因此，最好的学习方法应当既是科学的，又是适合于自己的。

四是获得成功体验，树立自尊自信。

马斯洛的需要层次理论将人类的需求分为五种，分别是生理需求、安全需求、社交需求、尊重需求和自我实现需求。马斯洛认为，尊重需要得到满足，能使人充满自信，热情高涨，可以体验到自己的价值。尊重的需要可以分为内部尊重和外部尊重。内部尊重就是人的自尊，是指个体希望在任何情境中都有实力、能胜任和充满信心。外部尊重是指个体希望受到别人的尊重和得到别人好的评价。在学习中成功的体验可以给学生带来充分的尊严感和自信。学习取得成就，就会获得教师的赞许、同学的钦佩、家长的表扬等，这其实就类似于一种正面强化，会刺激和鼓励学生为持续这种成功而努力。获得成功体验和树立自尊自信两者相辅相成，相互促进，最终促进学生进行有效学习。

五是满足情感需要，培养良好情意品质。

学校对学生的意义不只在于促进其获得知识和发展能力，还在于学生在人格上得到尊重，情感上得到满足。课堂学习不仅是师生间知识的输出与输入过程，更是师生间情感的相互交流过程，所以，学习过程是一个认知活动和情意活动相统一的过程。新课程要求教师要关注学生的情绪体验和情感生活，教师要用心对待每一名学生，在教学过程中要体现出教师对学生的热爱和关怀。"情意因素不仅决定学生学习的自觉性和主动性水平，促进知识的掌握和智能的发展，还对形成学生以学为乐、乐此不疲的良好学习态度起着巨大推动作用。"以积极的学习情感和顽强的意志力量为支撑，作为学习者的学生，乐于学习并且能坚持学习，在必要时能学有所用，这种学习无疑是有效的学习，从这个意义上来说，有效学习具有情感性。

（2）有效学习的特征。

有效学习的特征是自主性、建构性和目标性。

学生有效学习的自主性是指学生会设置有效的学习目标，具有强烈的学习动机，相信努力会带来成功，能够运用有效的学习策略，监视、管理、调节自己的学习过程。就整体而言，目前在校学生的学习自主性特征大致是呈正态分布的，绝对自主或绝对不自主学习所占的比例小，多数介乎两者之间。也就是说，学生的学习多多少少有自主性存在，只是自主性程度以及具体呈现有差异罢了。

有效学习的建构性是指学生不是被动接收信息的接收器，而是在接收信息的同时也在进行着积极的信息加工，即在自己已有的知识背景下对当前的新信息进行积极的意义建构。学生对知识的习得不能仅通过教师单方面的传授，还必须通过学生本人内在的消化和吸收。正如中国古圣人孔子所言，"学而不思则罔，思而不学则殆"，强调要学思结合，这里的"学"就是接受教师传授的或书本上的知识，"思"就是学生将外在知识和信息内化为自己已有知识背景的一部分。只有做到了这种"化为己有"，学习才能有效果，才说得上是有效的学习。这种内化是通

过意义建构的方式进行的，因此将学习过程视为一个积极的建构过程。

任何形式的学习都是有目标的，有效学习自然具有目标性。只有学生明确了学习目标，知道要学什么以及学到什么程度，他们才会有意识地主动参与学习活动。明确的目标导向能够促发有效的和有意义的学习，在学习之前，教师告知学生具体的学习目标与内容，让他们明确将要学什么，需要达到什么水平，能够获得什么技能，从而激发学生的求知欲与内在的学习动机，推动学生有效学习的发生。

3. 有效学习发生的条件

有效学习的发生是需要条件的，一般认为需要内部和外部条件的相互作用和支持才能实现。学习的内部条件就是学生的学习准备和积极的认知加工活动。学习的外部条件，包括学校、家庭、社会等因素。家庭的教养方式、学校和班级的管理方式、同伴之间的相互交往特点都是影响学生有效学习的外部条件。

学生的学习准备包括进行新的学习所需要的已有知识储备、认知水平、情感意志以及态度习惯。已有知识储备和认知水平是有效学习的基础和前提，任何学习都不可能是绝对独立的，都是在一定的基础上实现由浅入深、由博返约的。情感意志是有效学习的加速器，学生学习只有具备极大的热情和较强的自我动机才能持续不断地取得进步，学生对新的学习任务具有积极的情感，学习的热情就高，积极主动的态度和习惯是有效学习的重要保障，不良的学习态度和习惯将直接影响学习效果。当然，有效学习离不开学生主观能动性的发挥，外因通过内因起作用。如果学习者自身不努力，有效学习就难以发生。

要满足学生有效学习的外部条件，不但需要教育者的努力，还需要学校、家庭和社会的相互支持、相互配合。就学校而言，需要端正教育思想，更新学校的管理制度，突出教育的育人功能，重视对学生个性的培养和个人潜能的发掘。替换以罚代管、以撵代管或者以处分代管等学校管理方式，摒弃教师在日常教学中随意批评、肆意挖苦、训斥打骂或弃之不管放任自流等做法，维护学生作为人的尊严，为他们的进一步发展和实现作为人的价值打下坚实的基础。

就教师而言，首先要树立现代学习观和学生观，相信学生的能力，充分开发学生的智力潜能，让学生真正成为学习的主人，做到"以学定教"。其次，积极主动地改善师生关系和同伴关系，营造轻松愉快的学习氛围，尤其应该多与农村留守儿童沟通，加深对他们的了解和关心程度，因为他们的心理往往比较脆弱、敏感、容易受伤，需要更多来自教师的关心和认同。再次，改进教学内容、方法与策略，有效预防学业不良现象的产生。教师的"教"是为学生更好地"学"而服务的，在教学活动中，教师应该根据留守儿童学习的实际情况，通过设定合理的教学目标，安排适宜的学习任务，组织有效的教学活动，避免无效或者低效的教学行为。

从家庭入手，家长要给孩子学习营造良好的外部环境。农村留守儿童的家长在对待他们的学习上往往存在着不少的问题。或者抱着"望子成龙""望女成凤"的态度，过高的期望对子女造成了过大的压力而干扰到学习；或者对子女的学习不闻不问、听之任之、随波逐流，甚至认为"上不上学都一个样"，不支持、督促孩子的学习；也有的家长采用不适当的教育方式，简单粗暴对待孩子的学习，导致孩子厌恶学习、逃避学习。如此种种家庭教育的不当与失误，给本就在教育中处在困难境地中的农村留守儿童的学习产生了更大的阻碍。

（二）教学策略

《现代汉语词典》中把"教学"定义为"教师把知识、技能传授给学生的过程"。学界对教学的定义不一，主要有狭义和广义之分。狭义的教学就是指教师指导学生学习的活动。广义的教学是包括教师的"教"和学生的"学"的统一的活动。有效教学必须立足于教师的"教"，研究有效教学问题首先要解决的就是教师应该如何教的问题。所以，本研究中的教学是指狭义的教学，是特指在学校中教师有目的地

引起、维持、指导学生学习知识，形成技能、态度和能力，使学生身心得到发展的特殊交往活动。这个过程是教师和学生的"双边双重"活动的过程，既有教师的"教"，又有学生的"学"，教师发挥主导作用，学生发挥主观能动性，双方相互依存、相互支持、相互渗透和相互转化。

"策略"一词源于军事术语，指为实现战略任务而采取的技术和艺术。这里的教学策略是指教师为实现教学目标和适应学生的需要，而制定的引起、维持、指导学生学习的计策和谋略。

第二节　促进农村留守儿童有效学习教学策略的研究述评

研究文献的梳理是一个研究的起点和基础，通过对已有关于农村留守儿童的学习问题、有效学习的教学策略、促进农村留守儿童有效学习的教学策略研究的文献进行分析和整理，有助于更加全面地了解该领域研究的现状，从而为该研究奠定基础并寻找突破点。我们在中国期刊全文数据库进行高级文献检索，时间跨度均为1999—2015年。以"农村留守儿童"并含"有效学习"为主题词进行精确检索，检索结果为0篇。以"农村留守儿童"并含"学习"为主题进行精确检索，检索结果为1191篇。以"有效学习"并含"教学策略"为主题进行模糊检索，检索结果为32 973篇。

一、研究概述

（一）关于对农村留守儿童学习的研究

对农村留守儿童学习进行研究主要在学习现状调查、引起学习问题

的原因分析以及相关的对策建议等方面。学习现状调查主要包括对学习成绩、学习习惯、学习能力、学习动机、学习求助、学习心理、学习态度、学业期待等的调查。分析原因和提出对策主要是从政府、学校、家庭和社会四个方面展开，具体情况如下：

第一，基于农村留守儿童的学习现状的研究。

有学者的调查显示，有47%的留守儿童的学习成绩较差，41%的留守儿童学习成绩中等偏下，10%的留守儿童学习成绩较好，仅有2%的留守儿童学习成绩优秀。通过学习成绩来考察农村留守儿童学习现状的结果显示，在成绩"中等以后"的学生中，留守学生的比例偏高（高于10.1%）。有研究是从心理学角度进行的，分析农村留守儿童面临的学习问题以及相应产生的学习心理，认为农村留守儿童的学习经常缺少父母有效的监管和适时的鼓励，在出现学习滑坡现象时无人倾诉也无从寻求有效帮助或心理安慰，以致出现逐渐对学习丧失信心，甚至产生恐惧感的情况。也有些留守儿童因学业不良被教师忽视或被同学讥笑，容易自尊心受挫，从而导致学业成就不足，不喜欢学习，甚至厌恶学习。也有学者认为留守儿童群体学习存在的主要问题是学业成绩不佳，知识面狭窄，学习习惯不良，"读书无用论"思想滋长。还有学者对农村留守儿童学习状况的调查结果显示，大部分留守儿童学习成绩平平，学习习惯较差，少数孩子有厌学、迟到、逃学行为，存在学习障碍。有对农村留守儿童学习动机的调查显示，农村留守儿童的学习动机主要是考大学和为外出打工做准备。在被调查的农村留守儿童中，喜欢学习的占问卷总数的25.7%，对学习持一般态度的占41.9%，不喜欢学习的占27%，厌恶学习的占5.4%。

总的来说，以上研究透露出的信息是，农村留守儿童的学习问题甚为严重。他们学习成绩一般，多数在班上处于中下等地位，即使有成绩优异的留守生，也只是个别现象。这与学生自身的控制能力、心理素质、教师的帮助与否、家庭的支持力度等均有一定的相关。农村留守儿童的自控能力表现在学习上就是学习习惯和学习态度。已有研究显示，农村留守儿童的自我要求和自我监控表现也差强人意，存在厌恶学习、抄袭别人家庭作业、不知而不问等问题，甚至有很多受到"读书无用论"的误导，更加重了厌学、混学的程度。在学习外部支持上，农村留守儿童也处于不利地位，不论是在物理上还是在心理上。农村留守儿童的父母不能时刻对孩子的学习情况进行了解，也不能发挥有效的监管作用。当遇到学习困难时，代理监护人也有可能因种种原因无法给予所需的帮助，容易打击学生的学习积极性，久而久之，学习兴趣减弱，以致成绩退步。

第二，以往关于影响农村留守儿童学习原因的研究。

影响农村留守儿童学习的因素概括起来主要有政府、学校、家庭、社会、留守儿童自身素质等方面，已有研究的具体情况如下：

家庭教育缺失导致农村留守儿童学习的家庭监督力度弱化、农村留守儿童良好学习习惯难以养成、农村留守儿童的心理健康水平下降、农村留守儿童家庭学习辅导质量的不高。父母对待学习的不正态度影响留守儿童对待学习的态度和学习行为，孩子难以形成正确的学习观。有学者主张家庭教育、学校教育和社会引导都会对留守儿童的学习产生影响。家庭教育的影响因素主要有父母教育功能缺失、代理监护不力和代管人的教育水平等；学校教育的影响因素有片面的教育目标、僵化的学习内容、教师专业化水平和师资力量等；社会因素包括各种不良思潮、同龄人的负面影响、学校与社会脱节等。还有的研究强调，留守儿童自身原因、学习自觉性差、没有明确的学习目的、没有良好的学习习惯，都会对农村留守儿童的学习产生影响。家长补偿方式的偏差也会对农村留守儿童产生不良影响。外出务工的父母无法给予孩子时时刻刻的照顾，会在情感上产生亏欠孩子的感觉，怕孩子受委屈，尽力满足孩子的物质需求以进行补偿。留守儿童手头可支配的钱多了，难免容易造成沉迷网络、过度物质享受的后果。"亲情饥渴"的困扰、学校和教师对留守儿童的学习问题未能给予足够的重视、临时监护人监管不力（文化程度低、责任心不强、教育方法不科学）都影响着留守儿童的学习。

第三，针对农村留守儿童学习问题提出的对策建议。

已有的关于农村留守儿童学习状况的研究，分析和讨论了父母外出务工对农村留守儿童学习带来的影响。有研究分析家庭环境因素对农村留守儿童学习现状的影响，其中重点在农村留守儿童的学习动机、学习风格、学业归因、学习过程、学业成绩、课外学习、家庭环境和身心健康等，并有针对性地提出对策与建议。有研究认为，在学习兴趣方面，绝大多数留守儿童和非留守儿童并无表现出显著的差异，差异主要体现在对学习的自我认知上，留守儿童容易过高估计自己的学习水平，出现自我认知偏差，且在缺少外界介入的情况下会出现学习问题。有研究调查了湖南、河南、江西三省农村留守儿童的学习状况，结果显示父母外出务工对农村留守儿童学习成绩的影响不大。也有研究者调查比较了福清、沙县、泉州三地市留守儿童的学习状况，提出地区经济发展情况会对农村留守儿童的学习产生影响。经济较发达的泉州地区农村留守儿童由于有条件接受环境更好的学校教育而学业普遍较好，厌学情绪也较低。而经济相对落后的沙县、福清留守儿童厌学、逃学倾向较为明显，学生留级或辍学现象高发，农村留守儿童学业成绩差的比重也高于泉州地区。还有研究者是从学习辅导、学习目的、学习成绩、学习监督四个角度论述农村留守儿童在学习方面存在的问题，以及分析了这些问题产生的原因，并提出相应的对策。

（二）关于有效学习的教学策略研究

第一，关于有效学习的研究。

教学策略是基于对有效学习的理解提出的，因此，有必要先对有效教学的研究结论进行简要叙述。学界对有效学习的研究主要从内涵、特征、条件和原则四个方面展开，具体如下：

所谓有效学习，主要指学生自主的、探索性的、研究性的学习，是

发展学生创新性的学习。有的研究者是从具体学科的视角，提出对数学学科的学习只要在原有的水平上有所提高即是有效的，这种发展具体包括态度的转变、方法的改进和成绩的提高。有效学习的特征包括学习是情境性的、学习是建构的、学习是累积性的、学习是自我调节的、学习是目标定向的及学习是合作性的。

有学者认为，有效学习是指学生在教师的指导下，积极有效地运用各种资源和学习策略，以最少的时间投入取得最佳的学习效果的学习活动，包括学习过程的有效性和学习结果的有效性。有效学习的特征有建构性、积累性、目标性、情境性和自主性。有效学习的条件是适当的知识准备、主动加工的心理倾向和适宜的学习情境。

有效学习的五个原则是积极性、反思、合作、激情、共同体。

有学者认为，学生学习的有效性必须综合考虑提高学习效率、增进学习效果和强化学习效用。效果着眼于学习的进步和发展，效用着眼于学习的实践和应用，效率着眼于学习的时间和效益。有效学习的特征是理解性、情感性、体验性。促进学生有效学习的五个途径是在情境学习、在联系学习、在思维学习、在展示学习和在反馈学习。

有学者以现代认知学习理论为依据，提出充分的学习准备是有效学习产生的前提条件。

第二，关于有效学习的教学策略研究。

有研究提出促进学生有效学习的策略包括调整备课的重点，提高目标达成的有效性；贯彻为每名学生的不同发展服务的原则，确保主体参与的有效性；调整课堂教学结构，促进知识建构的有效性；营造民主和谐的人际关系，实现师生互动的有效性；坚持发展性评价的原则，促进学生发展的有效性。

有研究学者提出促进学生有效学习的教学策略有重视过程的策略，具体包括创设有助于学生主动参与的情境，注重教和学的过程以及对过程的评价；建构认知结构的策略，包括厘清知识之间的内在联系，整理知识；提供演练平台的策略，给学生在理解的基础上练习的机会；提供社会实践机会的策略，提供与所学知识相关的历史背景，联系教科书知识与学生生活实际，提供观察、实验、考察等实践机会；实施探究学习的策略，创设问题情境，引导学生发现问题、提出问题、分析问题和解决问题，并给以相应的指导和帮助，最后组织学生进行总结、交流、评价和反思。

有学者从构建学习管理制度的角度探讨如何促进学生有效学习，提出学校应建立新的学习管理制度，不仅要体现学生学习的独立性和主体性，而且要保障学生能够主动参与、探索、发现和质疑。

有研究提出教育者要构建学生有效学习的舞台，主要包括充分调动学习者的学习主动性，鼓励其利用已有的学习经验进行知识的理解和建构；创设良好的学习环境，帮助学习者利用一切资源进行学习；提供系统、连贯的学习内容，增强学习者学习的完整性和衔接性；端正学习者的学习态度，维持其内在的学习动机。

有学者提出通过有效教学来促进学生有效学习的策略包括调整备课的重点，提高目标达成的有效性；贯彻促进每名学生不同发展的原则，确保主体参与的有效性；调整课堂教学结构，促进知识建构的有效性；营造民主和谐的人际关系，实现师生互动的有效性；坚持发展性评价原则，促进学生发展的有效性。

有的研究是基于具体的学科的视角，提出学生有效进行学科学习的教学策略，如促进学生有效学习的化学教学策略、促进学生数学有效学习的教学策略等。

二、研究述评

（一）关于农村留守儿童学习的研究述评

第一，对策笼统，可操作性不强。

虽然已有很多对农村留守儿童的学习问题的相关研究，也形成了不

少解决对策，但是很少关注学生学习的有效性，学生具体应该怎样进行有效学习，教师可以采取哪些策略通过教学来促进学生有效学习。由于缺少量化研究，对策研究宽泛有余而深度不够，致使理论对现实教学的指导作用不强，又不能实现实践对理论的检验。

第二，研究同质化严重，内容重复。

研究者的研究视角相近，比如前人对农村留守儿童的学习问题的研究多是遵循现状调查、原因分析、对策建议的套路，学习问题原因分析和对策建议不外乎从政府、学校、社会、家庭、个人几个方面展开，致使研究的内容与结果重复现象较为严重。

第三，研究宽泛，不够深入。

前人的研究主要是针对农村留守儿童的学习问题，宏观地提出解决对策，比如社会层面、家庭层面、学校层面等介入，宏观而又略显空洞，针对性不强。后续的研究应该更加具体细微，比如从具体的课堂教学方面入手寻求解决对策。

（二）关于有效学习的教学策略研究述评

第一，相对忽略了教师对学生的学法的指导。

学生有效学习需要自身的主动努力，同时也离不开正确的学习策略或方法。以往的研究所提出的教学策略相对忽略了教师对学生的学法的指导，即教学生掌握和运用适当的学习方法。

第二，"有效学习"概念不清，评判标准不一。

以往对学生有效学习的研究数量已经很多，但是通过梳理，发现研究者们对"有效学习"的界定不一，造成概念不清，同时也产生不一的判断标准，易使人疑惑。

第三，理论基础研究不足。

通过对已有文献的查阅不难发现，关于学习理论的研究确实不少，但缺乏对有效学习的理论基础的研究，出现有效学习的理论基础研究不足的缺陷。

第三节　促进农村留守儿童有效学习教学策略的研究意义

一、研究目的

本研究的目的是通过对农村留守儿童的学习现状与面临的问题进行分析，在对有效学习理论进行架构的基础上，实现理论与实践相结合，针对影响农村留守儿童有效学习的因素，探索教师教学基本策略，从而为乡村中小学教师的课堂教学提供借鉴和帮助，最终促进农村留守儿童的学习和发展。这一研究目的主要分为以下几项：第一，了解当前农村留守儿童学习面临的问题，并分析其影响因素，明确农村留守儿童群体作为受教育者的特殊性。第二，在教育学、心理学相关理论的基础上，实现对有效学习的理论构建。第三，理论联系实际，提出教师促进农村留守儿童有效学习的基本教学策略。

二、研究意义

（一）理论意义

广义的有效教学包括教师有效地教和学生有效地学，有效学习是有效教学的一个部分，对农村留守儿童的有效学习进行研究，是有效教学研究的一种新思路和新研究框架，有助于加强和完善对有效教学的理论思考，进一步深化和丰富现代教学理论。

（二）实践意义

当前我国农村学校留守儿童数量大、学习低效问题突出，研究促进农村留守儿童有效学习的教学策略，有助于帮助教师运用相关理论，发挥主导作用，通过针对性教学帮助学生克服在留守环境学校学习存在的

障碍和困难，实现有效学习，最终促进学生的发展和健康成长，有助于提高农村义务教育阶段学校的办学质量和水平。

第四节　促进农村留守儿童有效学习教学策略的研究思路与方法

一、研究思路

本研究主要遵循如下思路：现状调查—问题实质、原因探析—影响分析—理论架构—提出对策。具体步骤如下：第一，通过对有效学习、有效学习的教学策略及农村留守儿童有效学习的教学策略有关的文献进行梳理和分析，从而为本研究的进行奠定扎实的文献基础。第二，通过发放"农村留守儿童的学习现状调查问卷"，用事实佐证研究假设。第三，在文献分析整理和问卷调查的基础上，概括农村留守儿童存在的学习问题，并对其影响因素进行分析。第四，借助心理学和教育学方面的理论，进行学生有效学习的理论架构。第五，对学生和教师访谈所搜集到的信息进行归纳和总结，提炼出对研究有用的信息。第六，针对留守儿童的学习问题，从教师教学角度提出促进学生有效学习的基本策略。

二、研究方法

（一）文献研究法

对已有研究进行分析和整理是研究的起点和基础。我们借鉴以往对农村留守儿童学习问题的研究、有效学习研究的结果，厘清农村留守儿童在学习中面临的主要问题，在此基础上进行本研究中的核心概念界定，分析影响农村留守儿童有效学习的种种因素，并进一步提出相应的教学策略。

（二）问卷调查法

本研究自编"农村留守儿童学习现状调查问卷"，从学习动机、学习态度、学习习惯、学习成绩、学习支持五个维度，对农村留守儿童的学习现状进行调查。问卷分两部分，第一部分是个人基本信息部分，第二部分是问卷主体部分。

（三）访谈法

在本研究中，访谈法主要起辅助作用，以进一步了解所要研究的问题。我们通过对部分农村中小学教师和留守儿童的访谈，进一步了解当前农村留守儿童的学习状况、存在的问题以及相关的影响因素、教师在对留守儿童的教育教学中所面临的困扰和阻力，为本研究拓宽思路。

第五节　促进农村留守儿童有效学习教学策略研究的理论依据

一、差异教学理论

差异教学是指在班集体中进行的立足于学生个性的差异，并满足学生个别学习的需要，以促进学生在原有基础上得到充分发展的教学。差异教学的出发点是学生存在的个性差异，包括个体间的差异和个体内的差异，反映在性格、兴趣、能力、认知风格等方面。学生的差异是客观存在的，教师要研究各个学生的特点和个体差异，了解差异的表现、性质和形成原因，不仅要看到差异的变化和发展，也要发现每名学生的优势和潜能。差异教学的最终目的，是促进每名学生在原有的基础上得到最大的发展，促进自我教育。这就要激发学生学习的主动性和积极性，促进他们实现最大限度的发展。

差异教学立足于学生的差异，但又不消极适应学生差异，而是谋求

创造种种条件，探讨适合学生特点的教学途径，强调根据学生在学习目标、学习内容、学习速度、学习方法的不同需要、知识和能力基础，为他们安排灵活的课程，为不同的学生制定不同的学习目标，采用适当的教学方法方式，使"教"更好地为每名学生的"学"服务。

差异教学不仅强调学生的个别性和教师对学生的个别指导，而且强调学生间的合作与交往，让他们在互相帮助中共同提高。每名学生在本质上都是要求进步的，都处在发展变化中，每天都在变，不是前进就是后退。教育是外因，教育促进学生发展需要通过内因才能起作用。差异教学就是力图从学生的差异出发，分析差异形成的原因，扬长避短，培养学生良好的品德和习惯，根据学生的进步情况，客观公正地给予评价，激励进步，使内因发挥作用，促进学生整体素质的提高。

二、人本主义学习理论

人本主义心理学强调，人都有自发追求满足自身高级需要的动机，认为人的自我实现和为了实现目标而进行的创造是人的行为的决定因素。人本主义学习理论强调以学生为中心的教育理念，关注是一个人不同于另一个人的内部因素，即个人的情感、知觉、信念和意图，强调无条件积极关注在个体成长中的重要作用；认为学习是人固有潜能的实现过程，不仅能使个体学到知识或技能，更重要的是促进学习者人格的健全发展与完善；主张将学习看作是个体因内在的需求而求知的过程，要创设自由的、宽松的、快乐的学习气氛，让学生处于一个和谐、融洽、被人关爱和理解的氛围中。

人本主义学习理论以罗杰斯的"以学习者为中心"学说为代表，主张学生能够充分发挥自己的学习潜能，进行愉快的、创造性的学习。其主要观点有：①意义和经验的学习是重要的学习，即让学生学习对自己有意义、有价值的材料；②学习是让人愉快的事情，而不应被看成是负担，也不应强制学生学习；③学生要会学习，即能在教师的指导下运用有效的学习方法主动发现；④学生自我评价，即引导学生分析自己的学习历程和学习水平，做纵向比较；⑤学生自己引导，即学生自己发动学习活动并决定学习内容；⑥重视情感在学习中的作用，要发展学生的积极情感，使学生以饱满的热情投入学习。

第六节　农村留守儿童学习现状调查

一、调查设计

本研究自编"农村留守儿童的学习现状调查问卷"，主要从学习动机、学习态度、学习管理、学习成绩、学习支持五个维度，对农村留守儿童的学习现状进行调查。对知识价值的认识（知识价值观）、对学习的直接兴趣（学习兴趣）、对自身学习能力的认识（学习能力感）、对学习成绩的归因（成就归因）四个方面，是学生学习动机的主要内容；学习态度主要包括个人价值观、志向水平两方面；学习管理主要是基于个人学习习惯进行，包括学习时间管理、意志管理、任务管理、记忆管理等；学习支持调查从学校和家庭支持两个方面展开。

由于时间和精力有限，本研究所进行的问卷调查是以河南省南阳市淅川县某地区为例。河南省是农业大省，外出务工人员多，农村留守儿童现象普遍。南阳市淅川县属于国家级贫困县，地多人少，县内没有厂矿企业可提供就业机会，农民没有其他的谋生渠道，纷纷外出打工，农村留守儿童比例大。调查对象为九重镇第二初级学校的七、八年级学生，以及张河学校（学校）的四、五、六年级各一个班的同学。九重镇第二初级学校是一所九年制学校，招生覆盖九重镇下辖的所有自然村，且在校生多数来自农村。张河学校是一所村小学，考虑到四年级以下的学生对问卷的理解能力有限，调研与九年级毕业生时间有冲突，调查对

243

象只包括四到八年级的学生，所以从这两所学校随机抽取的调查样本具有典型性。对农村留守儿童学习现状的调查主要通过问卷形式进行，辅之以访谈。在对以上班级发放与回收调查问卷后，我们随机对部分留守儿童及其临时监护人进行访谈，以及与班主任和任课教师进行座谈，试图从多角度了解农村留守儿童的学习情况。通过对调查问卷统计分析和访谈资料的梳理，我们对农村留守儿童的学习问题及其原因有了比较清晰的认识。

二、调查结果与分析

（一）农村留守儿童的学习现状

对河南省某地区农村留守儿童的学习现状，本研究主要从以下几个方面去调查。

1. 留守儿童的数量

本次调研共发放问卷315份，回收301份，无效问卷9份，问卷回收率为96%。通过SPSS分析软件进行描述性统计分析，结果如表7-1所示，农村留守学生197人，占被调查学生总数的65.4%，非留守儿童104人，所占比例为34.6%。

表7-1　调研总体情况表

留守情况	频率	所占比例	有效百分比
父亲在外	88	29.2%	29.2%
母亲在外	25	8.3%	8.3%
父母都在外	84	27.9%	27.9%
非留守	104	34.6%	34.6%

2. 留守儿童的学习成绩

本调研涉及初中和学校，统一按照百分制以 2015—2016 学年第一学期期中考试成绩为依据对学生成绩进行调查，农村留守儿童与非留守儿童的学习成绩数据统计结果分别如表7-2和表7-3所示。

表7-2 农村留守儿童的学习成绩调研统计表

学习成绩	频率	百分比	有效百分比	累计百分比
90分以上（含90分）	16	8.1%	8.1%	8.1%
80～89分	71	36.0%	36.0%	44.2%
60～79分	86	43.7%	43.7%	87.8%
60分以下	24	12.2%	12.2%	100.0%

表7-3 农村非留守儿童学习成绩调研统计表

学习成绩	频率	百分比	有效百分比
90分以上（含90分）	11	10.6%	10.6%
80～89分	37	35.6%	35.6%
60～79分	45	43.3%	43.3%
60分以下	11	10.6%	10.6%

农村留守儿童成绩90分以上（含90分）的占8.1%，80～89分（含80分）的占36.0%，60～79分（含60分）的占43.7%，60分以下的占12.2%。非留守儿童成绩90分以上（含90分）的占10.6%，80～89分（含80分）的占35.6%，60～79分（含60分）的占43.3%，60分以下的占10.6%。数据显示，由于农村留守儿童的学习缺少有效的外部监督和管理，这些学生的学习只能依靠自己，自控能力较好的儿童一般成熟懂事，重视学习，在学校认真听课，努力勤奋，在家能够进行自我约束，所以成绩优异，但这种情况毕竟只是少数。大部分农村留守儿童的成绩一般，在父母有效监督缺失的过度自由中容易放纵自己，成绩差的比例高于非留守儿童。

农村留守儿童基本上是由祖辈监管或者亲戚代为监管，中国人的老传统便是"隔代亲"，由于父母不在身边，爷爷奶奶或者外公外婆对待留守儿童的方式大多是溺爱，放任孩子而不舍得管教。亲戚作为代理监护人，在某些事情上不便对留守儿童要求过于严苛，因为毕竟不是自己的孩子，管得太严孩子会记恨，说不定还会伤害亲戚之间的感情。所以，对他们的物质监护远远大于精神监护，在学习问题上无法做到有力有效的监督，严重影响农村留守儿童的学习成绩。

父母外出对农村留守儿童的学习成绩的影响，调查结果如图7-1显示，35%的农村留守儿童成绩下降了。数据表明，农村留守儿童的学习成绩是与父母外出存在一定相关性的。

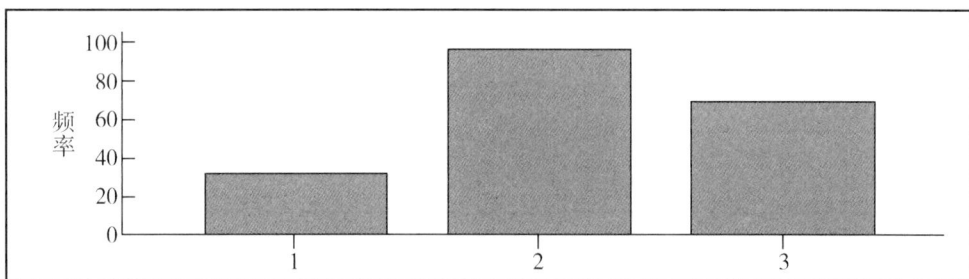

图7-1　父母外出对农村留守儿童学习成绩的影响

3.农村留守儿童学习的主要问题及其表现特征

第一，农村留守儿童的内在学习动机不足。

农村留守儿童的学习动机调查结果情况如表7-4所示，数据显示，为了学习科学文化知识的留守儿童占67.0%，属于内部动机激发，但是仍有33.0%的留守儿童是出于外部动机激发而学习。因此，教师在通过教学激发学生的内在学习动机方面就有很大的引导空间。

表7-4　农村留守儿童的学习目的

学习目的	频率	百分比	有效百分比
掌握科学文化知识	132	67.0%	67.0%
顺从父母	44	22.3%	22.3%
引起注意	16	8.1%	8.1%
与同学玩耍	5	2.5%	2.5%

第二，农村留守儿童的学习态度分化严重。

与非留守儿童相比，农村留守儿童对学习的喜欢程度结果如表7-5所示，数据显示，"非常喜欢"占27.4%，远远高于非留守儿童的17.3%，但是"讨厌和非常讨厌"所占比例为3.0%，同样也高于非留守儿童的1.9%。这说明大部分农村留守儿童的学习态度是端正的，少部分则需要来自外部的家庭或者学校的帮助。

表7-5 农村留守儿童对学习态度调研统计表

对学习的喜欢程度	频率	百分比	有效百分比
非常喜欢	54	27.4%	27.4%
比较喜欢	102	51.8%	51.8%
无所谓	35	17.8%	17.8%
讨厌	5	2.5%	2.5%
非常讨厌	1	0.5%	0.5%

对留守儿童学习态度的调查结果显示，79.2%的农村留守儿童表示自己喜欢学习，17.8%的对学习持一般态度，既谈不上喜欢，也谈不上不喜欢，厌恶学习的仅占3%。由此可见，大部分农村留守儿童学习态度积极，这不同于以往的认为农村留守儿童学习态度消极、被动的调查结果。

农村留守儿童中对目前在学校中的学习感到满意的占72.6%，不喜欢的占27.5%。与农村非留守儿童相比，留守儿童的两极分化比较严重，对目前学习感到非常满意的比例以及讨厌的比例均高于非留守儿童。

对于教师布置的家庭作业，79.2%的学生会自己主动完成，15.2%的学生需要家长的督促才能完成，5.6%的学生觉得很烦，从来不做。

对于身边辍学生辍学原因的调查显示，158人认为是成绩不好，升学无望所致，占留守儿童总数的80.5%；143人认为是不喜欢学习，占72.4%；76人认为是家庭经济原因所致，占38.5%；22人认为是家人不支持导致辍学，占11%；43人认为是"读书无用论"所致，占21.6%。这说明农村留守儿童对自己学习的信心不足，尤其是学习上经常体验失败的儿童，稍微受到外部因素如家长对教育的错误认识、身边同龄人的相似经历等的影响就容易产生辍学的念头。学校和教师要加强对这部分学生的关注，及时发现问题，帮助他们解决生活、学习面临的困难，或者缓解心理上产生的矛盾与困惑，使农村留守儿童也能在充满真诚与关怀的校园中获得进步与成长的动力。

第三，农村留守儿童的学习习惯不良。

对农村留守儿童放学后做作业情况的调查结果显示，选择马上就做

的有110人，占59.8%；玩一会儿再做的有122人，占61.8%；有人管才做的有33人，占16.6%；抄袭别人的有39人，占19.1%；根本就不做的有21人，占9.5%。

14.7%的留守儿童经常会在课外时间通过读书看报等方式来增长知识，51.8%的孩子只是偶尔回看，还有28.4%的孩子很少看，5.1%的孩子从来不看，如表7-6所示。这在一定程度上说明留守儿童在学习上缺乏良好的学习态度和习惯。

表7-6　农村留守儿童课后学习情况调研统计表

课外读书看报	频率	百分比	有效百分比
经常	29	14.7%	14.7%
有时	102	51.8%	51.8%
几乎不	56	28.4%	28.4%
从不	10	5.1%	5.1%

对于农村留守儿童良好学习习惯的培养，相当大部分临时监护人缺乏相应的意识，觉得无所谓。少部分临时监护人虽然意识到这个问题，但苦于没有有效的办法。我们在随机走访的留守儿童家中观察到，属于留守儿童的东西乱扔乱放，写完作业后学习用品撒满一桌也不知收拾，甚至有不少孩子经常是一边看电视一边做作业。有位代理家长表示已经习惯，刚开始还会进行说理教育，试图让孩子明白自己的东西要自己整理好，用完的东西也要物归原位，但是，孩子只当是"耳边风"，说的次数多了还招人烦，就索性不管了。

学习习惯不良，不懂的问题不能及时得到解决，调查数据显示，只有29.9%的学生会通过查阅资料或者向别人请教等方式来解疑，61.9%的学生选择不完全符合，而8.1%的学生则选择不寻求解决。当然，选择不完全符合的原因是多元的，通过个别访谈了解到，有的是因为基础差，不懂的太多，无从问起；有的是害怕教师责骂，不敢问。调查结果显示，当学习上遇到困难时，只有47.6%的学生会向教师寻求帮助，大部分孩子不愿意跟教师进行交流；有的是不想问，不关心自己的学习情况，21.3%的留守孩子选择无视自己学习上的困难。

在城市居住，关上一扇门就可以阻绝与外人的任何交往。农村邻里之间的交往很频繁，到邻居家串门是常有的现象。这种交往形式对于孩子们也是适用的，比如大家聚在一起写作业，互相督促、互相帮助。可是弊端也是显而易见的，那就是互相抄袭。儿童贪玩而又自制力弱，农村留守儿童没有大人的监督，容易养成不爱动脑筋、抄作业甚至花钱雇人做作业等不良习惯。

第四，农村留守儿童的学习缺乏支持。

农村留守儿童日常学习过程的外在监督情况调查，如图7-2所示的数据表明，只有22.3%属于经常有人监督，54.3%是偶尔有，23.4%从来没有。农村留守儿童的家庭作业辅导情况，其中36%的儿童处于需要但是无人辅导的境况，说明农村留守儿童学习缺乏外在支持。

父母对农村留守儿童学习的关心程度调查情况如图7-3所示，数据显示，67%的父母很关心自己孩子的学习，还有33%的父母不怎么关心甚至是完全不关心孩子的学习情况。

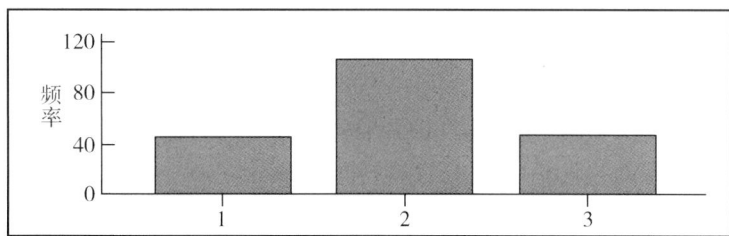

图7-2 农村留守儿童学习的外部监督

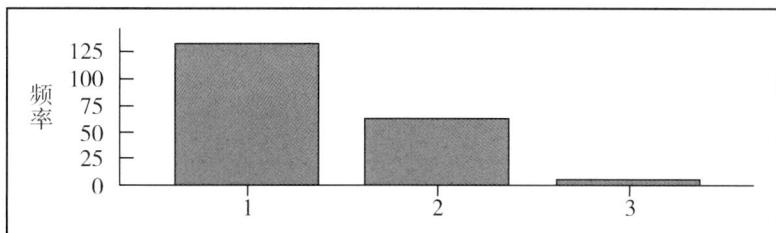

图7-3 父母对农村留守儿童学习的关心程度

249

对农村留守儿童的学习调查情况如表7-7所示，在问及家庭作业的辅导情况时，选择"哥哥姐姐辅导"的有41人，占20.8%；选择"同伴互助"的有41人，占20.8%；选择"需要但无人辅导"的有71人，占36%；选择"不需要辅导"的有44人，占22.3%。有的监护人表示自己受教育程度不高，没有能力辅导孩子学习，孩子在遇到问题时经常不能得到有效解决，以至于不懂的越积越多，最后影响到学习成绩。这说明农村留守儿童的学习需要辅导但无人辅导的问题非常突出。

表7-7　农村留守儿童家庭作业辅导情况调研统计表

家庭作业辅导	频率	百分比	有效百分比
不需要辅导	44	22.3%	22.3%
需要但无人辅导	71	36.0%	36.0%
哥哥姐姐辅导	41	20.8%	20.8%
同伴互助	41	20.8%	20.8%

对于孩子在成绩不理想时父母态度的调查结果显示，有22.7%的留守儿童选择父母会一味地责骂，有7.5%的父母持不管不问的态度。由于父母不在身边，无论农村留守儿童的学习成绩好或坏，他们都得不到父母直接的评价与鼓励，这在一定程度上打击了孩子的学习热情和积极性，也不利于学习动机的激发。相当一部分留守儿童表示，在学习上遇到困难或取得成就时，他们最希望的就是父母能在身边安慰、鼓励自己。这充分说明他们渴望父母能经常关注他们的学习。

乡村学校教师对留守儿童的关心程度调查数据显示（如图7-4所示），48.7%的留守儿童选择教师在学校中很少关心自己的学习和生活，9.6%的认为教师对自己毫不关心，处于放任自流的境地。而农村留守儿童对教师期望的调查情况如图7-5所示，数据显示，53.3%的留守孩子愿意家长和教师多联系，希望教师在学习和生活上对他们更加关心一点。农村学校生师比过大，教师不可能面面俱到地关注每一个孩子，农村留守儿童在家庭中得不到相应的沟通，在学校中就希望能够跟教师有更多的互动和交流，一旦得不到，他们会产生失落感。调查数据也从反面说明了当前乡村学校教师没有充分担当起关爱、关怀农村留守儿童成长的职责。

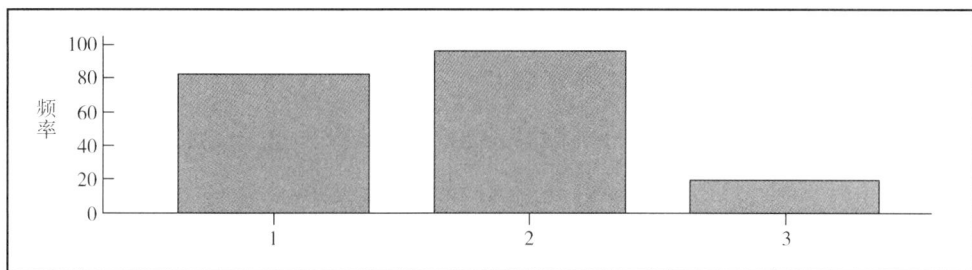

图7-4　乡村学校教师对留守儿童的关心程度

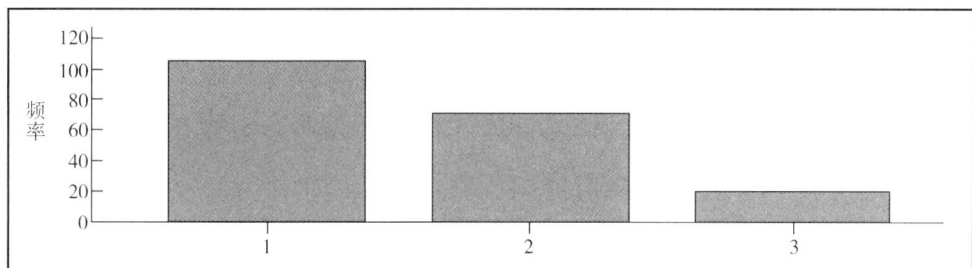

图7-5　农村留守儿童对教师的期望

第五，农村留守儿童的知识价值观出现偏离。

农村留守儿童的知识价值观调查显示，掌握知识和技能的意愿非常强烈的占48.2%，意愿不强、被动学习的占20.8%，无所谓的占27.9%，完全没有的占1.9%。一半以上的留守儿童的学习意愿不强。在留守儿童群体中，持"读书无用论"的占22.8%，认为读书可以挣大钱的占44.2%，说明孩子的知识价值观出现偏差，过于追求功利。马克思主义哲学认为，意识对实践起指导作用，农村留守儿童对学习的错误思想认识直接影响到学习的动机与行动，学习不认真，混学现象便成自然。

4. 对部分班主任、任课教师及监护人进行访谈，进一步了解农村留守儿童平时的学习情况

在访谈中，有教师认为父母外出打工对子女学习造成的影响主要分为两类：一类是在父母外出后变得有些消沉，课堂上不能集中注意力，

作业完成情况也不太好，学习成绩下降，但是持续时间不长，大约是半个月到一个月，很快能调整自己恢复常态；另一类是在父母外出后学习状态持续不佳，成绩越来越差。

也有教师认为，父母外出打工还会给子女带来思想观念上的不良影响。城市可以给农民提供各种不同的工作机会，进城务工挣钱相对来说比务农容易，再加上当前大学生就业形势严峻，一些家长认为，不读书照样能在城市挣钱，甚至比有些刚毕业的大学生挣钱还要多，子女读不读书并不重要，这种思想会对孩子产生消极的暗示。在调查中还发现，学业成绩良好的农村留守儿童与学业不良的农村留守儿童在对待学习的态度和自我要求上存在很大差异。前者受父母外出的影响较小，能够较好地进行自我约束和管理，学习态度认真，比较用功，与教师的交流多，学习积极性高，不用教师督促就能很好地完成学习任务，让教师省心也比较受欢迎。后者受父母外出的影响很大，本来成绩就不好，在遇到困难时没有父母的指导和监督，学习的兴趣和积极性明显减弱，成绩往往退步明显，慢慢就成了班级里的后进生，自己不爱学习也不喜欢爱学习的同学，不遵守班级纪律。

学业不良的留守儿童在学习上出现的问题主要有学习目的模糊，学习习惯较差，不能按时、独立完成作业，学习成绩不理想，学习外部支持不足。有的农村留守儿童完全是在学校混日子，实在混不下去的就索性辍学走上打工之路。

（二）引起留守儿童学习问题的原因分析

我们在调查问卷统计结果、访谈所反映的情况，以及自己对农村留守儿童的了解和观察的基础上，分析引起农村留守儿童学习问题的原因。主要表现在以下几个方面：

1. 亲子间的沟通互动欠缺

农村留守儿童与非留守儿童在亲子间的沟通互动方面具有很大的差异。非留守儿童与自己的父母生活在一起，能经常进行语言上的沟通，父母可以及时了解到孩子出现的问题，并采取措施帮助孩子解决。对于父母外出务工的留守儿童来说，他们得不到这样的关心，父母留给他们的是一份孤独感与无助感，容易产生各种消极学习心理，且一旦在学习上产生困难，又无从寻求帮助，就容易出现厌学、逃学甚至辍学的现象。

2. 监护人监管不力

农村留守儿童与非留守儿童的先天智力并无大的差异，所处的教育环境除了家庭方面的差别外，其他因素大体相同。监护人监管能力有限，导致留守儿童的学习缺乏必要的帮助和监管，致使学习成绩欠佳。

3. 家庭亲情缺失，情感饥渴

义务教育阶段的孩子很需要父母的关爱、指导和家庭支持，如果这时期父母一方甚至双方"缺席"，孩子会缺乏与父母正常的亲子互动和情感交流。农村留守儿童虽然可以通过电话与父母进行沟通和交流，但是互动的效度大大不如面对面交流，长期处于这样的状态中，留守儿童的情感需要得不到及时满足，面临思念父母的"亲情饥渴症"的困扰，因而不能集中精力学习。

4. 学习自信心不足

学生问卷的调查结果显示，就绝对人数比例而言，44.2%的学生对学习充满信心，认为自己可以学好；49.7%的学生选择不确定，一定程度上可以说明这部分学生自信不足；还有6.1%的留守儿童不相信自己可以学好，也就是自信缺失。带着兴趣和热情进入学习任务的学生远比没有兴趣和热情的学生学得更快、更容易，达到的成绩水平也更高。因学习成功而获得满足感的学生，受到学习成功的激励，就有搞好学习的信心，在情感方面也会为后面的学习做好准备。反之，在前面的学习任务失败时，学生的心理会受到消极的影响，进而怀疑自己的学习能力，自然不会为后续的学习做好情感准备。农村留守儿童与父母的长期分离使得他们在学习过程中不能得到父母及时的肯定和鼓励，遇到挫折和困难时容易对自己产生怀疑，导致悲观失望和自信心不足。

5. 父母榜样力量削弱

不少外出务工人员过于强调挣钱，而相对忽视子女的情感需要和对子女的教育责任。还有部分留守儿童的父母将孩子的教育责任完全推脱给学校，认为孩子学业表现不佳是学校和教师教育不力的结果。父母对教育的态度、对孩子的期望会影响孩子的学习表现。

6. 学校教育方式不当

农村留守儿童由于种种原因，学习成绩上整体较差，常常被忽视，很难得到教师和他人的帮助。为了引起关注，制造小混乱等违纪行为常有发生，这就会让有些教师给留守儿童贴上了"双差生"的标签，有的教师对农村留守儿童采取不闻不问、放任自流的管理方式。留守儿童在学校也得不到鼓励、理解、宽容、友爱和帮助，反而经常被批评、讽刺和怀疑，长此以往就会对校园生活产生厌倦心理，厌学又会导致成绩更差，更不容易得到肯定和鼓励，这样就形成了恶性循环。

7. 留守儿童的人生观出现偏移

过去，读书是农村许多家庭对子女改变生活和社会地位的期望，人们认为通过读书、考学、参加工作是脱离农村的唯一途径。但是，目前商业浪潮的冲击使一些留守儿童看到没有多少文化知识照样可以赚大钱的例子，从而滋生了"读书无用"和"金钱至上"的思想，他们开始把人生的发展方向确定为初中甚至学校毕业后外出打工，于是就在学校混日子。

第七节　影响农村留守儿童有效学习的因素

影响农村留守儿童有效学习的因素有很多，既有内部因素，也有外部因素。内部因素也就是学习者个人的相关因素，外部因素包括家庭因素、学校因素、社会因素等。基于本研究的主题是从教师教学的角度探讨如何促进学生有效学习，所以对影响因素的分析重点就放在教学场域内，主要从学生、教师和师生关系三个层面展开。

一、学生层面

许多学习上存在困难的学生拥有和其他儿童一样的智力甚至是更高的智力，学习上的挫折会明显引发异常行为，这可能会掩盖他们的真实能力，而一旦这些孩子获得了学习上的成功感，他们的许多行为问题就会得到极大的改善。学习动力是推动学生进行学习的力量，根据不同的来源可以将学习动力分为外部动力、内部动力和任务动力三种。外部动力就是支配或推动学习活动的外部因素，包括奖惩、分数、文凭、地位等。内部动力是支配和推动学习活动的学生个体内在的因素，包括需要、兴趣、态度、情绪、尊严、性格、动机和意志等。任务动力是超越外力助推和内心支配，基于远大理想和坚定信念而对完成学习任务产生的满足感。外部动力、内部动力和任务动力相互影响、相互转化，促使学生积极从事学习活动和主动参与教学活动。

学生学习的积极性和主动性程度高低关系学习过程能否顺利进行，以及学习结果能否达到既定目标。学生的学习动力离不开教师的激发，如教师的积极态度可以激发学生的学习热情，诱发学习动机，产生学习需要，进而形成学习动力。此外，教师还可以通过有效利用学习成果的反馈作用，使学生及时了解自己学习的结果，激发学生自身积极学习的动机，进一步激发其学习的积极性和上进心，进而产生良好的学习愿望。影响学生有效学习的动力因素具体如下：

（一）态度因素

人们常说，态度决定高度，端正的学习态度对学习成绩的作用毋庸置疑。学生的学习态度是学生在学习情境中对学习所表现出来的一种比较稳定的心理倾向。学习态度会对学习成绩和学习行为产生直接的影响，积极的学习态度能够提高学习效率。

对于正处于生长发展期的青少年，作为重要他人之一的教师的观点往往具有较强的说服力。教师可以在教学环境中通过利用权威、角色扮演、促使认知失调、认同和模仿的方法，把学生消极的学习态度转化为积极的态度。此外还可以让学生扮演一个我们所认同和期望的角色，通过角色扮演让学生形成心得和认识，从而学会在现实中接受一种新态度。当学生在讨论问题、表达态度或观点时，往往会出现认知协调或失调，我们可以利用这种认知失调来帮助学生改变态度。学生之间总是在相互影响着的，一名能力很强、在各项活动中都起骨干作用的学生，能影响其他学生的学习态度，我们可以利用榜样的力量来引起学生的认同和模仿。

（二）情绪因素

情绪是心理活动的组织者，情绪对活动的组织作用包括促进和瓦解两种，积极情绪起协调和组织的作用，消极情绪起破坏、瓦解或阻断的作用。情绪可以唤起个体行为的动机，对认知起着驱动和组织的作用。有研究证明，情绪能够影响认知活动的效果，其影响效应取决于情绪的性质和强度。中等唤醒水平的情绪可以为认知提供最佳背景，如兴趣与爱好就是一种同愉快情绪相联系的认识的倾向和活动的倾向性，它能推动人学习科学知识，探索追求真理。学生的情绪在学习动机、学习行为、意志努力及对教学的接受程度等方面都会产生重要的影响。

在教学活动中，情绪对学生学习的组织功能可以体现在记忆上。情绪具有一种干预记忆效果的作用，在相同的情绪状态下，人们更容易回忆起被记忆的材料。此外，心境好的学生可以学到更多的内容。情绪的组织功能还会影响学生的学习行为，当学生处于积极乐观的情绪状态时，容易勇挑重担，敢于挑战，学习的欲望强，而负性的情绪如过高或过低水平的焦虑会妨碍学生的学习。这就要求教师在传授知识和技能的同时，应通过对学生情绪情感的关怀，潜移默化地使学生学会成长，学会选择，学会分辨自我和非我，最终达到学生潜能的充分实现和人格的健康发展。

（三）策略因素

大量研究证明，学习策略与有效学习之间有着密切的联系，良好的学习策略的使用能够有效地提高学生的学习成绩。不同学习成绩的学生在学习策略的使用上存在显著的差异，成绩优秀的学生使用的频率、数量和质量都显著高于成绩较差的学生。相较于低效学习者而言，高效学习者更善于选择、评价自己学习策略的使用过程，更容易从学习失败或者成功的经验中获得相关的学习策略。相反，低效学习者在学习的过程中不能有效地选择各种解题策略，很难避免无关信息的干扰，不能有效监控自己的学习过程。因此，掌握学习方法与策略是学会学习的必然要求。学生只有遵循学习规律，掌握了学习方法，养成良好的学习习惯，才能够运用概念进行判断，运用对立统一的规律分析问题，运用形象思维和创造思维去探求未知领域，更好地发展智力和掌握技能。

在认知活动中，元认知策略在增强注意、获得知识以及维持学习活动上的作用很大，且元认知策略是可教的，当学习者学会怎样管理和控制自己学习时，其学习成绩会显著提高，在校学习成功的概率也随之增加。目前有相当多的学生，因为没有掌握科学的学习方法和运用恰当的学习策略，因而在学习上事倍功半，效率很低，有的甚至逐步丧失学习的兴趣，由于"不会学"而导致"不爱学"和"不愿学"。因此，学生能否掌握科学的学习方法和策略，是能否由"厌学"变成"爱学"、能否提高学习效率的关键所在。

（四）管理因素

科学有效的学习管理是实现学生学习方式转变，促进学生有效学习的重要保障。其核心是强调学生学习方式的改变，体现学生是学习的主体。学习是学生自主自发的行为，只有充满活力和吸引力，能充分调动学生的兴趣，引发主动探求、发现和质疑行为，促使学生知识进步、能力发展、个性完善的学习才是真正有效的学习。

学生学习过程管理主要包括课前预习与自学管理、课堂学习管理、作业管理和考核评价管理。引导学生课前预习，鼓励学生自学并给予提示，让学生自行设计适合自己的学习方法，并尝试思考、分析和解决问题，突出学生学习的自主性。

课堂学习是学生学习的主渠道。有效的课堂学习管理直接影响学生的学习效果、学生的发展及教学目标的达成。有效学习强调学生的主体地位，重视学生的问题意识和质疑精神，倡导自主、合作、探究式学习。在课堂教学中应适当减少教师的讲授时间，给学生更多的自主学习时间，实现学生自己不断探索，提出、思考和解决问题。

学生还应该通过作业、实践等环节，进一步巩固和运用所学知识。对学生学习的评价应着重对综合素质的考查，如正确的人生观和价值观、积极的态度、创新精神和创新意识、分析与解决问题的能力等。评价的方式是多元的，关键要使学生利用评价的反馈扬长补短，提高学习的有效性。

二、教师层面

学生的有效学习无疑与教师的有效教学密切相关。教师的"教"对学生的"学"的影响如下：

（一）价值引导

价值引导即是教师通过蕴含着自身主观兴趣的教学活动对学生进行引导。学生是一个未成熟的个体，在知识、能力、思维方式、情绪情感、态度价值观等各个方面的发展需要教师的帮助和指导。一定的社会就是通过这种引导活动把人类科学文化知识结果内化于学生头脑中，并促使青少年学生形成符合一定社会规范的价值观，形成健康的心理素质。

信仰是道德的基础，是人对生活及生命意义的解读，是对现实和生活意义的认识，是对现实利益、现实世界以外的某种对象的敬畏和追求。随着改革开放的深入，传统文化和价值观念受到冲击，价值取向呈现多元化，信仰真空、信仰缺失、信仰庸俗化等问题日益凸显，给价值观正处于形成期的留守儿童带来巨大的影响，所以价值观教育也应成为学校教育和教师教学的重要内容，让留守儿童成为有信仰的人，应渗透在教学过程的点点滴滴中。

（二）教学指导

教学指导是指教师作为指导者存在，在学习活动开始前帮助学习者制订计划，在学习过程中控制进度，随时解答疑惑或提供相关的学习材料和条件。教师的教学指导并不直接促进学生的认知技能，而是强调学生的态度和信念，主要包括提倡努力和给予认可两个方面。大量提倡努力的研究表明，人们在特定事情上的成功，一般取决于以下四个原因之一：一是能力，二是努力，三是运气，四是他人。其中，信奉努力是最有用的成功因素，即如果相信努力是获得成功最重要的因素，就有了动力，它在任何情境下都会起作用。显然，并非所有的学生都能认识到信奉努力的重要性，教师应当给学生解释和例述努力的信念，学生能够坚定"努力就有回报"的信念，提倡努力有助于教给学生最有价值的一课，即天道酬勤。

教师在学生达到特定目标后给予认可，不仅能刺激学生的学习动机，还能提高其学习成绩。可以对学生提供个性化认可，认可的形式可以是抽象性符号或者实物性奖励。还可以经常给予学生适当而有效的口头表扬，特别是在学生面对特别要求的任务而又陷入困境时，教师可以采用"停顿、表扬、激发"策略，步骤为学生暂停工作，师生进行讨论，教师提供建议，学生依照建议有所改进，教师给予"表扬"。

（三）学习示范

学习示范这一教学活动涉及向学生演示所希望他们做或思考的事情。如果正确应用，能帮助学习者获得多样的智力技能或者社会性技能。班杜拉和他的同事们的社会学习理论认为，孩子通过观察成人和同辈，不仅能学到态度、价值观和行为方式，还可能学到身体和智力技

能。学习者观察他们的父母、教师和朋友在现实生活中的所作所为，然后推断自己也应该这么做，从而获得各方面的价值观，如学习的重要性、关心他人、有条理的工作或尊重其他文化等。

示范是一种直接教学活动，是学生能够模仿演示活动或从观察中推断出要学习的行为。学习者从模仿中获益，需要四个心理过程：注意、保持、在线、动机。演示只有在学生注意的时候才有价值，这就需要榜样演示的东西对学习者有实用价值。演示要以简化、清晰可辨、有条理的方式呈现。演示与学生先前学过的技能或思想有联系，让学生及时演练教师所演示的内容。在模仿学习的最后阶段，教师要在学生的模仿行为之后紧跟着表扬鼓励，对错误的行为给予指导而不是纠正，激发学生想在将来某个时刻模仿他们所看到的行为。

儿童的学习需要榜样的作用，父母若因经济等方面的原因，没有能力给孩子提供丰富的认识环境，给孩子讲道理，解释因果关系，鼓励孩子积极向上，明确指导孩子如何满足学习生活中一些具体的需要，在日常生活交往中为孩子树立榜样时，学生就很容易模仿自己的教师。农村留守儿童就是这样的一个群体，当教师给予温暖、关心和个人间的相互影响，并对他们的进步寄予高度期望，便可激起其学习的动机。

（四）教学组织

组织教学是指教师依据教学目标、教学环境和学生特点将教学内容有效处理的过程。它要求一方面要符合教材知识的呈现顺序，另一方面又要符合学生的认知规律。教学的有效组织是有效教学的前提，更是学生有效学习的前提，不仅包括对教学内容的有效组织，而且包括对学生的心理和行为进行有效的组织和管理。"先行组织者"是奥苏贝尔提出的一种"桥梁式"的材料。这种材料的抽象概括程度较高，且能把新课的内容与学生的认知结构联系起来，由教师在开始上课时呈现出来，帮助学生有意义地组织将要学习的材料。"先行组织者"具有教学定向的作用，是帮助学生理解这节课要学习什么，并提供学习的参考结构框架。具体步骤为在导入新课时，先阐明本课时的目的，吸引学生的注意指向学习任务；然后用学生熟悉的语言和观念呈现"先行组织者"；最后形成"先行组织者"与学生已有知识的联系，为学生进一步组织学习内容做好准备。

（五）学习反馈

学习反馈，即教师把通过考试考核等量化的或者定性的方法对学生学习情况的有关信息进行分析整理所得的评价结果反馈给学生，使学生对自身的学习状态和成果有一个较为清晰的了解，以便学生据此做出相应的调整，包括改进学习方法、矫正不良学习习惯、对知识进行查漏补缺等。学习反馈实质上是一种强化，正面的反馈可以帮助学习者建立后续学习的信心，学生可以根据教师的总结评价，对自己的学习内容、学习方法、学习情感等进行反思，发现学习中存在的问题并及时解决。

提高学习成绩最有效的一个改进途径就是反馈的改进。一般来说，效用最大的反馈是"纠正性"反馈，就是说教师给学生的学习反馈要伴有解释，不能只是简单地告诉学生正确或错误，而是要指明正确以及正确的原因，或者错了，错在哪里。给学生提供纠正性的答案，有中等水平的积极效用。简单告诉学生试题解答的对错，反而会对学生今后的学习成绩有消极效应。反馈的及时性是其效应的关键，最好在评价后紧接着就给予反馈，时间拖得越久，越不利于成绩的改进。此外，反馈还要参照个人标准进行，使学生知道自己与特定知识或技能目标的差距，而非简单地根据学生成绩水平的高低给予反馈，这样的反馈才最有用。最后，让学生学会进行有效的自我反馈，从而监管自己的学习进程。

三、师生关系层面

师生关系是教学活动中最基本的关系形式，现代社会强调个人的相对独立性及人格平等，这使得师生关系多元化成为可能。教师和学生是教学活动中的主体，离开了教学和学习活动，教师和学生的角色也将随

之不复存在。所以，师生之间的关系中居于主导地位的应该是业务关系，具体地说就是教师和学生基于教学活动而产生的知识传授与接受的关系，也就是韩愈《师说》里所言，"师者，所以传道授业解惑也"。研究表明，师生之间的业务关系与教师的专业知识、教学技能、人格魅力与教学智慧等因素有关，同时也与学生在教学活动中的具体表现及活动成效有关。师生之间的关系形式除了有业务关系外，还有情感关系。教师和学生均是主体人，在进行业务活动的同时也有着各自的情感需要和精神需求，因此也必然会形成情感关系。师生情感关系虽是一种附属性关系，但对教师和学生的日常生活和工作学习会产生重要的影响。"皮革马利翁效应"就有力地证明了良好的师生关系能对学生的学业产生积极的作用。当然，在现实中也大量存在着学生因为喜欢某教师而喜欢该教师所任学科，对学习充满热情，班级整体成绩优于其他科目的现象。此外，师生间还存在伦理关系，各自承担一定的伦理责任，享受一定的道德权利。《中华人民共和国教师法》明确规定了教师的权利和义务，教师从事这个神圣与光辉的职业，理应受到全社会的尊重，这是权利的体现。但同时，教师个人要严格遵守职业道德，为人师表，尊重学生人格，严禁做出伤害学生的言行举止。相关法律法规也对学生的权利和义务进行规定，学生要尊敬师长、努力学习、服从教师管理等。

师生间的伦理关系实际上起的是道德约束的作用，为业务活动的顺利开展提供支撑。师生的情感关系是教学活动得以开展的心理背景，直接影响师生业务活动的动力状态，并制约着教学的最终结果。一个好的教学活动必然有积极感情的投入，新课程标准的实施需要构建一个和谐、民主、平等的师生关系，其所要打破的也是以教师为中心的课堂管理模式，这就需要教师和学生站到同一个交流平面上来，建立起真正的朋友关系。教师在扮演教学角色的同时，也与学生建立积极的友谊关系，与学生真诚互动，做学生学习的促进者、鼓励者、帮助者、辅导者、合作者和朋友，这种情感型的师生关系必然有助于民主、平等师生关系的建立，也会有益于教师和学生的身心健康，能促进教师的教学与学生的学习的默契配合，有利于教学目标的实现和学生学习效果的提高。

教师要与学生建立朋友关系，应当从发展师生的情感关系入手。师生的业务关系居于教学活动的主导地位，是显性的存在，自古以来都受到了高度的重视。师生伦理关系在拥有尊师重教的中国，也备受重视。然而，隐性的师生情感关系却始终被相对忽略。所以，在现实生活中屡屡曝出教师与学生发生口角或肢体冲突的报道。当然，和谐师生关系的建立需要教师和学生的共同努力，教师不能像要求成人一样要求未成熟的孩子，要多了解孩子们的心理状态和需求，给予真诚的帮助和关爱，赢得学生打心底里的尊重和爱戴。学生也要充分相信教师，对教师敞开心扉，真心接受教师的教育和批评，自觉改善自己的行为，追求自我更高层次的发展。

第八节　促进农村留守儿童有效学习的基本教学策略

布鲁姆的学业成绩差异研究认为，学生在学习成绩上的差异主要是由三个变量引起的，即认知前提行为、情感前提特性、教学质量。认知前提行为是指学生对这所学内容的必备知识和技能掌握情况，情感前提特性是指学生参与学习的动机强度，教学质量是指教学适宜学习者的程度。研究结果表明，认知前提行为决定了学习成绩差异的50%，情感前提特性决定学生学习成绩差异的25%以上。认知前提和情感前提主要是由学生自身决定的，尽管学生个体之间存在巨大的差异，但是这种差异是习得性的，可以通过教师教学的改善逐步缩小。所以，乡村教师在实际教学活动中，要关照到农村留守儿童的个别差异和特殊需要，促进每一个留守儿童获得主动的发展，基本的教学策略有教学目标的精细化设置策

略、教学内容的结构化组织策略、教学方法的差异化选择策略、教学形式的个性化安排策略、教学管理的人性化介入策略和教学评价的发展性反馈策略。

一、教学目标的精细化设置策略

教学目标是教学工作的出发点，是教和学要共同实现的目标。虽然是预先设定的，但在教学实践活动中，教师可以根据实际情况进行适当调整，如随着教学情境的改变和学生需求的变化，教师可以从教材中选择内容对教学目标进行扩展，使教学目标更加贴近学生的学习需要，以促进学生更好地掌握知识，提高能力，培养情操，形成良好的个性心理素质。

同时，教师应当考虑到教学目标的先进性、适度性和可达性。教学目标总是指向未来的，而不仅是对当前教学情况的简单适应，这样才不会挫伤师生的教学积极性。同时，这个超前性必须要限定在一个适当的范围内，就是维果茨基所提的"最近发展区"，否则，过度超前的目标只能沦为想象。另外，教学目标的制定要从学生的实际出发，能让学生"跳一跳摘桃子"，既不能过高，让人跳起来也摘不到，也不能过低，唾手可得。目标制定过高，没有找准新知识的"生长点"，超出了学生已有的知识基础，不利于学生积极性的发挥和知识的迁移与增长。目标制定过低，太容易实现不能满足学生的学业成就感，不仅会打击学生的学习积极性，而且还会造成时间浪费。

有研究发现，设立学习目标也是一种良好的动机。凡是设立了学习目标的学生，其学习成绩较优良，且富有积极进取的精神；相反，缺少学习目标引导的学生，其学习成绩表现不佳，常有缺乏学习兴趣的表现。教师需要把目标明确地告诉学生，让教学目标内化为学生的学习目标。但教师要注意，把目标告知学生并不意味着学生就一定会把注意力对准教学内容所在，就好比是电台广播，不同的频道对应的是不同的节目，同样，不同的教学目标相对应的教学内容也不同。教师需要告诉学生在哪个频道上正在播出要获得的课时内容，以及在课时结束时，期待他们获得哪些行为结果，这是让学生集中注意力接受知识的最有效方法。

父母的要求与子女对于成就的愿望关系密切。有研究表明，子女的成就愿望随年龄的增长而增强，家长对子女要求越高，则子女对自己的成就欲越强烈。乡村教师可以加强与农村留守儿童家长的沟通与联系，向家长反馈学生的学习情况、生活状态、情感需求等，在家长的鼓励和期待下，促使农村留守儿童更高水平地要求自己，加强自律，以更大的热情投入学习和生活，最终实现自身的不断成长和发展。

二、教学内容的结构化组织策略

教学内容具体内化着教学目的，是实现教学目的的载体。课时与教学内容之间的相互联系方式，甚至可以决定学习者能否以及在多大程度上达到较高水平的认知、情感和动作技能等方面的发展。没有前后衔接的课时，要表现出较高水平实属不易，而且内容也很难被学生所接受与消化。需要教师在教学设计时把相关课时安排在一个单元系统内，使各个课时彼此衔接，容易实现由易到难、由浅入深、由低到高的层级递进。各个单元计划必须有一个连贯而统一的主题。在组织课时内容时，也要同时考虑教学目的和学习者，教学内容的选择要采用从特殊到一般的组织形式，最先呈现具体明确的教学内容，使教学内容呈现符合学生的认知规律，以此增强学习的趣味性，不断激发学习者的学习动机。

留守儿童的家庭教育部分功能被学校替代，学生在学校学习的内容可能会有所增加。教师对教学内容的把握，首先要落实教材内容，让学生牢固掌握基础知识和基本技能，掌握现代科学文化知识，为学会学习、终身发展奠定基础，这是基本要求。其次，教师也要从教材中走出来，挖掘与课程相关的、贴近农村留守儿童生活实际的教学资源，丰富教材内容，拓展留守儿童的知识面。同时积极捕捉课堂教学现场产生的

265

留守儿童学习态度、意见建议等因素，将之变为生成性资源，推动教学的进行。

现代心理学告诉我们，通过外在动力维系的学生学习远远劣于内在动机促发的学习。只有当学生的学习兴趣来自学习中的乐趣，来自天生的上进心，来自对自己未来的希冀，他们的学习才能主动、全面、完整和持久。特别是对于内在监督不力，又缺乏外部监督的留守儿童来说，教师们更应该利用学校环境文化中积极的隐性课程因素，营造良好的学风。对于农村留守儿童来说，良好的学习生活氛围就是最佳的隐性课程。很多留守儿童不喜欢学习，但是却喜欢待在学校，因为学校有很多小伙伴的陪伴。留守儿童在学校和教师与同学的交往就是非常好的隐性课程，需要学校和教师努力营造一种温暖、向上的良性氛围，促使学生乐学、爱学，积极进取。

三、教学方法的差异化选择策略

教学方法实质上是教师指导学生进行学习的方法，教师的教法必然通过学生的学法体现出来，学生的学法实际上是在教师指导下学习的方法。具体的教学方法无一不坚持启发式的指导思想，从学生的具体情况出发，采用各种措施调动学生学习的独立性、积极性和主动性，引导学生通过自己的努力去掌握知识、提高能力和发展自我。现代教学方法更加注重对学生非认知因素的培养。非认知因素在学习过程中起发动、保持和调节学习的作用，决定着学习者的学习动机水平，不仅能促进知识的掌握和能力的发展，还能帮助学生形成良好的品德和积极的态度。如赞科夫所主张的，教学要采用"能使儿童真正开动脑筋"、产生兴趣的教材和教学方法，重视儿童积极的"情绪体验"，让儿童在学习过程中有一种生气蓬勃的精神生活，从而通过基础知识、技能和技巧的掌握，促进智力、情感、意志、性格等内部心理特征的全面发展。

对农村留守儿童的教育，我们可以借用心理学上的"暗示效应"。

农村留守儿童普遍情感波动起伏较大，时常处于消极状态，心思更加细腻、敏感。因此，农村留守儿童心理的健康发展需要教师多加呵护。如果教师一味地对学生进行负面暗示，会在不知不觉中打击他们的上进心，伤害他们的自尊心。所以，教师不要使用侮辱性、敷衍性、刺激性的话语，而要多用激励性的言语，给他们一些正面的暗示，以帮助他们树立自尊自信。

教师也可以采用同伴教学的方法来帮助学习有困难的农村留守儿童。实施"同伴协助项目"，让已经掌握了某个知识点的学生去辅导还没掌握的同学。这类似于"小先生制"，不仅可以加强前者对知识的理解，帮助学习有困难的学生，缓解教师的压力，而且简单易行，在教师资源相对紧缺的乡村学校可以借鉴实施。

四、教学形式的个性化安排策略

教学是有目的、有计划、有组织的实践活动，必须采用一定的形式才能顺利开展，最终完成教学任务，实现教学目标。教师要使教学取得最佳效果，需要对不同的教学组织形式进行优化组合，综合利用。

社会阶层和教育成就存在相关。较高和较低社会经济地位家庭的内外生活有很大差异，有人认为正是这个收入和教育水平的间接产物影响了学龄儿童的成就。农村留守儿童的家庭处于较低社会经济地位，父母一方或双方常年在外的结构使得父母对孩子教育的关心不足，农村留守儿童与非留守儿童相比，处于不利的教育地位。不同的家长及家庭情况对学生产生的影响是不同的，如父母经商的家庭，经济收入与支出相比较而言高些，孩子所受的金钱和物质影响会大些，可能会对学习和受教育的认识产生偏差。另外，随着学生自身的知识、能力、兴趣、爱好和个性特长等方面得到了极大的发展，个体间的差异增大。鉴于此，教师要在班级授课制的基础上把握教学的灵活性，充分注意和照顾到学生的个别差异和个性发展的不足，提高"教育观照度"，促进师生间交往互

动和增加学生个体发展的机会。

学生之间的差异是客观存在而又不可避免的，教师所能做的就是围绕这些差异来组织教学，尽可能地减少学生成就差异。比如鼓励学生运用自己已有的学习经验，进行学习迁移，以此解释和构建新内容；不戴有色眼镜或差异化对待学生，对所有学生都寄予厚望，并鼓励他们不断取得进步；为学生提供机会和展示的平台，让学生用自己感觉最舒服的方式去建构并表达对所知事物的理解。这些对于中小学教师来说都是轻松可行的，有利于逐步缩小学生个体间的成就差异，促进农村留守儿童更加有效地学习。

五、教学管理的人性化介入策略

教学管理实际上是采取措施以调动教师工作和学生学习的积极性，激发他们热情的过程。这里的教学管理主要是在教师层面，由教师自主进行的对学生学习过程的检查管理。学生是学习活动的主体，现代教学论强调学生在教学管理过程中的主体地位，要求不断提高学生学习的积极性和主动性，充分发挥学生在学习中的自我监控和管理作用。学生在学习中的主体意识和作用只能在自我教育的过程中体现，因此教学管理要提高学生自我教育的主体意识，使他们成为教学管理过程的积极参与者。

当一个人的自主学习能力增强时，就能够提高自身的学习效率，减少低效或者无效的学习。乡村教师要注意培养农村留守儿童的自主学习能力，帮助制订实现学习计划的自我控制措施，培养良好的学习习惯，让他们具备掌握自己学习进程的能力。有调查研究表明，学习负担对不同的学生产生的影响不同，这与学生自身面对学习任务、分解学习任务的能力有关。农村留守儿童教育中非常缺乏的就是这些自我管理知识、有关学习方法的知识、创新思维的知识等。这些知识对学生的学习是非常重要的，一旦他们在学习方法和自我管理上取得了突破，那么他们的有效学习能力就应该能得到很大的提高。

在强化农村留守儿童自我监控的同时，教师也可以加强对留守儿童学习过程中预习、听课、作业完成等各个环节的管理和检查，了解他们自习自学存在的困难和问题，积极进行引导，提供帮助。此外，对于留守儿童，我们不仅要关心他们、照顾他们，更多的是要给他们合适的角色，让他们在各种各样的学习、生活活动中展示自我，完善自我。扮演了一定的角色，他们心中就会有责任，就有了发展和努力的方向和动力。

六、教学评价的发展性反馈策略

一般而言，教学评价包括对教师"教"的评价和对学生"学"的评价，这里的教学评价是指对学生"学"的评价。教学评价可以为教师和学生提供反馈信息。农村留守儿童学习成绩普遍不好，教师需要把评价引向提供信息，而不单是评定学生成绩等第，综合使用测验、观察、交谈、调查、作业分析等方法，客观、全面地反馈给学生相关信息，帮助学生对自我学习情况做出判断和改进。农村留守儿童群体的差异性明显，学习成绩、学习态度等离散度高，教师应重视个体内差异评价，以学生个体自身状况为参考系对每个个体的自身发展状况进行纵向或横向比较。这种评价方法体现了尊重个性、发展个性的观点，能够比较充分地照顾到留守学生的个别差异，有利于减轻学生的心理负担和压力，增强自我效能感，强化学习动力。

心理学研究表明，积极的自我意识与成就有中等程度的相关，也就是说，学生的自我意识能影响对学习过程的积极投入程度。高成功率对所有学生都很重要，尤其是对家庭社会经济地位不是很高的农村留守儿童来说。在校园环境中，学生最多的是从与教师的直接互动中获得反馈回来的自我意向。所以，教师要注意自己的言行对学生自我意向的影响，要发现学生独特才能的价值并反馈给他们，以此改善学生的自我意识。

269

第八章

乡村教育教研形式

XIANGCUN JIAOYU JIAOYAN XINGSHI

DI BA ZHANG

当今基础教育领域，城乡学校规模差异较大，各校师资情况迥异，教育教学资源分布不均，城乡小学差距更是明显，为了缩小差距，有必要选择适合城乡学校长远发展的教研之路即校际联合教研。校际联合教研是乡村教育教研形式的关节点。校际联合教研，是在校本教研与联片教研的基础上形成的，它是学校与学校之间，为了教师与学校深入发展，以自主、自愿为前提，基于同质促进、异质互补的原则所构建的一种民间教研联合团体所开展的教研活动。其最大特点即其在形成之始的自发、自愿原则，没有过多行政干预。通过校际联合教研活动，改变以往教研过程中只有极少数教师参与的"精英式教研"，或面向全员的"集体参与式教研"。该教研活动方式常围绕一个主题进行，使"精英式教研"和"集体参与式教研"这两种方式实现资源整合，使处于不同发展阶段的教师都能得到相应发展，逐渐缩小城乡教师之间的专业发展差距，缩小城乡学校之间的发展差距，实现教学质量的均衡提高，逐步建立起有利于"实践反思，合作分享，专业支持"的教学研究制度。

第一节　乡村教育教研形式的关节点

城乡学校校际联合教研是乡村教育教研形式的关节点。城乡学校校际联合教研不仅是乡村学校教育教学研究关注的重点，更与整个教育的均衡发展及教师专业发展息息相关。

一、城乡学校校际联合教研是基础教育均衡发展的必然要求

国家已明确地将城乡统筹作为我国在新的发展阶段继续全面建设小康社会、发展中国特色社会主义、深入贯彻落实科学发展观、推动经济建设和改革发展的重要内容，同时作为解决我国城乡"二元"状况的基本方略。城乡统筹的终极目标就是要促进城乡均衡发展，促进基础教育发展，实现城乡一体化。城乡统筹内涵很丰富，它是一项非常复杂、艰巨的系统工程，从根本上讲，实现城乡统筹，筑基在农村人口整体科学文化素质的提升上，农村人力资源的开发上，教育是人力资源开发和科学技术发展的基础性产业，城乡教育统筹发展在城乡统筹各要素中具有先导性，是促进城乡统筹的重要基础。

长期以来，中国东部地区经济发展较快，中西部地区经济发展落后，与此对应，经济社会发展的不平衡造成了教育发展的不均衡。教育领域中的"城市中心"倾向明显，使得城乡之间的差距越来越大。这种差距的扩大，不仅体现在校舍建设、多媒体现代化教学设施的投入等硬件条件，更体现在师资力量等软实力方面，少量城市学校占据大部分的教育资源，大部分的乡村学校只享有少数资源。这种城市和乡村、城市学校和乡村学校间发展的不平衡已经成为当前义务教育面临的突出问题。自中华人民共和国成立以来，我国政府一直很重视对弱势群体的援助，从制度建设到经济援助再到教育支持，方方面面，事无巨细，事实

业已表明，单纯对贫困地区和贫困人群进行物质等的外部援助，无法从根本上改变他们贫困落后的状况，也不可能起到从源头上缩小贫富差距的作用。若要改变我国基础教育发展中的不均衡现象，必须提高其人才培养的内生力，乡村地区教育的落后是经济发展差距大的关键因素，也是影响教育均衡发展进程的一大阻力，要不断寻求有特色的乡村学校发展道路，进行乡村学校的联合教研，促进乡村教育发展。

二、城乡学校校际联合教研是乡村学校深入发展的内在需要

城乡学校发展所遭遇的问题及其解决问题的思路是不一样的。在21世纪的今天，乡村学校在乡村社会找不到自己存在的价值，显现不了它应有的特质，在与城市教育接轨的过程中，迷失了自己的方向，处处处于被动接受的地位。要改变乡村学校现有的状况，就不能把乡村教育当作城市教育的补充而存在，它应是现代教育中不可缺少的一道风景线。乡村学校要走"内涵式"发展路线，在广泛了解其存在的乡村社会及所教育对象乡村少年的基础上，探寻一条适合自己的发展路线，校际联合教研给其提供了一个方向。乡村学校的深入发展有利于促进我国农村地区的经济发展，有利于缩小城乡之间的贫富差距，是促进城乡教育均衡发展的关键之所在。乡村学校的高质量、高速度发展，是促进乡村儿童健康、全面发展的基础所在，是乡村教育可持续发展的力量源泉，能够促进乡村文化的传承、保存及发展，也是乡村社会赖以生存的教育自新。纵观我国乡村地区，由于学校建设规模小、师资力量薄弱、交通不便、教学资源缺乏引发的教学研究活动寸步难行的现象比比皆是，严重影响着乡村学校的长远发展和整个乡村的整体发展。乡村地区，乡村学校的特殊性，要求必须提出适合乡村自己的教研活动。在当前教育形势下，对"学习型组织""共生理论"的研究表明，乡村学校采用城乡学校的校际联合教研活动有很大的可操作性及实效性，建立一个集研究型、学习型、反思型为一体的乡村学校自己的教研活动体系，能够促进城乡学校校际的合作交流，能够促进乡村学校的内涵式发展。

三、城乡学校校际联合教研是乡村教师专业发展的内在要求

教师专业发展是教师专业化的唯一途径，教师的专业发展离不开教育教学研究。从本质上讲，教师专业发展是教师不断学习、研究、反思，掌握必备的教育教学技能，培养处理专业问题能力的动态过程，随着教师的不断学习，教师的专业能力不断提升，教师专业化程度也不断提高，教师研究过程即是学习专业技能和实现专业发展的过程。教师专业发展已然成为当今世界各国教师教育面临的一个共同主题，必须加强教师对教育教学问题的研究，加快其专业化进程。与此同时，乡村地区师资队伍发展水平的提升成为影响我国整体师资教育水平的关键因素，大力推进乡村地区教师专业发展，不仅可以提高乡村教师的教育教学水平，而且可以为培养适合乡村地区经济发展的高质量、高速度的人才打下坚实基础。

在中国广大乡村地区，由于生存环境恶劣、交通不便，加上乡村教师培训、进修机会较少，教师学习不够深入，一些教师把校际联合教研误认为就是校内教研，教师不能很好理解城乡学校校际联合教研的实质，或是一些教师并不能充分参与教研，影响到了城乡学校校际联合教研的质量。有学者认为，校际联合教研有一些不足，如"研究内容不符合教师实际，专业引领缺失，指导方式不能满足教师所需"等，教师会认为校际联合教研是一种群体全部参与式的教研，积极性相对较弱，且增加了教师工作任务，不利于教师的专业发展。对于区域内的联片教研，教师多是一种被动参与状态，这是一种"精英式参与"的状态，作为弱势群体的乡村教师，很难在教研活动中听到"自己人"真正从"自己"立场上阐述有关的研究，这实不利于乡村教师的发展，必须开展符合乡村学校及教师自身发展实际的教研活动，以促进乡村教师专业化发展。

基于上述三个方面的缘由，我们拟对城乡学校校际联合教研存在的问题及其水平提升策略进行研究。

第二节　城乡学校校际联合教研的内涵及特点

一、城乡学校校际联合教研的内涵

（一）校本教研

"校本"源自英文"school-base"，意为"以学校为本""以学校为基础"。对于"教研"的概念，有学者认为"教研有狭义和广义之分，狭义的教研是指教师对教学工作的研究，广义的教研则是指教师对包括教学活动在内的所有教育实践的研究"。我们这里所指的"教研"就是"教学研究"的简称。基于上述对"校本"和"教研"两概念的界定，而校本教研，就是以服务学校，促进教师、学生和学校多方发展而进行的教学研究。校本教研有三层基本含义。首先，其研究的主要内容是教学，即教学的内容、教法、学法设计，教学方法、手段的运用、教学评价等有关内容；其次，研究的出发点是基于学校的现实情况与现实需要，根据教师、学生的需要，结合本校的人力资源与物质资源及学校周边环境等实际情况进行校本课程的开发；最后，教学研究的主体是学校领导及教师。

校本教研活动是教师群体为解决教学实际问题，利用集体智慧跨越个体障碍的一种合作成长的有效途径。它能够充分利用学校现有条件与资源进行适合本校学生的校本课程开发等活动，促进教师的专业发展，提高学校的内在竞争力。

（二）联片教研

联片教研是联片协作教研的简称，它其实是校本教研的范围扩张和内涵推广。在校本教研的实践中，由于城乡、地区、学校在办学条件、师资力量等方面存在较大差异，使得发展相对落后地区的学校存在很多困难，在开展教研活动方面存在一定的局限性，导致校本教研无法得到有效的开展。因此，以联片教研的实践方式，构建片区教研体系，在城乡学校之间搭建共同参与、联动合作的平台，联合片内学校共同研究解决课程实施过程中与教育教学中的实际问题，实现共同提高。

一般认为，联片教研是指在教育行政部门领导下，以教学研究部门为依托，以教研员为引领，以片内学校为平台，以提高教育质量、促进教师专业发展、推动城乡学校均衡发展为宗旨，实现"资源共享、优势互补、合作交流、共同提高"的教研形式。

（三）校际联合教研

对于校际联合教研的概念界定，国内尚未有统一的定义。

在本研究中，我们把校际联合教研和校际协作教研视为同一概念，有学者认为"校际协作教研，是指学校与学校之间，为着自身发展与教师成长的需要，以自愿为前提，基于同质促进、异质互补的原则而构建起来的一种民间教研联合团体开展的一种教研活动"。鉴于此，校际联合教研的主体是学校与学校之间；教研目的是促进学校发展及促进教师专业发展；教研的原则是自愿性原则、同质促进、异质互补；它是一种民间教研联合体，是自发、自愿形成的，并没有行政力量的过多干预。

综合来讲，校际联合教研就是学校与学校之间，为了教师与学校深入发展，以自愿为前提，基于同质促进、异质互补的原则所构建的一种民间教研联合团体所开展的教研活动。校际联合教研，是在校际联合教研与联片教研的基础上形成的，它最大的特点就是其在形成之始的自发、自愿原则，没有过多行政力量干预。通过校际联合教研活动，在自下而上和自上而下的相互协调、相互合作、相互补充、互为发展的过程中，逐渐形成了片级教研、校际教研、校际联合教研这样一个三级教研网络。在这样的活动中，改变了以往教研只有少数教师参与的"精英教研"，或是面向全体、全员参与的"群体教研"方式；教研方式以开展"主题教研"为主，使"精英教研和群体教研"实现了整合，让处于不

同发展层面的教师得到相应的帮助和提高，逐渐缩小教师之间、学校之间的差距，实现教学力量的均衡化发展，逐步建立起有利于"实践反思，合作分享，专业支持"的教学研究制度。

二、城乡学校校际联合教研的特点

学校的长远发展离不开教育教学研究活动。传统的教研活动，教师囿于本校甚至课堂的一方天地，如井底之蛙、无源之水，圈子狭小，思维固化，教研活动并没有取得明显效果。城乡学校校际联合教研活动是一种突破学校传统教研模式，探索获得城乡学校均衡发展的新途径。它有利于乡村教师的专业成长，能够加强学校之间的资源整合与循环利用。它是以城乡学校在课程的制定与实施中所面临的具体困难为研究对象，以学校领导及教师为研究主体，以具体案例为载体，以具有丰富经验的专家为教研活动创新剂的联合教研活动。城乡学校校际联合教研活动具有以下几个特点：

（一）研究目的具有明确性

研究目的就是一个研究所要达成的结果。本研究的目的直接指向于改进城乡学校实际的教育教学工作。无论是专业研究人员还是非专业研究人员，进行教学研究归根到底是要服务于现实生活中的教学实践。但是在研究中专业研究人员更多关注的是较大范围内的教学实践研究，从而使自己的研究对较为广泛的教学实践产生影响。城乡学校校际联合教研是为了基础教育领域的教研活动注入新的活力，满足城乡学校教研活动的需要，促进城乡学校教师的自我专业成长，为以后的城乡学校校际联合教研活动提供参考和启示。

（二）研究主体具有独立性

城乡学校的校际联合教研活动在最初阶段具有"自组织"的特点，在多数情况下，教研活动的开展带有随意性、自发性、自愿性。城市学校和乡村学校是两个平行的机构，主体与主体之间互不隶属，相互独立。学校之间在进行合作时，相互之间有共同的教研目标，城乡学校分别根据自己学校的优势及缺点，独立准备相关主题的研讨内容进行研讨，学校之间除了既定的基本规则需要相互监督与制约外，多数情况下并不干涉双方学校具体的任务实施。

（三）研究内容具有情境性与针对性

城乡学校校际联合教研是对学校教育实践的科学研究和开发，是对学校教育规律的探索和把握，与教育理论工作者以促进教育理论的发展目的不同，城乡学校校际联合教研的主要目的在于沟通教育理论和实践，提升教师的教育理念，提高教师实施素质教育的水平和能力，促进教育的改革和发展。城乡学校校际联合教研直接针对城乡学校教育教学中存在的实际问题，尤其针对本校学生学习、生活和发展的实际。教师在教学过程中开展研究，在研究过程中完成教学任务，同时提高自身的教学水平和科研水平。城乡学校校际联合教研的这一特征是由城乡学校教育教学工作实际决定的，这意味着城乡学校的校际联合教研是在动态的自然环境中进行的，具有很强的针对性和情境性。

（四）研究结果具有实效性

基础性的教育教学研究，对教育实践和决策有指导作用，但不是所有的成果都能转化为实践效益，尤其是未必能指导本校的实践。而城乡学校校际联合教研直接针对学校的实际问题展开，研究所产生的结果能直接运用到城乡学校以改进教育教学实践，对教育教学实践产生积极的实效。我们对城乡学校校际联合教研的现状、有益经验、存在问题都进行了分析，提出了较为切合城乡实际教研水平的对策，具有一定的实效性。

第三节　城乡学校校际联合教研述评

对已有文献的梳理是进行本研究的基础，通过对联合教研、校际合作、校际联合教研等研究的文献进行分析和整理，有助于更为全面地了解该领域的研究现状，从而为该研究奠定基础并找寻新的突破点。我们在中国知网数据库中进行文献检索，检索时间跨度为1979年至今。以"校际合作"为主题进行模糊检索，检索到文献3125篇，其中硕博论文共有227篇；以"联合教研"为主题进行模糊检索，检索到文献1070篇，其中硕博论文共有28篇；以"校际联合教研"为主题进行模糊检索，检索到文献42篇，其中有5篇硕博论文；以"城乡学校校际联合教研"为主题进行模糊检索，共检索到0篇文献。

一、关于校际合作的相关研究

谈及"合作"，必然是两者及以上事物的协作。在基础教育领域中的校际合作活动中，涉及教育的方方面面，如教学内容的选择、教学方法的确定、相关教材内容的设计、教学过程的具体实施、教学的评价与反思等。最原始的校际合作活动中，校际的协作仅是为了提高联合学校之间的教学水平，各学校组织教师跨校兼课、听课、备课等活动，随着活动的不断深入进行，学校相关领导及教师逐渐认识到校际合作的重要性及紧迫性。要尤为关注城乡学校之间的沟通、交流与合作活动，在不断的探索与实践活动中，校际合作从幼稚走向成熟，合作的种类及范围丰富多彩起来。国内外学者对此也进行了深入研究，主要涉及以下几个方面的内容。

国内关于校际合作的研究主要集中在校际合作的类型、模式、机制、构成要素等方面。随着校际联合教研活动的不断深入，出现了不同类型的校际合作，根据性质分类，有学校自发进行的带有"自愿"色彩的合作，也有政府推动的带有"强制"色彩的校际合作。根据合作的目的分类，主要有校际教研共同体、名校集团化、城乡教育共同体、学校联盟、教育研究与实验共同体。根据校际合作的层次分类，有强强联合——优质学校与优质学校的合作，强弱联合——优质学校与薄弱学校的合作，弱弱联合——薄弱学校与薄弱学校的合作。根据合作学校的数量分类，有一对一型、一对多型、多对一型及多对多型的合作。校际合作的类型根据不同的维度，有不同的分类，在进行校际合作时，往往是多种合作类型交叉运用，各学校根据合作目的，会选择一种或多种合作类型进行合作，以求达到效益最大化。在具体的实践过程中出现了几种典型的校际合作模式，有中介模式、托管模式、契约模式和主持——参与模式。中介模式多指学校之间通过某一中介进行合作，多是任务驱动型，学校之间的关系并不紧密，一般来讲，项目结束学校之间的合作也就结束了。托管模式是指把发展相对薄弱的学校托管给教育发展质量相对优先的学校，优质学校有丰富的教育教学资源，其管理理念、教学研究、课题研究、办学经验等很多方面都能给薄弱学校以指导，促进薄弱学校的长远优质发展。契约模式是指学校在平等自愿的基础上，基于共同的发展愿景，签署具有约束性质的协议，此种模式一般都是优质学校的强强联合，以此实现一加一大于二的联合效果。校际合作时间较长，如若缺乏有效机制，将难以维持，有学者认为应建立校际合作的政策和制度保障机制，不断完善校际合作激励机制、教育资源共享机制、城乡教师交流合作机制、联动机制、互补机制和协同机制等建设，促进校际合作的健康长远发展。

国外也较为重视对校际合作的研究。20世纪80年代以来，美国为了提高基础教育的教育教学质量，就进行了有特色的大学和学校之间的合作，涉及教育中的学科教学、教师专业发展、学习共同体的构建、教师教学实践问题等内容，形成了有特色的合作型学校及优质学校联盟及"校中校"等比较成功的模式。20世纪90年代以来，英国就开始重视中小学的校际合作问题研究，对基础教育领域中的中小学合作、公立与私立学校的合作进行了相关实践及研究，以达到资源共享、相互发展、共同进步的目的。英国的校际合作主要包括专长的合作、学校文化的合作、地域的合作、共性的合作和创造性或创新的合作五种类型，含有共

享教学实践、共享学校设施、共享学生等多种合作内容。澳大利亚在积极推行着大学与中小学的合作，在政府的引领下，形成了"创新联系工程、优质教师项目、教师更新项目、初任教师有效计划"等项目。

二、关于联合教研的相关研究

对已有文献进行梳理后可知，国内关于联合教研的研究文献较多，主要集中在对联合教研合理性的分析、联合教研主体的研究、联合教研类型的研究、联合教研存在问题的研究、联合教研提升策略研究等方面。

由于区域与区域之间及区域内部各所学校的规模差异较大，各校师资情况迥异，教育教学资源分布不均，很多学校因教师老龄化严重，进行校际联合教研的积极性与实践性都比较差，要开展校内的教研活动存在较大困难。联合教研能够弥补上述缺点，很多地区都采用了联合教研活动，并取得了一定的成效。对联合教研的合理性进行分析，主要是从其能够整合优质骨干力量进行集体攻关、取人之长、避己之短，促优扶劣、促进均衡，促进教师专业发展等方面来论述。一般认为，联合教研的参与主体由学科专家、教研员、学科骨干教师三方力量组成。有学者认为联合教研合作的类型是多种多样的，也形成了不同的类型，如"①学校间的结对式协作，包括城乡学校校际协作，同类学校校际协作；②同学科（专业）校际教研协作；③教育集团内部不同校区间的协作"等。联合教研也存在较多问题，如有学者认为这是一种"精英参与式"的教研，能够参加的都是骨干教师或各区域教研员，教师是很难做到全员参与的，且教研活动开展时形式化严重，教研经费和教研时间都难以得到有效保证，严重影响了联合教研的效果。对联合教研提升策略的研究主要集中在"创建机制、构建模式、总结反思"等方面，以改变教师素质较低、校际联合教研难以真正展开的现状。

三、关于校际联合教研的相关研究

截至2018年3月，以"校际联合教研"为关键词进行检索，通过对检索文献的分析查阅可知，对校际联合教研这一主题的研究多是来自一线教师、学校领导或区域教研员，大部分文献是从实践角度对实际工作的总结和反思。通过查阅和分析文献得知，目前对校际联合教研的研究主要集中在以下几个方面：①开展校际联合活动所取得的成效；②校际联合教研的现存问题；③改善校际联合教研活动的策略研究。

校际联合教研是校际合作的一种形式，校际联合教研主要集中在学校与学校之间的教学研究方面。有学者认为，校际联合教研能够"实现优质资源共享，促进学校均衡发展，为教师搭建交流平台，促进教师专业发展"。也有学者认为，"校际协作教研，能够让各校有限的教学资源得到共享，互相学习，取长补短，最后达到共同提高、共同进步的目的，给传统的教研活动赋予新的内涵，使教研的功能得到最大限度的发挥，真正成为促成教师成长的有效载体"。校际联合教研并没有脱离校际联合教研而独立存在，它是校际联合教研的一种延伸与扩展，能够在注重学校特色的基础上，实现校际的资源共享，各学校进行平等交流积极开展多层面、多形式的联合教研活动。

国内对校际联合教研的运用尚不普及，校际联合教研这一教研形式尚不成熟，还存在较多问题，在进行联合教研时，一些学校对进行校际联合教研要解决的问题，校际联合教研的具体实施计划不够了解，在具体的实践过程中引发了诸多问题，如"缺乏目的性、计划性，内容形式单一，教师参与积极性不高"等。

为了提高校际联合教研活动的有效性，就必须探讨校际联合教研的实施策略，总结学者认为有效的校际联合教研。首先，要选好联合学校，即要选择志同道合的学校，要么有可供学习之处，要么有可供共同改变之处，要么有可供共同探讨之处；其次，定好研究主题，每次教研活动力求解决一个问题，争取这些问题从教师实践中来，再回到教师实践中去；再次，要订好计划，在确定合作周期以后，根据时间长短自订详细活动计划；最后，教研形式和内容要多样化，积极拓宽联合教研的渠道，丰富校际联合教研的内容。

四、简要评析

（一）校际联合教研的研究并没有得到应有重视

校际联合教研是校际合作的重要组成部分，也是校际联合教研的延伸与扩展，它对学校尤其是乡村学校的深入发展及教师的专业发展都有重要作用，但校际联合教研活动并没有引起应有重视。在对现有文献的梳理过程中可知，现今对校际联合教研的研究多是从实践的角度进行，其研究多是工作在一线的学校领导、教研员与教师等对自己实际工作的总结与反思，很少有人把其上升到理论高度进行研究，其理论性及科学性有待提高，这显然与校际联合教研的重要性不相匹配。仔细研读所查阅到的重要文献，可以发现大部分研究成果并没有准确界定校际联合教研的概念，在大部分的研究中都把校际联合教研和联片教研及校际合作混为一谈，这实不利于对校际联合教研的进一步深入研究，不利于城乡学校校际联合教研活动的组织与丰富，因此应该予以足够重视，不断寻求解决办法。

（二）教研活动及内容"城市中心"倾向明显

校际联合教研、联片教研及校际联合教研等教研活动虽已开展起来，也提出要关注弱势学校的教研，走出弱势学校自己有特色的教研活动。但在实际运作过程中，却带有强烈的"精英参与式""城市中心化"色彩。在广大乡村学校，因教师能力、精力及资源有限，校际联合教研较难展开，也只有在教学资源丰富及师资力量强大的城市地区才真正发挥其作用，校际联合教研活动城市化色彩较为严重。联片教研活动是针对乡村弱势学校提出的，其在一定意义上确实促进了教育的均衡发展，促进了教育公平，但在具体的实施过程中也出现了不少问题，如乡村学校话语权小，教研主题多是行政部门或是优质学校提出，带有优质学校的"城市话语"或是优质学校站在乡村学校角度所提出的主题，乡村教师很难以自我的角度深入参与研究，乡村教师的积极性因此大打折扣。基础教育的均衡发展要求乡村学校一定要走出自己特色的教研发展之路，探寻适合乡村学校发展的教研活动，不断促进乡村教师专业化发展，提高乡村学校的办学水平及教育教学水平。

（三）研究方法单一，多元方法运用不够

目前对校际联合教研的研究，仅停留在对实践活动的介绍及反思，理论研究不够深入，实证研究也有待提高。要不断运用逻辑分析法、比较研究法加强对校际联合教研的研究，并在实践中不断运用、验证理论，多运用调查法了解乡村学校的校际联合教研现状，运用实验法争取提出有特色的乡村学校校际联合教研模式。只有运用多元的研究方法，才能更好地了解乡村学校现状，提出适合乡村的校际联合教研路径，实现乡村教师的专业发展，促进乡村教育教学质量的提升，实现乡村学校的内涵式发展，实现教育的均衡发展。

第四节　城乡学校校际联合教研的研究目的及意义

一、研究目的

我们通过对城乡学校校际联合教研的文献研究，分析城乡学校校际联合教研的理论框架，以此作为后续案例研究的理论基础。我们选定云南省A、B两所进行校际联合教研的学校作为研究对象，对其教研过程中的案例进行剖析，发现城乡学校校际联合教研存在的问题，并提出城乡

学校校际联合教研的提升策略，为以后的联合教研提供借鉴和启示。

二、研究意义

（一）丰富教研理论

我们对乡村学校校际联合教研进行研究，试图在一定程度上弥补校际联合教研与联片教研之间的空白地带，探讨一种适合乡村学校的校际联合教研模式，为进一步研究适合乡村学校的教研制度奠定理论基础。

（二）改进教育实践

在当今新型城镇化背景下，更为强调乡村学校的内涵式发展，不断改变当今城市与乡村的发展水平差距越来越大的趋势，缩小两者之间的差距，促进义务教育阶段的均衡发展，实现城市学校与乡村学校共同发展成为当务之急。校际联合教研的实践是乡村教育、乡村学校教研、乡村教师持续性发展积极思考的结果，它的不断探索、实践、完善，能促进乡村学校教师的专业发展，促进城乡学校教育的均衡发展，提高乡村学校的教育教学质量。

第五节　城乡学校校际联合教研的研究思路与方法

一、研究思路

我们主要遵循如下思路：文献梳理—理论架构—案例分析—经验介绍—提升对策。首先，通过对有关校际协作、联合教研、校际联合教研的文献进行梳理和分析，从而为研究的进行奠定扎实的文献基础；其次，在文献分析整理的基础上，借助学习型组织理论、共生理论，运用访谈、案例研究等方法了解城乡学校校际联合教研的现状及其存在的问题；再次，在案例分析的基础上，对城乡学校校际联合教研存在的问题及其产生原因进行分析；最后，在以上基础上提出城乡学校校际联合教研的提升对策。

二、研究方法

（一）文献研究法

通过搜集、鉴别、整理文献，对城乡学校校际联合教研的合理性进行分析，最终寻找本研究的切入口。同时，为初期的校际联合教研路径的构建提供理论基础。在对策研究阶段，也会从相关文献中寻找合适的政策支持，以便为论文研究提供借鉴。

（二）访谈法

访谈，就是研究性交谈，是以口头形式，根据被询问者的答复搜集客观的、不带偏见的事实材料，以准确地说明样本所要代表的总体的一种方式。在本研究中，运用访谈法进一步了解乡村学校校际联合教研的现状、影响因素以及校际联合教研的活动方式等内容，为提出适合城乡学校校际联合教研发展的对策奠定基础。

（三）个案研究法

个案研究法是指对某一个体或群体进行连续性调查，从而研究其行为发展变化的全过程。它通常用于对某一研究对象的全面而深入的调查，为了全面了解城乡学校校际联合教研的相关经验及现实问题，探讨城乡学校校际联合教研的提升对策，则需要运用个案研究法从而更有效地研究城乡学校校际联合教研的提升对策。

（四）比较研究法

教育科学的比较研究是对某类教育现象在不同时期、不同地点、不同情况下的不同表现进行比较分析，以揭示教育的普遍规律及其特殊表现，从而得出符合客观实际的结论。根据不同的划分维度，比较研究法可以分为同类与异类比较研究、纵向与横行比较研究、定性分析与

定量分析比较研究等。在本研究中，为明确比较目的，选取"校本教研""校际联合教研""联片教研"为比较对象，在研究过程中广泛搜集、整理资料，对已有研究进行相关文献梳理，进行比较分析，界定校际联合教研和校本教研及联片教研的异同点，以期明晰城乡学校校际联合教研的概念，并提出提升城乡学校校际联合教研的相关对策。

第六节　城乡学校校际联合教研的现状考察

对城乡学校校际联合教研理论的研究，能够促进其对教研活动的实践指导，与此同时，对校际联合教研活动的实践现状进行考察，能够促进其理论研究。基于此，在对城乡学校校际联合教研内涵、特征进行研究的基础上，探讨城乡学校校际联合教研的实践现状就尤为紧要。在我国广大农村地区，乡村学校师资力量较为薄弱，"包班制"现象虽有所改变，但专业的音乐、体育、美术教师依然短缺，更不要说进行专业教研活动。传统的校际联合教研囿于一方天地，难以满足今天的教师对教研活动的需求，城乡学校的校际联合教研活动作为一种符合当今教研需求现状的新形势，能够满足教师的需要，尤其是乡村教师。充分利用区域及学校之间的资源差别及发展差距是可行且必要的。校际联合教研是基于合作双方的资源差别及共同的发展需要所展开的教研活动。

一、研究设计

（一）研究目的

通过对城乡学校校际联合教研的现实考察与分析，描述城乡学校校际联合教研活动的现状，能够为城乡学校的教研活动注入新的活力，满足乡村学校教研活动的需要，促进城乡学校教师的自我专业成长，为以后的城乡学校校际联合教研活动提供参考和启示。

（二）研究内容

城乡学校校际联合教研内涵丰富，设计诸多方面，为了能够更为全面地掌握城乡学校校际联合教研的现状及其存在问题，我们的研究内容主要包括校际联合教研的活动类型及典型活动模式。

（三）研究方法

本研究主要采用案例研究法、访谈法进行研究。通过案例研究，有助于了解城乡学校校际联合教研具体的活动类型及存在问题。案例研究资料的收集主要采用教师访谈及相关教学文档资料的搜集与整理。

二、案例分析

根据研究目的，我们采取目的抽样的方式选择研究个案。通过教研活动现场观察，我们记录了五个教研活动案例，这里仅呈现三个比较典型的活动案例作为详细分析的样本。对这三个教研活动个案进行介绍，其原因在于这三个教研活动在教师参与的教研活动中发生频率较高，许多教研活动的特点都与之类同，只是存在问题的程度有所不同而已。

（一）课例联合研讨——促进乡村学校教师专业发展新途径

我们在进行调研时，当谈及当今乡村学校主要的教研活动时，经常能够在乡村教师的口中听到类似言语"我们也想好好地上课，想让我们村里的孩子能够受到像城里孩子一样优质的教育，可是我们教师本来就少，不说培训机会少，就是多，我们学校这么少的教师又哪里能出得去；而且，现在虽然有一些教师暑期网络研修平台，但上面内容的针对性差，统一要求，上面的很多内容都不是我们喜欢的，我们积极性就很难高起来了"。这其实是对当今的一些教学研究活动的不满意，是很值得思考的问题。而在我们所调研开展校际联合教研活动的乡村学校里，却听到了不一样的声音：我们学校有很多教研组织形式，虽然学校教师少，但我们学校和城里的一所学校有教研活动上的联系，效果还不错。经过深入访谈得知，城乡学校校际联合教研的主要模式是课例研讨模式，新课程开发模式，微型课题校际联合研究。借一点以叙之，下面以一个案例分析具体的教研活动的实施与执行。

我们通过电话访谈及结构化访谈对云南省Z县A教师进行访谈，并收集到了A教师所在学校进行的校际联合教研的有关案例，具体如下：

1. 教学设计片段呈现

一、游戏导入

小朋友们，咱们一起做个游戏吧！请大家合上嘴巴，用手捏住鼻孔，不要出气，看谁能坚持一分钟。计时开始！小朋友真厉害！你觉得一分钟长吗？（长）现在请大家趴在桌子上休息一分钟。时间到啦，一分钟快吗？（快）

是啊，有时候我们感觉一分钟很长，有时却感觉很短，今天我们学的这篇课文题目就叫《一分钟》，请跟我读。

相信大家学完课文会对"一分钟"有更深的理解！

二、初读课文，生字我会认

1. 现在就走进课文吧！小朋友，你对自己读课文有什么要求呀？（①读准字音，读通句子，很好；②有感情，要求很高）

小朋友，如果遇到不认识的字该怎么办呢？（问老师和同学，请教别人，好办法；借助拼音，拼音是我们识字的好帮手）

请大家带着这两个小任务，自由地大声读课文。

A. 圈画生字，划分段落。B. 思考课文讲了什么事。元元多睡了（　），迟到了（　），耽误了上课。读完的同学请坐好。

2. 看来你已经读懂课文了。小朋友，课文里的生字宝宝很想和大家做朋友，请跟我大声叫出他们的名字吧！（齐读）

从这响亮的声音就看出大家很热情了！谁想试一试？请大家跟他读。（领读）

3. 生字宝宝摘掉了拼音帽子，你还认得他们吗？请你来试试。

大家跃跃欲试，咱们开小火车吧！（指读+开火车读）

4. 小朋友表现得真棒！请你给喜欢的生字宝宝组词找小伙伴！

我给"叹"组词，叹，叹气。

请你睁大眼睛，仔细观察，分享一下，你是怎样记住生字宝宝的？

A. 加一加，哈，叹；B. 换—换，快—决，海—梅；C. 联系记忆，市场门口很热闹—闹。

只要多动脑，快乐识字没烦恼。

5. 小朋友，咱们认识很多字了，现在就动动手吧！课文的主人公叫元元，咱们一起来写"元"这个字。首先请仔细观察田字格，然后请小朋友来说一说要想写好"元"字，应该注意什么。

下面请伸出你漂亮的小手指来书空。我写完了，请表扬我吧！你也想得到表扬吗？那就快拿出写字单，让我看看小小书法家是怎样练成的！一笔一画，规规范范。写好的同学请自己涂星星评价一下。咱们一起看一下小成的字，非常规范、漂亮，送给他掌声！

三、品读课文，故事我能懂

1. 课文一共有六个自然段，咱们找六个小朋友来读课文。请你思考：为什么元元多睡了一分钟，却迟到了20分钟？

聪明的孩子一定能说出来。

2. 正因为元元多睡了一分钟，最后迟到了。请看图，用文中句子说说元元的感受。（后悔）他是走进教室才后悔的吗？（不是）从课文中找一找，同桌之间交流一下。咱们一起来交流下。（第一次、第二次、第三次）

A. 小朋友，当红灯亮时，元元会想些什么呢？（真不巧）你能读出来吗？他还会想什么？读出来。充分想象会让课文读得更生动！

B. 这是第一次后悔。当车开的时候，他又会想些什么呢？（车子怎么开了呢）请看图画思考，（都流汗了，有点着急了）还有吗？（后悔）借助图画可以帮我们理解课文。请你把着急后悔的感受读出来。再急一点！现在他已经非常着急、非常后悔了。

289

C. 等车时候，元元会想什么呢？（车子快点来）请你充分发挥想象读一读。实在没办法了，元元做了一个无奈的决定：走路去学校，最后导致他迟到了20分钟。学完这篇课文，你有什么想对元元说的吗？

时间是非常宝贵的，我们要珍惜每一分钟，做事不拖拉，不懒惰。

四、拓展课文，故事我会写

1. 续编故事《第二天的元元》。

2. 收集珍惜时间的名言警句。例如，一寸光阴一寸金，寸金难买寸光阴。时间就是金钱。一日之计在于晨，一生之计在于勤。

2. 联合教研过程呈现

在校际联合教研中，会根据课程标准的要求、教学理念、教学重难点体现教学过程的可操作性、灵活性等标准进行评价。具体的实施过程如下：首先，确定要研究的课例，列出要研究的主题，要求乡村学校给出新课的教学设计，提出教学设计存在的问题；其次，开展集体备课，重点对解决问题的教学设计片段进行详细的讨论与设计，并将本教学设计共享，其他不直接参与的教师针对教学设计提出评价和建议修改意见，对教学设计进行多重修改，以求新的设计更为符合乡村学校的教学与生活实际；再次，请城市学校的优秀教师上示范课，其他教师现场观课，借鉴其中优秀的部分，需要特别指出的是示范课的进行必须要在乡村学校进行，主要组织者也是乡村学校，这就部分保障了校际联合教研过程中乡村学校的主体地位，使"双主体"名副其实；最后，在教学反思阶段，从教学过程中遇到的一些问题与困难，反推教学设计的一些不合理之处，更好地处理好预设与生成的关系。

以上课例《一分钟》的教学设计，比较符合乡村学校的现实条件，便于乡村教师进行课堂教学，易于乡村教师实践。在最初的教学设计中，导入部分设计了让学生观察PPT上闹钟的转动，感受一分钟时间的长短，这对电脑等硬件设施及教师的计算机水平要求较高，不太符合城乡学校校际联合教研的初衷，因此改为以游戏的方式导入，更易操作，感受也更直观恰当。之后，组织相关教师进行听课，然后由教师评课、研讨并交流经验。听完课后，各位教师都积极讨论、评课，辩论声此起彼伏，大家畅所欲言，常常碰撞出智慧的火花，甚至有时会争得面红耳赤，参与领导对这种研讨氛围给予了很高的评价。全程参与的教师都觉得受益匪浅，积极性较高，虽历时较长，但不觉苦累，单位时间的教研效率大大提高。

3. 几点认识

校际联合教研活动过程中"只观不摩"或"重观轻摩"的现象还较为严重。"观摩"二字，"观"是看，而"摩"，《辞海》中的解释为研究、切磋。《礼记学记》："摩，相切磋也。"切磋，本义为把骨角玉石加工成器物，引申为学问上商讨、研究。总之，对课例进行研讨时，从教学设计一直到教学反思都要注意"观""摩"，在观摩的整个过程，都要用"思"字一而惯之，正如孔子所云"学而不思则罔"。课前，依据课程标准和学生发展实际及学校实际环境对教学设计的各个环节进行打磨；课中，上课教师根据教学设计进行教学，各位教师进行听课、评课活动；课后，组织教学反思活动及观摩课活动。只有"观""摩""思"相结合，才能进一步提高城乡学校校际联合教研的活动效益，真正提高参与教研教师的教育教学水平。需要指出的是，"观""摩""思"三个活动并不是割裂开来、独立进行的，而是"三者贯通，以一为主"的、集学习与反思为一体的教研活动。

此外，城乡学校的校际联合教研还开展了"送课下乡"活动，这是教研活动的一种新模式，使教研活动更为符合当今基础教育均衡发展的需要，使乡村学校的教研活动常态化。以"整合资源，共同提高"为目的，发挥城市学校在科技、资源、文化方面的优势，组织开展送"精品课、新理念"到乡村学校，送课周期为一个月两次。围绕"提高课堂教学有效性"的主题，采取城市学校、农村学校教师共同执教的方式，要求教师结合所上学校学生的年龄特点，认真落实"五懂"（懂课标、

懂教材、懂教师、懂课堂和懂学生），完成一堂优良的随堂课。通过真实、扎实、朴实的课堂教学，推进教研活动的常态化，达到教师们共同学习、共同提高、共同成长的目的。

（二）坚守制度管理——学校教研管理新常态

制度管理是一个动态过程，完善的制度管理及建设能降低事物发展失败风险。城市学校与乡村学校进行合作，合作方式多种多样，有微型课题研究、课例研究、送课下乡，或是主题教研等。每一种合作方式的顺利实施，都必须有制度的保障。城乡学校进行校际联合教研以来，学校领导也制定了不少的教研活动制度，并针对当前教研活动实际对制度进行不断完善，主要是对教研活动工作量、教研活动的任务、教研活动的具体举措与保障措施等方面进行制定。我们在调研过程中，发现云南省Z县A、B两所学校的教研活动开展较为顺利，仔细分析，这两所学校加强了校际联合教研的管理，使之科学化、制度化，将校际联合教研工作引向深层次发展。

我们通过一些文献资料，也到云南省Z县A、B两所学校实际调查发现，在城乡学校校际联合教研活动的管理过程中，A、B两所学校也出台了对教师教研的一些相关规定和保障机制（表8-1和表8-2），对教师的教研活动方式、教研评价、教研管理诸方面都做出一些细致的规定。其中一些条款是强制措施，以保障校际联合教研活动的顺利开展，但大部分管理机制的设置都是比较柔性的，既保障了教研活动的顺利开展，也提高了教师教研的积极性。

表8-1　城乡学校校际联合教研的组织保障机制

成立领导机构	成立联合体领导小组，由城乡学校各校长组成；成立联合体工作小组，由城乡学校分管教学的领导及学科教研组长组成
组织协调机制	由办事处教委具体协调各类问题；联合体领导小组负责对教研联合体的行政管理；联合体工作小组具体负责对教研联合体的业务指导

（续表）

经费保障机制	教研联合体的日常活动经费一般由各成员单位共同承担；展示、交流等规模较大的教学研究活动和奖励经费另行安排
评估激励机制	建立教研联合体年度评估制度，由办事处教委制定评估细则，对教研联合体进行综合评估，对成绩显著的予以表彰和奖励
强化制度规范	加强制度建设，形成良好的运作机制；出台相对完善的工作章程，使联合体的运作依照程序，有条不紊；主要包括活动方案制度、档案管理制度、负责人工作述职制度、工作奖惩问责制度和教研组三校捆绑式评价

表8-2 城乡学校校际联合教研活动安排

周次	牵头	内容	参加人员
8月26—29日	城市学校	雷夫教育事迹	城乡全体教师
9月25日	城市学校	总结工作，研讨计划	城乡学校相关领导
10月12—16日	城市学校	班队课比赛观摩活动	德育办主任及班主任
10月13日	乡村学校	微型课题专题培训	教科室主任及微型课题主研教师
10月16日	乡村学校	低段数学同课异构	低段数学教师及领导
11月5日	城市学校	办学特色建设	校长、教导主任、教科室主任
11月20日	城乡学校	校际联合教研管理流程的研讨汇总	学校校长及相关领导
12月11日	城市学校	邀请专家做联合教研讲座	全体教师
12月18日	乡村学校	课堂特色成果交流评选活动	学校校长、教导主任、教科室主任
1月22日	城市学校	完成校际联合教研学校推进设计工作总结	学校领导
1月27日	城市学校	校本联席会总结表彰会	全体教师

由表8-1可知，城乡学校校际联合教研活动的组织结构和各项规章制度构成已经形成，新的教研制度文化已经出现。城乡学校校际联合教研的组织协调机制、经费保障机制、评估激励机制、强化规范机制都是比较符合城乡学校实际的教研规章制度。尽管联合体领导小组在教学研究方面出台了一些新的规章制度，但很多还处于制度内容相对单调、效仿成分大于独创成分、领导主观意志居多的状态。当然，也不乏联合体领导小组试图形成适应自身发展的模式，建立真正的适应城乡学校实际的教研管理制度。因此，如何对现有的零散的新型联合教研管理制度，从制度文化的角度进行完善和提升，使其真正与城乡学校校际联合教研活动的目标追求相一致并互为促进，最终形成完善的新型校际联合教研制度，是我们必须思考的问题。现有制度中的一些硬性规定能否真正落实到校际联合教研实践活动中去，实际意义如何，澄清这些问题将有助于联合体领导小组将校际联合教研活动从一般的制度管理建设步入校际联合教研制度文化建设阶段。

由表8-2可得出以下几点：首先，教研学校设立了校本联合会，坚持城乡学校联合教研例会制度，讨论通过联合教研的相关工作及主题，进行联合日常工作调研指导，总结和反思联合教研的效果、经验、存在问题与改进对策；其次，坚持了校本联合会月报制度，各成员学校每月26日之前上交工作总结，做好教研相关资料归档，及时上交联合教研的相关资料，建立城乡学校的教研档案，进行档案管理；再次，认真总结城乡学校校际联合教研的相关工作，召开专题研讨会、总结会，交流经验，反思问题，提炼特色，表彰先进，总结工作，不断推进校际联合教研工作的纵深发展；最后，明晰校际联合教研的相关制度，使教研活动在组织机制的保障下顺利进行。在这种制度管理下开展教研活动，能够实现校际的骨干力量的整合，集思广益，梳理联合体内教学、教研和教师专业成长，尤其是课堂教学改革中存在的问题，进行既分工，又合作，集中优势资源解决重难点问题，形成经验各校共享，克服目前有些学校同学科教师少、骨干教师少、教研活动效果低下的弊端，提高教研活动实效。

（三）小课题研究——乡村学校特色课程开发

我们在调研过程中发现，A、B两所学校在进行联合教研过程中，并不是一直以城市学校A为主的教研活动。经过访谈得知，在城乡学校校际联合教研小课题研究活动中，曾对云南省Z县B学校的勤工俭学课程作为一门课题进行研究，B乡村学校的这种勤工俭学课程，保持了乡村学校的本土特色，凸显乡村学校为乡村社会经济服务的功能，能够使乡村学校在城乡学校的校际联合教研中保持自信。

关于B学校的勤工俭学课程，B学校的一位教师这样谈道：

在与城市A学校进行校际联合教研过程中，多数活动的开展都是以城市学校为主。但有一样教研活动，却是以我校为主，且教研活动也取得了不错的效果，那就是对我校的勤工俭学活动进行提炼、升华，使之成为我们学校的一个特色课程，也成为与A学校联合教研取得成功的典型案例。我们的勤工俭学活动有完整的活动流程及体系，我们勤工俭学的基地，就是我校的蔬菜大棚，我校的每个班级都有一个属于自己的蔬菜大棚，对蔬菜大棚的管理实行"班级负责制"。因为有一些蔬菜的种植周期难以把握，就需要比较专业的人员给学生进行讲解，把专业的蔬菜种植常识、方法，大棚光照、温度的把握等知识在不断地实践中传授给学生，这种专业人员有教师，也有经验丰富的菜农。在蔬菜大棚周围的墙壁上还有专门的"墙上教材"，把一些蔬菜知识以大家乐于接受的手段传递给学生。

这种勤工俭学课程，原本只是B乡村学校的一种朴素的校本活动。自从进行城乡学校校际联合教研活动以来，校际教研联合体对这一朴素经验进行提炼，作为一种课题进行研究，开发适合农村学生的"校园经济课程"。勤工俭学作为一门活动，也是一门课程，促使学科辅助活动的实现，学生的一些自然知识、科学知识在生产实际中得到验证和补充，

295

拓展了学科空间及课题研究的空间。因地制宜，因校制宜，建立起真正适合本校的乡土课程、校本课程，走出自己特色的校本教育，培养出一批有益人才。

城乡学校在校际联合教研时，把这种勤工俭学活动上升为一种课程，把其作为一个小课题进行研究，对其进一步挖掘及开发。这种勤工俭学课程，充分保留了乡村学校原有教育特色，构建成较有特色的、符合乡村实际的学校特色课程。城市学校也对其进行了相关模式复制，在城市学校开展了"植物角""蔬菜角"等校本课程，学生在综合实践课中，真正走进植物角，在浇水、观察其成长变化中，学习教材上没有的实践知识。

城乡学校教研联合体把乡村学校的这种乡土校本课程开发的经验，上升到理论高度，并把其当作一个小型课题进行研究。城乡学校这种自发设置的小型课题研究，研究内容较以前也更具体化、清晰化、实用化，能够做到点面结合，研究与学校教学工作一体化，并且将"绿色校本课题"送到课堂、送到教师需要的地方，实现了在实际教学过程中与新课程理念的完美结合。

三、城乡学校校际联合教研的经验与存在问题

（一）城乡学校校际联合教研的基本经验

1. 资源互补——实现校际资源的优化配置

在我国现阶段的基础教育中还存在着严重的发展不均衡现象，譬如区域和城乡，校际和群体之间往往都会出现这种不均衡的现象，其中一个重要的问题就是在教育资源的配置方面。由于各区域、各学校所拥有的教育资源存在数量和质量上的不同，其最直接的结果就是导致了各地区各学校办学效率的不同，逐渐发展出我国基础教育领域的众多不均衡。如果在有限的教育资源中搞平均主义，那并不是在解决问题，而只会造成好的更好、弱的更弱。

在现有条件中，我国许多学校，特别是经济较发达的城市学校，在师资力量、教育资源、现代化信息教育技术等物质资源、人力资源方面都占有得天独厚的优势，但相对来说，其自然环境、淳朴的人文环境相对较弱。与此同时，乡村学校恰好相反，校舍宽广，学校占地面积较大，接近大自然，环境质朴，但现代化的教育技术、师资力量等教育资源相对缺乏。如若能将两者进行有机的结合，促使优势互补，将会出现另一番景象。因此，进行城乡学校的校际联合教研活动是一个绝佳的选择，既可以扬长避短，促进互补互利，使技术、师资等要素实现最佳组合，充分发掘城乡学校的内在潜力，又不断创新教育办学的形式和教育教学活动的领域，从而催生出新的综合优势，激发城乡学校的教育教学水平，提高其社会地位。

2. 建立校本联席会，开展校际合作

在城乡学校校际联合教研过程中，为了加强城乡学校之间的交流与合作，成立校本联席会，各校校长定期参与校本联席会活动，在会中广泛交流信息，针对城乡学校校际联合教研中面临的共性问题进行讨论、交流与合作，这个过程中既有问题探讨式交流也有经验分享式讨论，各学校共同努力、互相促进，共同推进城乡学校校际联合教研活动的开展。城乡学校之间的校际联合教研一般都以校际教研组的形式开展，不同学校可以构建自己的教研组，更多的是资源互补的两所学校成立"以校为本"校际联合教研联席会。校际联合教研联席会内的成员共同开展教育教学研究活动。这种教研联席会虽然是立足于本校实际开展的教研活动，但绝不是"对内封闭，对外封锁"式教研活动，它旨在建立以学校为主体、以校际伙伴合作为基础的联合教研。这次联席会活动的开展是在不断的交流与合作中发展、完善的，这也是校际联合教研保持活力的源泉，使学校之间能够真正实现资源共享，校际的发展达到最优化。为此，城乡学校采取以下措施加大交流的力度，做到资源共享，合作互助，形成一个以本校为基地的校际联动培训系统。具体措施有以下三个

方面：一是及时组织城乡学校及相关教研室、教研所等单位参加，主要研究和解决以本校为基础的校际联合教研活动中出现的问题，进行备课交流，开展课题研究及相关的学术活动；二是举办现场观摩活动，发现和挖掘本校教学活动中的亮点，促进校际的横向联系；三是建立以培训院校为核心的校际联合教研培训网络，培训专兼职教师，为城乡学校教师进一步的专业发展指明道路。这种城乡学校校际联合教研活动不仅要加强校际的交流与合作，还要加强与相关教研部门的联系，不断接受相关部门的指导，不断促进不同学校教师之间教学技能的切磋、教育智慧的分享，为城乡学校教师提供一个更为广阔的学习与交流空间。

3. 同伴互助——校际联合教研基本策略

城市学校与乡村学校、教师与教师之间互动、合作，进而形成团队、教研联合体、校本联席会。这是校际联合教研能够取得成效，并可持续发展，促进城乡学校均衡发展的关键环节。在校际联合教研中，教师以一个开放、包容的心态在课程实施等教学活动及其他教研活动中进行专业切磋、协调和合作，分享经验，相互学习，彼此支持，共同成长。校际联合教研是一个教师集体的研究，无论是乡村教师还是城市教师，只有都参与进来，才能形成一种研究的氛围，才能真正提升学校的教育能力和解决问题的能力。因此，为了加强学校内部及学校之间的教师交流与合作，校本联席会开办了以下教学活动：一是开办教师"沙龙"，创造交流氛围。这种沙龙形式比较简单，既有大组活动的沙龙，又有小组活动的沙龙；既有专题性的沙龙，也有非专题性的沙龙；既有面对面的沙龙，又有网络上的沙龙；既有学校与学校之间的沙龙，也有校内同行的沙龙；既有教师之间的沙龙，也有家长和教师的沙龙。第二，开展"合作教学"。城乡学校教师共同钻研教材，有教师负责撰写教案，有教师通过网络、教育杂志查找有关资料帮助完成初稿。在反复示教及示范课过程中，教师们基于学生身心发展特点及学校硬件设施，在新课程标准思想的指引下共同学习、共同钻研，发现并解决问题。合作教学活动设置了一种合作探究的情境，使教师们既有个体独立的体验空间，又有学科成员间、师生间的合作氛围，从而建立起多边的信息交流网，使城乡教师在愉悦氛围中获得专业发展。第三，不断进行自我反思。城乡学校的校际联合教研活动中，很重要的一环就是反思活动，从实践活动中总结出一些理论经验及反思。城乡学校推出了填写"联合教研反思录"活动。"联合教研反思录"一共包括精彩回顾、弥补追求、作业情况、教育摘录、随想五大部分，在反思中，教师打开了以学定教的思路，城乡学校教师尤其是乡村学校的教师专业教学能力提升较快。城乡学校校际联合教研是一种团体式的联合教研，团队是教师工作和学习的主要组织形式，学校之间想方设法为本校教师的专业发展搭建平台，促进合作，让教师在团体教研中体现自身价值，在团队教研中找到归属感，在团体教研活动中获得专业发展。

（二）城乡学校校际联合教研存在问题

通过以上对城乡学校校际联合教研的阐述，我们可以看出校际联合教研作为强弱学校联合教研的代表，在校际的教研活动中占有重要地位。城乡学校的校际联合教研有三种思路：一是将城市学校的优秀资源及经验进行推广，以求培养更多的优秀农村教师，增强乡村学校的"内生力"；二是强调城市学校与乡村学校的教师资源的互补，争取实现双方资源利用的最大化；三是突出乡村学校特有优势，带给城市学校新视角及新体验。这三种思路，运用比较普遍的是第一种思路，第二种思路是理想的校际联合教研活动状态，第三种思路在城乡学校校际联合教研的活动过程中，是我们必须予以重视、不可忽略的。不可否认，第一种思路下，城市学校的优秀师资力量及强势文化的输入，确实能够加速乡村学校的迅速成长，但这种思路的延续，也有自己的弊端，如城市学校的优秀教师会用自己所固有的教学经验和定论去指导，尽最大的可能把学习对象培养成第二个"他"。然而，不同的教师有着不同的教学个性和教学气质，教师只有结合自己特有的教学气质去成长、发展，才会形

成自己独有的教学风格与教学魅力，才会最终成长为新的优秀的专业教师。作为一个新的教研组织形式，具有很多我们传统的单个学校教研所不具有的特质，但是，与此同时，我们也必须看到，城乡学校校际联合教研自身的发展并不是很完善，它也存在着一定的问题与缺陷。

1. 城乡学校校际联合教研活动较为松散

城乡学校的校际联合教研，在很大程度上带有自主自愿性，但这种自主自愿并不能定义为不加管理、自由发展。"没有规矩无以成方圆"，相关行政部门必须加强对城乡学校校际交流与合作的监管与导引，努力在教研内容、教研形式、教研主体及具体实施流程方面做出要求，以供学校参考运用。我们在调研中发现，城乡学校的校际联合教研缺乏明确和具体的教研目标，教研内容主要集中在教学上，对研究和其他方面设计较少，教研活动布置任务多，深入研究少，教研辅导较少，缺乏对教研任务进展的及时了解和掌控等问题，总而言之，城乡学校开展的这种教研活动比较松散、单一。下面是我们在访谈过程中记录的一些对话：

"课例研讨时，主讲人就一直在台上讲，我们教师发言的机会很少。""我们和城市学校的教研，只讨论怎样上课，很少讨论为什么这样上课，我们不知道原因，以后还是不知道怎样设计呀。"

"虽然我们的教研活动有定时展开，也有具体的规程，但是并没有明显的奖惩措施，我们一些教师的积极性不高。"

"活动太散漫了，有玩手机的，有交头接耳的，真正认真思考及记笔记的都很少。"

"我们教研活动哪有什么具体的评价标准，只要参加到场就行了，哪里有对教研效果的评价措施，活动真是太散漫了，可是我们教师又不想让它严格起来。"

"每次教研活动组织都比较松散，手机不静音，甚至还有教师打电话的声音，迟到早退现象严重。"

经过深入访谈分析，联合教研学校的相关领导都认为学校的相关制度比较完善，但在落到实处时，因经验的不足及教研细则的缺乏，很多教研活动都流于形式。在具体的教研过程中，教研人员比较重内容轻形式，殊不知形式能够影响内容。城乡学校的教研室主任，非常重视校际教研活动的开展，从教研内容的选择到教研活动的组织，都充分考虑了学校之间的资源优势及不足之处。但在具体的活动展开过程中，常常会发现教师在教研过程中全程都是低着头玩手机，几乎没有主动提问的教师，教师一没有教研的外部压力，二没有充足的教研内在动力，教研活动几乎流于形式，很难达到实际效果。

中国地大物博，人口较多，虽然资源总量丰富但是人均资源较少。这也体现在教育资源的分配与占有上。一些城市，"大班制"现象严重，师资力量严重缺乏，已成为中国基础教育进一步发展的阻碍。中国基础教育领域中，长期存在供需不平衡现象，对城乡的教育资源分配更是受"城市中心化"思想影响严重，城乡之间的教育发展水平差距较大，这样的矛盾将存在很长一段时间，并且不同地区、不同发展阶段表现的特点亦不同。缩小城乡之间的教育发展差距，提高乡村学校的教育教学发展水平，必须进行适合乡村发展实际的教学研究活动，但当今教育教学活动虽开展种类繁多，具体到落实上，教研活动却比较松散、单一，尤其是城乡学校的校际联合教研活动。其原因有二：首先，缺少经费支持，教师外部动力不足。我国义务教育财政资金分配权归政府，从公共选择理论分析，源于政府对政治利益和经济利益的考虑，加上个人偏好的影响，城市学校会得到政府大量的教育投入，以此建设"窗口学校""示范学校"来快速树立政府的政绩工程，对处于农村、边远地区的薄弱学校的困难则很少顾及，这使得有限的义务教育财政资金非均衡地配置给城乡学校，对城乡学校自主进行的教研活动的经费支撑更是少之又少，教研活动没有经费支撑或其他物质奖励，教师的积极性不足，又没有强制遵守的相关校际联合教研的细则，教研活动流于松散、单

一。其次，城乡学校的发展水平不同，各自的资源优势差异较大，在实际协作教研中，本就需要一个相互磨合的过程。

2. 城市学校"中心化"倾向明显

在城乡学校校际联合教研过程中，教研活动的参与者即中小学教师对当前的教研活动的兴趣并不是很高，普遍认为当下的以课例为载体的教研活动有作秀之嫌，往往是城市学校对旧教学内容的重复，同时也是城市教师对教学内容进行了反复练习打磨之后的授课形态，难以看见乡村学校教师自己真实的教研水平与思想。教研活动结束，就会发现城市学校教师的教学活动占有大量的时间，反而真正的教研活动很少，乡村学校教师有机会发言的教研更是少之又少。教学成为重点，教研成为摆设，城市学校成为主场，乡村学校话语权丢失，城市学校中心化倾向明显，有本末倒置之嫌。

城市学校在社会政治经济领域的优势，也淋漓尽致地体现在教育领域中。中国社会常规性教育制度的制定都是基于城市地区的现状与发展需要，是一种向城市地区严重倾斜的政策，这是带有"城市取向"的教育制度，这种教育制度直接搬到乡村学校必然会产生不良反应，会阻碍乡村学校的发展。就拿"减负"这一政策来说，自政策出台开始，全国上下，无论城市或农村都掀起了一股"减负"热潮，人人口中都能说上几句关于它的政策。广大城市中小学生在短期内确实享受到政策的优惠，作业量变少，有更多玩的时间等，素质教育也在城市地区越搞越热，取得了一些显著效果。相对而言，这种政策对于农村地区是不公平的，因为乡村教师素质较低且乡村教师大多没有升学率的压力，农村地区的学生家长文化水平相对较低，乡村大部分地区的学生负担不重，甚至可以说根本就没有负担，可"减负"政策一出来，乡村大部分地区严格按照政策来执行，这造成农村地区的学生成绩直线下降，在当今应试教育占主流的情况并没有改变的前提下，这其实是不利于乡村经济发展的。当今的乡村学校，文化已陷入一种"进退两难"的地步。著名学者刘铁芳也曾说过，"既有的文化已经退却，优秀的文化难以进入，这必然导致乡村社会整体文化的虚空"。这同样适用在乡村学校，原来的优秀教学方式、思想已被抛弃，新的教学方式、思想因运用不当早已失去原本价值，乡村学校教育每况愈下。这种"进退两难"的困境就是由错误地对待乡村学校的方式引起的。对乡村学校"一刀切"式否定，完全不顾原本乡村学校积累下来的优秀教育传统与文化，导致乡村学校的自信心与自觉性全无，乡村学校失去其原有的灵活性，乡村学校培养模式及资源配置方式越来越"机械化"，乡村教育的发展愈发落后，城市学校中心化倾向愈发明显，乡村学校越来越被边缘化，这是当今基础教育领域存在的一个问题，也是城乡学校校际联合教研存在的一个难以克服的难题。

3. 城市学校存在"牛奶被稀释"现象

城乡学校校际联合教研活动中，常见"牛奶被稀释"一说。该说法一般是指城市学校的师资调动或输出造成该校教学质量水平下降或管理陷于松散。这是因为管理不当或其他主客观原因造成的对城市学校的不利影响。实施城乡学校校际联合教研会不会导致城市学校进步速度有所减缓，只为了合作而合作，城市学校并不能学到什么东西，"不进则退"从而产生"牛奶被稀释"这种大家都不愿意看到的现象，这也是城乡学校校际联合教研遇到的突出问题之一，同时也是大家争议比较多的问题之一。一些学者认为，部分乡村学校教师参加教学科研活动的积极性并不高，多数时候只是为了研究而研究，乡村学校存在"借壳贴金"嫌疑。归根结底，这是对城乡学校教研质量与效果的质疑。城市学校的教育教学质量会不会下降，乡村学校真的是"借壳贴金"吗？城乡学校校际联合教研的关键是让教研活动落到实处，在优先发展及共同进步取一个平衡点。既不能以牺牲城市学校的优先发展为代价，也不能不考虑乡村学校现实条件而盲目发展，更多的是追求在不失去城市学校和乡村学校自有特色的基础上，相互借鉴对方长处，扬长避短，共同发展。

在校际联合教研活动中，乡村学校决策者们持有的基本态度是："牛奶是有可能被稀释的，但我们可以尽量做到避免它的发生"。他们普遍认为，保持城市学校的优先高效发展是长期进行校际联合教研的关键战略，优质的师资力量及其他教育资源不能简单地进行平分，城乡学校校际联合教研正好能够以教学质量相对较优的城市学校带动教育教学研究发展较为落后的乡村学校的发展，从而实现城乡学校的相互促进、共同发展。在校际联合教研中，城市学校兼顾乡村学校的发展水平开展活动，在某种意义上，管理者和教师以及学生们之间的对话和交流是实实在在发生和存在的，学校跟学校之间实现的更是真正的融合、合作和促进。城市学校必须保持自己独特的办学特色，继续提升学校的教育教学质量，使学校在一个稳健的步伐中继续前进。

4. 乡村学校固有特色面临弱化问题

进行城乡学校的校际联合教研活动是为了追求教育公平，提高乡村学校教育教学水平，夯实城市学校教研基础，实现城乡教育资源的均衡配置，实现更长远的发展目标。但追求教育的均衡化发展，并不是要求城乡学校的同质化发展，而是要求城乡学校在异质的基础上获得共同发展。有学者认为，城市学校与乡村学校进行联合教研活动，原则上虽然是主体独立，但是城市学校所带的城市文化会以有意或无意的方式强势注入，这种带有城市色彩的教育文化对乡村学校的冲击有利有弊，处理不当，甚至可能造成乡村学校固有特色面临弱化的问题。

我们在调研过程中，从一位年轻教师的反思教案中看到如下一段话：自和城市学校进行了联合教研活动，我们学校的很多教学设计都更为科学合理了，教师的教育教学水平有较大提高。但是，有一些教学设计，我感觉并不符合乡村学校教学资源与环境的实际。例如《语文》一年级下册有一篇课文《草》，以前，我们学校的语文教师在对这首诗进行教学时，都会在课间或饭后领着孩子们去田野里看一看这些书中描绘的现象，也有教师直接给学生布置作业，要求学生去田野里拍一些相关照片，这样既使学生了解了知识，也激发了学生热爱大自然的感情，教学效果一般都比较理想，学生的积极性也较高；而城市学校的语文教师或是出于安全、便利的考虑，不会让学生进行什么野外的踏青寻草活动，只会让学生收集图片或视频，这种教学设计适用于城市学校而并不适合乡村学校，所以，乡村学校进行教学研究时，不要一味地追求和城市学校保持一致，要适当保留自己原有的教学特色。

产生这种问题的原因是多方面的。首先，城乡学校的校际联合教研活动，会逐渐导致校园文化的趋同，从而使学校缺乏应有的个性，出现千篇一律。我们在研究调查中发现，城乡学校的教研室主任认为，在保持乡村学校原有的特色课程和适应校际联合教研联席会的相关活动及管理两方面之间有很大的矛盾。校际联合教研的目的就是让城市学校带动乡村学校发展，在教学设计、课题研究及教学管理等方面取得长远进步，这本身就比较容易造成城乡学校的同质化发展，作为弱势文化代表的乡村学校很难保留自身特色。其次，"应试教育"的影响也是一个重要原因。中国的基础教育比较薄弱，经济发展不均衡，人口素质还有较大提升空间，社会发展对人才的需求与高素质人才缺乏的现实之间的矛盾越来越大，体现到教育领域，考入大学成为农村学子的既定之路。这种认识有其深刻的历史与现实原因，很多学生、家长、教师，甚至政府部门的相关领导都认同这种思想，片面追求"好成绩""升学率""高学历"，通过升学最终进入大学校门，成为许多人既定的成才之路。这种认识一度普遍存在于各级政府的领导干部、教育管理部门的领导、教师乃至学生家长和学生本人当中，也助长了城乡学校校际联合教研出现"同质化"这一错误的倾向。

教育本身就具有复杂性、灵活性等特点，这决定了教育是一门艺术活动，教育培养出来的人才也应该是艺术品。众所周知，我们的学校并不是一个生产产品的工厂，而学生也不是产品，因此学校就不可能像工厂一样使用同一条生产线生产出完全相同的产品。教育本身是一个特别复杂的事业，按照加德纳提出的多元智力理论来分析，每一个孩子的智力潜能分布是互不相同的，如果想要激发特定孩子身上所具备的个性化潜能，学校就必须向学生提供完全不同的差异化教学，因此也要为实现学校的差异化提供实现的可能以及广阔的发展空间。名校集团化的实质是输出和弘扬优秀的学校文化，然而名校文化输出的关键却是名校文化的认同以及不断地融合和创新，因此要十分重视各成员学校独特性的彰显和再生，而绝不仅仅只是简单地对成员学校文化的覆盖。当然，在实际的实践活动中，也存在将自己学校的文化强加给校际合作中的其他成员学校的问题，这样乡村学校形成的校园教研文化也只是对城市学校教研模式的简单复制，乡村学校固有的特色文化会逐渐被取代，加剧了城乡学校校际联合教研的同质化发展，乡村固有特色丧失。

第七节　城乡学校校际联合教研水平提升的理论依据

一、共生理论

（一）共生理论的基本观点

共生（Integrrowht）一词来源于希腊语，在生物学中最早由德国生物学家德贝里于1879年提出，是指不同种属按某种物质联系而生活在一起。由于世界是相互联系、相互依存的物质组成的，因此，共生现象不仅存在于生物界，而且广泛存在于社会体系之中。

20世纪五六十年代以后，共生研究不断深入，从生物学领域扩大到人类学、生态学、社会学、经济学、管理学、政治学等领域。日本建筑和城市规划学者认为全球已进入一个共生时代。外国有学者认为，共生是一种自组织现象，生物体间出于生存需要必然按照某种方式互相依存、互相作用，形成共同生存、协同演化的共生关系。也有学者认为，共生体的主要特征是生物体从其共生伙伴处获得一种新的代谢能力，使生物在长期演化过程中，逐渐与其他生物走向联合，共同适应复杂多变的环境，互相依赖，各自获取一定利益的生物与生物间的相互关系。共生作为一种新的合作方式，对共生个体新能力的培养是呈正相关的。而中国古代医学界就提出了"相生相克""五行学说"的共生原理。共生是人类社会与自然界的普遍现象。袁纯清学者在1998年提出"共生理论"这一概念。他直接将生物学的共生概念和相关理论向社会科学拓展，并提出共生不仅是一种生物现象，也是一种社会现象；共生不仅是一种自然状态，也是一种可塑状态；共生不仅是一种生物识别机制，也是一种社会科学方法。

共生的本质是协商与合作。根据共生理论分析教育现象和教育问题，不难发现，影响学校均衡及可持续发展的若干因素就是一种"共生关系"。在学校教育中，学校内部中的教师与教师间、教师与学生间是一种相互依存、相互学习、相互促进、共同成长的共生体；学校与学校之间也是一种相互依存、相互学习的共同体。同一区域内的学校，有着一荣俱荣、一损俱损的关系。基于共生理论，推进校际的联合教研就是为了建立起学校与学校之间互惠共存、协同发展的合作关系，增强学校教育研究的可持续发展动力，建成"同合作、共发展"的新型学校关系。

（二）共生理论对校际联合教研水平提升的启示

在基础教育研究领域内探讨共生理论问题，实质上已将教育研究视为一个共生系统。在城乡学校的校际联合教研中，把这种城乡之间的校际联合看作一个小的共生系统，学校领导、教师、教研内容、教研活动等都是其共生单位，几者之间相互配合、相互发展、共荣共生。首先，城乡学校校际联合教研这一共生系统内所有相关要素都是一个单元，彼此间会产生信息与能量的交流，校际联合教研中的每个共生单元都是校际联合这一体系得以形成的基本前提条件，学校领导、教师、学生、教

研内容、教研活动等都是重要共生单元，在校际联合过程中有不可或缺之地位，对其存在应予以重视。其次，共生单元间会自发地组成作用关系，但理想的作用方式则是共生单元间的对称性互惠共生和一体化共生，就是建构起理想化的共生行为模式和共生组织模式，这是共生系统优化建构的关键。校际联合教研的主体、教研内容以及教研影响并不是独立存在的，三者之间的相互影响必须有适合的共生组织模式，把这三个要素适宜地组织在城乡学校校际联合教研这一大的共生系统，取得三者之间的共同发展与进步。最后，共生环境在城乡学校校际联合共生系统里有重要影响，积极地营造教育共生环境，是保证校际联合教研共生的外部条件，争取在教育系统内部、学校与学校之间形成良好的合作、交流、共荣、共生的文化氛围，保证教研活动顺利开展，促使城乡学校校际联合教研结果落到实处，促使城乡学校作为一个共生整体，获得长远发展。

二、学习型组织理论

（一）学习型组织理论的基本观点

学习型组织理论是20世纪90年代在管理理论实践中发展起来的，是当今世界最前沿的管理理论。学习型组织这一概念是弗瑞思特教授在1965年发表的《企业的新设计》中首次提出，其学生彼得·圣吉是这一理论的权威代表。彼得·圣吉认为，"学习型组织是一个不断创新、进步的组织。在这个组织里，人们不断突破自己的能力上限，创造真心向往的结果，培养全新、前瞻而开阔的思考方式，全力实现自己的抱负，并不断一起研究如何共同学习"。他提出学习型组织的发展要致力于五项修炼：建立共同愿景，开展团队学习，改善心智模式，实现自我超越，进行系统思考。

作为一种有机的、高度柔性的、扁平的、符合人性的、能持续发展的组织，学习型组织具有持续学习的能力，具有高于个人绩效总和的综合绩效。从内容上看，学习的内容包括人文社会知识、科学知识、实践经验知识及理论创造知识等。从形式上看，学习的方式是多种多样的，包括读书、参观、访问、调查、考察、游览、交往以及网上游览、交流等。它是一种真正意义上的学习，能够引起学习者行为、观念、方法及知识结构、思维方法、技能技巧、行为习惯等心理和行为要素朝着有利于社会进步、组织发展和个人完善方向发展变化的学习，是一种有利于社会物质文明、精神文明和政治文明建设的学习。学习型组织理论是一种科学的管理理论，它由"自我超越""改善心智模式""共同愿景""团队学习"和"系统思考"五部分组成。

所谓建立共同愿景，是指建立一个目标、价值观、使命、理念的"集合体"，它可以凝聚组织，在组织间达成共识，组织成员为了共同的目标奋斗。在现代组织中，学习的基本单位是团体而不是个人，团体的力量会更快地促使组织目标的达成，团队之间不断在反思、探寻技巧中进行"深度会谈"，带给组织的将会是一种更加可靠的持续开创性学习的团体能力，既能增强个体观察自己的思维，也能增进集体思维的敏感度。心智模式具有隐蔽性，以不易被人察觉的方式影响人了解世界乃至采取何种方式去解决问题，其影响是深远而广泛的，个人思维多具固化性，唯有通过团队学习才能改变心智模式，有所创新。自我超越是学习型组织的精神基础，它是基于个人的意愿和能力，在学习中不断地创造和超越自我，是个人及其所在组织的一种"终身学习"。进行系统思考，是指从整体角度考虑问题，尽可能较为全面地认清事物的整个动态，了解其因果关系，看清问题本质，并了解如何有效地掌握变化、开创新局。

（二）学习型组织理论对校际联合教研水平提升的启示

当前，学习型组织理论日益得到了理论界、企业界和教育界的关注，其重要性也为越来越多的人所认可。但这一理论不论是在理论上还是实践上，都存在一些挑战和问题，值得在未来研究中加以探究。随着研究的逐渐深入，其研究对象和范围也在逐渐扩大，学习型组织理论不仅应用于企业，也应用于各种非营利组织，包括我国广大城市中小学。在城乡学校校际联合教研方面，主要研究城乡学校校际联合教研的内涵、特征、基本经验、存在问题、提升策略等。学习型组织理论的核心在于"学习"。学习是实现组织及个人发展的首要和必备条件。校际的联合教研，即是形成一个学校与学校之间的专业学习共同体。校际联合教研就是学校与学校之间自发进行的集学习、教学、研究为一体的一种活动，学校及教师在建立共同愿景的基础上，通过更新教育观念，从学校自身实际出发，为自身长远发展考虑，开展团队学习，提高学校的教育教学水平，最终实现自我超越，向城市地区教育看齐。在现代教育中，建设学习型的校际联合教研组织与体系，已然成为教育改革发展的新趋势，在促进教师专业化发展、提高学校竞争力、促进义务教育均衡发展等方面贡献很大。

第八节　城乡学校校际联合教研水平的提升策略

一、创建新型的教研文化

传统的教育教学研究以知识传授为主，在方式上以报告和讲座居多，忽视了参与教研教师的个体差异和主动参与。创建新型的教研文化是对传统工具性导向的教研文化的根本性变革，也是在教学研究中呼唤人本精神回归的重要举措。通过建设积极进取、健康向上的新型教研文化，充分发挥群体文化的辐射作用，能够有效推动教师以积极的意识、观念和态度对待专业发展，从而在本质上推动教研和专业化的发展，这是促进当前城乡学校校际联合教研的内在要求和新的途径。当今我国基础教育领域教育发展不均的一个重要原因就是城乡学校教师，尤其是乡村学校教师的继续学习的动力不足。在我国广大乡村学校，教学硬件设施简单、交通不便，教师的教研动力更为微弱，使教研活动成了政府一种"强迫"行为，部分教师把每一次教研活动当作"为学校而研究"。适当的教研文化的创建能够提升教师内在的教研动力，是提高教师专业化的保障。只有创建新型的教研文化，教师才能主动参与城乡学校的校际联合教研活动，否则，城乡学校的校际联合教研活动效果必定大打折扣。

因此，在校际联合教研活动中，必须切实更新教研理念，创建新型的教研文化，强化教师教研主体意识与地位。为适应当今教育和社会的发展，城乡教师要不断完善自己的知识结构，提高自己的教学水平与反思能力，不断进行继续学习与深造，这是城乡学校校际联合教研活动长远进行与发展的内在源泉。政策法规的硬性要求、职称晋升和工资提升的需要等，都是校际联合教研活动的一个外部推动力。只有把外在要求与内在需要相结合，将城乡学校的校际联合教研工作变为教师的一种自觉实践活动，将"要我教研"转变成"我要教研"，教师才能主动地发展自己的研究能力，以新的观念改变自己的教学方式。

此外，城乡学校校际联合教研应创建积极的学习文化氛围，提高教师自主参与意识。首先，学校应该减少对教师参加校际联合教研的行政干预，废除一些束缚教师内在发展动力的僵死的制度规范，减轻城乡教师参加教研活动的心理压力；其次，取消与教师参加校际联合教研相关联的惩罚措施，更多地采用激励措施提高教师参与的积极性；再次，不再将教师校际联合教研的参与情况作为教师职称评定、评优评先的主要考量，应该更侧重把教师在教育理论知识、教学实践能力、师德素养提高等方面的进步作为评定标准；最后，城乡学校校际联合教研活动，作为一个整体，要更为重视对广大乡村学校教师进行有效引导，不断进行思想教育、心理辅导，利用多种教研途径和形式，广泛宣传自主学习在教师专业发展中的重要作用，帮助乡村学校教师树立终身学习的思想意识，使教师能够积极主动地参与城乡学校的校际联合教研活动，养成正确的专业学习态度和自主的学习精神。

二、加强城乡学校校际联合教研制度建设

正所谓"巧妇难为无米之炊"，虽然城乡学校校际联合教研活动是一种相对经济的教研活动类型，但仍然离不开经费的支持，与经费有关的教研制度对城乡学校的校际联合教研活动至关紧要。在校际联合教研过程中，如果没有完整的规章制度来规范学校教师的研究行为，就不能保证校际联合教研活动与工作的顺利开展及积极落实。城乡学校校际联合教研制度的建立是否科学合理，贯彻执行是否有效果，直接反映了学校领导的研究水平与研究水平，直接影响学校教育教学工作的进一步提升。若要保证校际联合教研活动的顺利实施，学校就要建立校际联合教研组织制度以及相关的教师评价制度。

校际联合教研组织制度应该对教师、教研组、年级组、教务处、教科室和有关学校负责人的业绩考评标准做出相应调整，引导每一个教师、组织或机构进入研究状态下开展教学工作；要组织教师开展教育教学反思，督促检查教后笔记和读书笔记，督促教师学会提出课程与教学改革中值得认真研究的问题，在此基础上确定学校的研究课题；必须集中集体智慧制订课题研究计划和校际联合教研管理办法，明确责任主体、保障措施和研究活动的基本程序。教师评价制度的改革对于校际联合教研的深入发展有重大意义。现行的教师评价制度需要调整，突出表现在以下几个方面：①既要竞争，更要强调合作；②要淡化教学分数，全面衡量教师的工作业绩；③要把终结性评价与过程性评价结合起来。要强调合理竞争、良性竞争，在不断竞争中，教师才能实现个人专业发展。一味地强调竞争、忽视合作，教师之间的人际关系必然僵化，又何谈教师之间的相互帮助，校际的联合教研活动也必然成为一纸空谈。以分数定一切的应试教育考查形式依然存在，在当今素质教育的背景下，

对教师工作业绩的考核与评价应该更多地关注教师在教育教学过程中的付出。只有教师的劳动成果得到公正客观的评价，教师的教育自信心才会不断增加，教育教学研究水平才会不断提高。教研效果的显现，有时是一个长期的过程，很难有立竿见影之效，这就说明对教师的评价需要学校管理者看到教师努力的过程，给教师以信任，教师就会放开手脚去研究、去实践，努力提高自己的教育教学研究水平与实践能力，为本学校的高质、快速发展贡献自己的一分力量。

三、建立城乡学校校际联合教研协作共赢机制

师资队伍的交流与合作是校际联合教研活动的有源之水。目前，我国乡村基础教育薄弱，在解决我国广大农村地区教育人力、物力投入不足，教师结构缺编，乡村教师工资较低等问题后，乡村学校教师的专业化发展成为制约乡村教育深入发展的关键。中国东部地区经济发展较快，中西部地区经济发展落后，与此对应，经济社会发展的不平衡造成了教育发展的不均衡。教育领域中的"城市中心"倾向明显，使得城乡之间的差距越来越大。这种差距的扩大，不仅体现在校舍建设、多媒体现代化教学设施的投入等硬件条件，更体现在师资力量等软实力方面，少量城市学校占据大部分的教育资源，大部分的乡村学校只享有少数资源。我国广大乡村地区留不住优秀教师，这造成农村学校教师资源匮乏，教师队伍学历普遍不高，教育教学理念落后，专业化水平较低，还存在学科结构、年龄结构、教师职工比例不合理的问题。《中共中央关于推进农村改革发展若干重大问题的决定》提出："保障和改善农村教师工资待遇和工作条件，健全农村教师交流机制，继续选派城市教师下乡支教。"综观之，城乡学校校际联合教研的不断发展有赖于乡村学校教师的专业发展，而乡村学校教师专业发展的关键在于对教育教学活动的不断钻研，在此，建立合适的城乡学校校际联合教研共赢机制就颇为重要，这是一条符合城乡学校教师实际的发展之路。因此，在国家加快

推进农村改革、提出乡村教师支持计划之际，应抓住发展契机，根据城乡教育综合改革的总体思路，积极发挥自身优势，努力建构一个充分发挥城市带动乡村教育发展，促进城乡学校校际联合教研的新型教研协作共赢机制。这个机制的基本构想是，依托教育行政部门，盘活城乡学校师资资源，放大优质师资资源的辐射效应，实现城乡学校的有机合作，创建以城乡学校校际联合教研协调共赢发展机制为目标的教研模式，在更为适合的空间中对教师的教育与教学水平进行培训，提升基础教育领域中乡村学校的师资队伍水平，切实解决实现当今我国基础教育领域中城乡教育发展不均衡问题，解决乡村教师专业发展水平较低的问题。盘活城乡师资力量，放大城市学校的辐射效应，与乡村学校实现资源互补合作是这种机制的核心。通过合作互助的方式帮助和指导乡村学校教师提升专业化的水平。放大辐射效应是指，将城市优秀师资资源辐射到乡村，让城市优秀师资深入合作的乡村学校，让乡村学校学生也享受到城市优质的教育资源。双赢合作，是指在教育行政部门的协调下，形成城乡学校的校际联合教研模式，不仅可以解决乡村学校发展中的短板问题，还可以促进城乡教师的共同发展，提升教师的整体化专业水平。

四、创立城乡学校校际联合教研共同体

有些地区的乡村学校，学校规模小，布局较为分散，以学校为单位进行研究有困难，可以与其他学校进行联合，进行城乡学校校际联合教研活动，并成立与之对应的联合教研共同体。这能够促进教师之间、学科之间、年级组之间、教研组之间及学校之间的协作，为联合教研搭建一个更大的平台。这种以活动为载体，用共同体带动城乡学校，城市带乡村，形成研究的联动效应，是结合本地，特别是针对乡村学校实际的联合教研管理的创新。城乡学校校际联合教研共同体是一种城市学校和乡村学校自愿组建的民间教研联合团体。在共同体开展具体的教研活动中，政府相关部门一定要加强支持与引导。每一类型的校际联合教研共

同体的组建，都必须遵循"组间异质，组内同质"的原则，即每一小组的教研共同体成员都有相类似的情况，基本是由同一科目或相关科目的教师组成，而小组与小组之间的成员虽活动类型相似，但具体的教研内容却大不相同。成员之间通过相互沟通、交流与学习，来解决实际教学过程中的问题与困难，最终实现教师专业发展，促进城乡学校教育的均衡发展。

这种以学科为基础、以问题为导向的城乡学校校际联合教研共同体，涉及城乡学校的方方面面，教研内容更为广泛，校际交流更为深入，发挥城乡学校资源互补优势，解决单个学校的孤立无援现象。通过"校际教研共同体"这一平台，城乡学校可以有计划地以校际联动形式开展教研活动，充分利用本校的优势资源。此校际教研共同体，由合作学校自发组成，但也需邀请区教研员或学科名师担任顾问，每所学校设立自己的学科教研组长，再设立一个总的教研组长或学科带头人组织定期研讨活动。以共同发展、相互促进理念为指导，城乡学校着力构建以学生发展水平为核心的现代学校教研平台，给教师提供一个自己的教研容身之所，以求城乡学校的办学质量及水平有一个质的飞跃。建立城乡学校校际联合教研共同体，能够推进现代学校教研制度建设，实现"一加一大于二"的效果，有利于城市学校和乡村学校的长远发展与共同进步。

第九章

乡村教育质量监测

DI JIU ZHANG

XIANGCUN JIAOYU ZHILIANG JIANCE

21世纪是质量的世纪。2002年，第57届联合国大会宣布"可持续发展教育十年（2005—2014）"行动计划，将教育质量作为教育可持续发展的必要条件。我国《国家中长期教育改革及发展规划纲要（2010—2020年）》"把提高质量作为教育改革发展的核心任务"，并先后成立了教育质量监测中心和教育部基础教育质量监测中心。遗憾的是，我国的乡村地区的教育质量监测工作尚不完善。当下，我国乡村社会和乡村教育虽正处于"触底反弹"的大趋势之中，但"边缘化""断裂化""现代化""离土化"问题仍亟待解决。质量监测，正可以作为一有力抓手，推动乡村教育乃至乡村社会的变革与发展。

第一节 乡村教育质量监测内涵与功能

一、乡村教育质量监测内涵

"质"总是"与'量'一起构成事物的规定性"，"是一事物区别于其他事物的一种内在规定性"。"质量"可表示事物的"优劣程度"，既体现于产品本身的客观属性之中，也包含产品使用者需求得到满足程度的主观判断，是内在特性与外在需要的综合。教育质量，同样也包含此两个方面：就内在特性而言，教育质量是教育的一种固有性质，是教育存在与发展状态的一种客观反映；就需求而言，教育质量是教育对主体需求的满足程度。可见，教育质量是教育满足个人与社会需求的能力与程度。

"监测"一词在《辞海》有两解，一曰"监视测量"，二曰"对人群中疾病或临床现象不断地进行系统收集和分析，将结果反馈、分析，并采取有效措施的一种方法"。[①]不难发现，第二解只是"监视测量"在医疗领域的具体演绎，完全可以将其推论于其他社会领域，而较之第一解，第二解更能充分描绘"监测"的"全景"。首先，监测是一个过程，至少包括"测量、评价、反馈与修订"四个步骤，其中测量是对监测对象的某种状态进行有目的的系统收集，评价则是对收集到的信息进行分析与定性，反馈是将分析结果返回给执行者，修订则是依照反馈的信息采取相应措施。其次，监测处于动态之中。一方面，它贯穿于监测对象发展变化的全过程，具有及时性；另一方面，"测量、评价、反馈与修订"四个步骤处于不停的循环往复过程中，具有滚动性。再次，监测是一个综合全过程、各步骤、多行为的方法体系，既包涵宏观层次的

---

① 辞海[Z].上海：上海辞书出版社，2010.

思维模式，也包括中观层次的技术综合，还包括微观层次的行为操作，监测的对象越宏大，其方法体系便越复杂。综上，我们认为，监测就是对对象事物的发展状态或结果进行测量、评价、反馈并最终改进对象事物的活动。

综上，我们认为，乡村教育质量监测就是对教育满足乡村个人及社会发展需要的能力和程度进行测量、评价、反馈并进一步有效提升的活动。

二、乡村教育质量监测功能

总体而言，乡村教育质量监测主要具有记录、评价、诊断、反馈、指导和导向功能。

通过质量监测，可以对乡村教育的发展轨迹进行记录。监测活动本身，就是对事物发展过程的记录，为人们对监测对象进一步的认识和改造提供原始资料。与传统的运用文字、文献记录不同，乡村教育质量监测是通过科学的方法、用更丰富的形式、从更多的维度描绘乡村教育质量的整体图景。

评价功能是指通过监测对乡村教育质量的发展程度进行价值判断。它是人们把握乡村教育质量的中心环节，反映的是乡村教育质量处于何种状态、达到何种程度、能否充分满足主体的需要。准确地对乡村教育进行判断和定位，既是教育质量监测的功能，也是教育质量监测的目标。

诊断功能以评价为基础，有意识、有针对性地对乡村教育进行扫描，发现病灶并进行分析。有别于出现问题后的应激性诊断，教育质量监测的诊断功能更大的价值在于对隐蔽问题的发现与挖掘。特别是现阶段，找到那些未被人们发现，甚至早有觉察却并未引以重视的问题并加以剖析，对乡村教育质量发展更具意义。

反馈是乡村教育质量监测不可或缺的中间环节。通过反馈，评价与诊断的结果信息传递给乡村教育的各方主体（政策制定者、教育管理者、教学执行者等），引导各方主动采取相应的措施。

指导功能以评价、诊断和反馈三个功能为基础，指向乡村教育的主体并直接影响他们的方法与行为，是将教育质量监测的结论落实到教育实践中的关键。通过教育质量监测，乡村教育主体能够从反馈的信息中总结规律，用以指导并改进自己的教育工作。当然，教育质量监测的指导功能是间接的，它需要教育主体对监测结果进行深刻的分析和认识，并将之转化为一系列策略、方法和行为。

导向功能是指通过质量监测，可以对乡村教育未来的发展方向进行判断和选择。一方面，它通过对监测目标、内容和评价等要素的要求或权重的改变来引导教育发展方向产生变化；另一方面，通过对历史发展轨迹的判断来预测乡村教育发展的未来方向。

第二节　乡村教育质量监测特点

我国城乡二元结构造就了城镇教育系统与乡村教育系统的疏离。就城市而言，教育体系已然定型，用一套固定的办法就能行之有效地对教育质量进行监测。但乡村教育却不能如此。城乡之间、乡村之间的巨大差异决定了在拥有教育质量监测共性的同时，乡村教育质量监测有其自身的独特之处。

一、综合性

对乡村教育质量的监测，既涵盖在教育质量监测的领域之内，也是社会发展质量监测的组成部分。乡村教育质量监测是对教育目标与社会目标满足程度的双向，乃至多向考察。除了基础教育，乡村教育还包括职业教育与成人教育；除了发展乡村子弟的个体素质，乡村教育还要为乡土生态、村社文化乃至地区稳定提供支持。因此，从目标、任务、内容等各个层面上看，乡村教育质量监测都是一项综合性的工作。这决定了乡村教育质量监测的复杂与困难。

二、地区性

地区性是每个乡村独特性的具体表达。我国幅员辽阔，又是农业大国，由于地理、经济、历史等诸多因素的差异，不同地区的乡村有着各自独特的自然与人文特征。这些差异决定了各地区乡村教育的起点和期望不尽相同，也影响着各地区实施乡村教育的目标、内容、方法、过程及质量。理所当然地，各地区教育质量的监测也应符合当地乡村教育的现实情况与目标定位。对乡村教育的质量进行监测，既应该有一般性的教育质量监测作为基础，更应该将地区性的乡村社会文化发展特点和需求作为重要的，乃至决定性的组成部分。

三、发展性

发展性是指乡村教育质量监测自身需要不断地发展，并以促进乡村教育的发展为最终目的。我国的乡村教育正处于历史发展的机遇期，势必经历一个快速的发展过程，用一套陈规不变的体系与指标很难准确反映乡村教育质量发展的真实面貌。这意味着乡村教育质量监测体系需要与时俱进，跟随农村教育的发展不断自我完善。同时，也意味着乡村教育质量监测必须具备连续性：一方面，在一个监测周期（如一学年）内进行连续的监测；另一方面，乡村教育质量监测应是长期性的，一个周期紧接一个周期。通过对乡村教育发展的连续观测和记录，不断发现并解决问题，将乡村教育发展的新需求和新目标进行及时反馈，推动乡村教育的持续发展。

四、经验性

传统质量观强调质量的客观性和统一性，在这种观念指导下的教育质量监测追求一致的、稳定的、绝对的指标和结论。而经验性的质量观则认为质量是在具体的情境和条件中主观建构的，核心是环境互动和自主生成[①]。我国乡村教育质量监测具有本土性和发展性的特点，每个乡村及乡村教育的发展定位、目标、现实环境和速度都不一致，很难、可能也无必要用统一性的质量监测指标和方法进行要求。相反，那些根据乡村自身特点、在乡村教育发展和质量监测过程中摸索和积累出的地区性的经验可能更具效果。当然，经验性特点并不否认乡村教育质量监测在一定时期内的相对稳定，而是强调在当下乡村大发展的历史背景下，必然会有为数众多符合当地特色的监测方法和体系生成。同样，经验性并不否认一套普适性的乡村教育质量监测体系的合理性，但强调在标准监测体系下的地方生成。

第三节 乡村教育质量监测体系构建

所谓体系，具有两层含义：第一，从内部关系看，乡村教育质量监测是由乡村基础教育、职业教育与成人教育三大板块组成的体系；第二，从外部关系看，乡村学校与教育行政机关、科研机构共同组成相互关联的监测体系。可见，乡村教育质量监测体系是一个多层次的纵深结构。宏观层次，农村教育质量监测应是一项全局性的工作，要符合国家、地区对乡村教育，乃至乡村社会发展的基本规划与要求。中观层次，乡村教育质量监测体系将单个村落作为基本点。在这一层次，质量监测体系要准确反映各乡村教育的独特性，要求监测指标根据实际情况调整内容与权重。微观层次，乡村教育质量监测要落实到校、年级、班级甚至师生上，从师资培养、课程设置、教学方法等方面对乡村教育质

---

① Myers, R.G.Quality in program of early childhood care and education (ECCE)[EB/OL].Background paper prepared for the Education for All Global Monitoring Report 2007. Strong foundations: early childhood care and education. UNESCO. Retrieved on 2011-8-18. 转引自周欣.建立全国性学前教育监测体系的意义与思路[J].学前教育研究，2012(1)：23-27.

量的细节准确把握。乡村教育质量监测体系，由监测主体、监测内容和实践策略组成。

一、监测主体

城镇教育质量监测以专家组成的专业队伍为主。与城镇的教育质量监测不同，乡村教育质量监测涉及内容众多，要求参与的监测主体也更多。而乡村地理位置普遍较远，固定的、来自乡村外部的专业人员难以长期、及时地跟踪整个监测过程。因此，应该充分利用乡村本地的主体资源，与外部的监测人员共同组成乡村教育质量监测主体网络。

（一）乡村教育质量监测外部主体

乡村外部监测主体在监测的理论知识和工作经验上更加丰富，主要负责重要监测节点的监测、数据分析、过程监督等工作，如表9-1所示。

表9-1　乡村教育质量检测外部主体

监测主体	工作内容
县级行政管理人员	由县政府或县委任命相关领导成立县级教育质量监测工作组 从政策引导、行政力量和经费支持等方面推动质量监测工作
县级教育行政管理人员	由专管干部和相关科室的工作人员组成 负责县域内乡村教育质量监测的总体设计 负责乡村教育质量监测体系的总体管理工作
县级教育科研机构人员	县级教师进修学校（院）或教研室相关人员 监测任务设计和监测的过程管理 重要监测节点组织工作 数据的收集和统计工作 提供监测结果的评价报告
高校教育科研单位人员	高校教育科研单位为乡村教育质量监测提供智力服务 监测系统的设计，包括监测内容和指标的评判与修正 数据分析服务 监测结果的评定、评价 提供科学的咨询报告及相关对策研究 教育和监测专家下乡进行实地监测和方法指导

（二）乡村内部监测主体

乡村内部监测主体以乡村教育工作人员为主。他们并非专业的教育评价和测量工作者，主要承担日常性和过程性的监测记录工作，如表9-2所示。

表9-2 乡村教育质量检测外部主体

监测主体	工作内容
乡村学校校长	乡镇中学、小学，村小和村教学点等的校长或负责人 负责监测过程的具体管理工作 负责学校整体监测记录工作等
乡村教师	在与其本职工作密切相关的领域内开展监测 所承担学科的教学质量 所带班级的学生学习质量等
乡村干部	在稍宏观的层次上对乡村教育质量进行监测 如村内的文化站点工作进行记录 对乡村教育风气的记录等
乡村学生、家长代表	学生学习情况 对学校的满意度 对教师的满意度等

二、监测内容

监测内容是监测体系的核心部分，是监测指标体系制定的基础。从总体上看，乡村教育质量监测可分为规划、硬件、教学三个层面。

（一）乡村教育规划监测

教育规划监测主要是判断乡村教育决策的制定和实施情况。通常，具体的乡村教育规划由县域和乡域的行政和教育机关制定，是对其所管辖的乡村地区的教育事业发展做出的整体统筹规划，是引导乡村教育布局和乡村教育发展路径的关键性内容，如表9-3所示。

323

表9-3　乡村教育规划监测

监测项目	内容
乡村教育发展战略规划	科学性：规划的制定是否符合国家和地区经济、文化与教育发展的要求，是否符合乡村的实际情况，能否满足乡村的发展需要，能否满足受教育者的需求等 稳定性：乡村教育是否按照规划的既定方向前进
乡村教育发展目标	合理性：监测乡村教育发展目标是否周全、准确 可行性：判断发展目标的实现计划和达成难度
乡村教育发展促进政策	判断政策的价值导向，能否有效地引导乡村社会力量和教育工作者将"追求质量"作为教育发展的核心 分析政策执行主体的责任、政策利益主体的利益分配是否清晰、合理 政策是否具备可操作性，能否顺利地落到实处
乡村教育经费	预算：监测经费的来源和分配 去向：监测经费去向是否与计划一致，防止经费挪作他用 使用：监测经费的管理和使用情况，保证经费充分、安全使用

（二）乡村教育硬件监测

乡村教育办学所用的设施、设备等物质资源都属于教育硬件。虽然近几年乡村教育的硬件水平已获大幅提升，但与城镇相比差距仍然明显。特别是部分偏远地区，办学条件仍然十分艰苦。虽然教育硬件设施与教育成果的最终质量不一定成正相关，但它仍能反映出教育的发展水平。因此，乡村教育硬件发展应该作为监测的重要内容，如表9-4所示。

表9-4　乡村教育硬件监测

监测项目	内容
学校布局	学校的设置：学校的数量、规模，入学人数等 偏远的学校（教学点）：位置和数量 职业学校：分流和培养 成人学校（教学点）：覆盖区域

（续表）

监测项目	内容
校园硬件	校舍：学校面积、教学用房、办公用房、学生宿舍、活动用房等 校园环境：校园的卫生、绿化、文化布置等 教学设备：功能教室、教具，特别是信息化教具等 图书资料：类型、数量、质量等 职业学校的生产实践基地硬件设施 成人学校（教学点或教学基地）的教学设施
周边环境与安全	乡村的社会风气，对教育的重视程度、对教师行业的尊重程度等 学校周边环境和治安水平 学生交通有校车接送的学校，对校车质量、接送人数、路线等；没有校车接送的学校，特别是偏远地区，学生上学沿线的危险路段和恶劣天气的实时监控和预警等

（三）乡村教育教学实施监测

教学实施是提升乡村教育质量的中心环节。乡村学校教学的质量，很大程度上决定了乡村教育的总体质量。教学实施涉及的内容广泛，主要包括师资、课程、教学、管理等方面，如表9-5所示。

表9-5 乡村教育教学实施监测

监测项目	内容
师资	对乡村师资力量的监测，重点应放在教师队伍和能力的建设上 1. 教师队伍建设 教师队伍结构：如教师数量、性别比例、年龄比例、学科背景、学历背景等 教师流动机制：对乡村教师的流动情况进行了解，争取年轻优秀的师范毕业生加入工作，配合城乡统筹 教育协调发展：优化教师资源配置，对乡村教师的轮岗、城乡教师的对口支援等进行监测 教师待遇：如教师工资水平、工作环境、教师成绩奖励等 教师的教学能力：包括教学水平、学生喜爱程度等

（续表）

监测项目	内容
师资	教师的工作量：一方面了解教师的真实状况，及时解决教师的需要，另一方面掌握教师的动态，保障教师队伍的健康稳定 2．教师能力建设 教师培训项目：确保培训内容符合乡村教师的需要，确保培训项目形式（脱岗、在职等）的适切性等 教师培训参与度：保证每个教师在固定的周期内都能获得学习深造的机会 教师培训效果：防止培训流于形式
课程	对基础教育课程，要注重国家课程、地方课程和校本课程的结合 国家课程：确保国家课程的课时充足 校本课程开设的数量，确保足够的选修课供学生选择 校本课程开发的质量，挖掘精品课程 校本课程的本土性和民族性，突出地方特色 职业教育的课程监测，要注重预见性、实用性和地方性 职业教育课程的数量 核心课程的编制、开发和内容 课程的实效性 课程的实施，如实践性课程和理论性课程的分配比例等 成人教育的课程监测，要体现全员参与 成人教育的课程对象的覆盖面 成人教育课程的内容 成人教育课程的社会性和文化性
教学	对乡村教育的教学进行监测，包括教学环境、教学方法、教学研究等几个主要方面 1．教学环境 教室物理空间，包括门窗、空间、亮度、温度、湿度等 教学规模，学生数和师生比，每个学生占有的空间等 教学设备，包括黑板、讲台、课桌椅、电视、电脑、投影仪等 教学文化环境，包括文化布置、标语、黑板报等 2．教学方法 教师对基本的教学技术的掌握，比如讲授、展示、引导、提问、多媒体运用等

监测项目	内容
教学	教师对新的教育理念的吸收和转化，比如教学活动中是否用到合作学习、探究式学习、差异教学、情景教学等 学生的学习方法，教学过程中学生的学习方法由教师的教学方法所带动，比如自主学习、小组讨论、结论展示等 3．教学研究 乡村教师的集体教研，主要是教研室（以学科或者项目）的集体教研活动，如备课、讨论、学习等 乡村教师的个人教研，包括申请课题、发表科研文章等，教研本身对教师能力的提升更为重要，因此监测也应侧重于教师的科研过程，而非成果数量或质量
管理	对管理的监测目的是了解学校的运作情况是否健康高效 学校管理 年级管理 班级管理

三、实践策略

（一）颁布乡村教育质量监测法规政策

改革开放以来，我国在教育法制领域取得了突破性的成就，既明确地在《中华人民共和国宪法》中规定了公民受教育的权利，也出台了诸如《中华人民共和国义务教育法》等诸多法律规章以细化公民权利。但由于这些法律和规章多考虑宏观层面，缺乏对乡村地区的针对性和操作性，使得许多对乡村教育发展有利的办法在实行过程中被各种各样的困难所阻遏。鉴于此，应尽快修改和出台相关专项立法，以法律方式明确乡村教育改革的发展战略并将乡村教育质量监测涵盖其中。各地方应遵照法律要求，做出符合地区实际情况的具体、清晰和可操作的规定，并颁布各项教育政策为乡村教育质量监测保驾护航。

（二）保障乡村教育质量监测经费

自《中华人民共和国义务教育法》颁布之后，乡村义务教育经费得到了基本保障。但除义务教育外，乡村职业教育、成人教育的经费仍然严重不足，而包括质量监测在内的乡村教育专项经费更少。乡村教育质量监测需要充足的经费作为保障。一方面，对乡村教育要有全面的认识，在继续加大对乡村教育的经济投入，提高乡村教育在教育经费结构中的比例的同时，对基础教育、职业教育与成人教育应统筹兼顾。另一方面，对诸如乡村教育科研、教育质量监测等专项经费提供保障。对乡村质量监测的经费使用建立由上及下的教育经费流向监管机制，在各级政府部门建立教育经费的专项监管部门，确保质量监测经费不被挪用和滥用。

（三）运用科学的教育质量监测技术

乡村教育质量监测是一个逻辑严密的科学系统，运用科学的监测技术手段是保证监测科学性的基础。从宏观上讲，乡村教育质量监测方法应包括质量标准、监测方法、监测方案和保障制度四个基本环节。质量标准是监测的基础，它是监测指标的集合。对监测指标的设计，既要考虑城乡内外部因素的影响，还要从县、乡、村、校各个层面来对监测内容进行科学的分析和评判，力求简洁明晰、突出重点，真实全面地反映乡村教育的全貌。监测方法是指监测所使用的模式或具体的方法。现在常用的有泰勒模式、CIPP模式、目标游离模式、应答模式等。例如，CIPP模式是将教育监测过程分为了背景、输入、过程和结果四个阶段，其基本观点是监测和评估最重要的目的不在证明而在改进，每一个评估过程都是为决策服务的。监测方案是监测的整体设计，直接关系监测工作的可行性，从目标、内容、过程、方法、预期结果等方面勾画出监测的时间表和路线图。保障制度则是从法律、经费、组织等各个方面为监测工作提供支持。

（四）提高乡村教育质量监测管理服务水平

乡村教育质量监测不应该是仅以结果获取为目的而进行的自上而下的检查和监督，更应该是以改进乡村教育、体现教育发展与服务功能为己任的乡村教育自我促进运动。这就要求乡村教育的监测系统不断提高管理和服务水平，"实现从封闭性行政管理向开放性与社会参与性行政管理转变，从粗放型的外延管理向精细化的内涵管理转变，从经验型管理向科学型管理转变"。[①]同时，加强与高校等科研单位合作，利用高校智力资源，积极为乡村提供优质的教育监测、评估和督导工具，科学分析监测数据，并向相关学校提供丰富的诊断信息和指导、发展建议。

（五）加强乡村教育质量监测队伍建设

质量监测"是一个多领域专家共同参与、具有很高技术含量的工作，涉及心理与教育测量学、教育评价学、教育统计学、学科教育学、教育心理学、教育技术学、教育经济学以及教育管理与政策分析等多个领域"[②]。乡村教育质量监测不仅要求多领域的专家共同参与，还需要一大批在监测和督导范围中的教育行政部门、教育科研部门、中小学管理者与教师，乃至部分普通的村民都参与其中。这些非专业人士无论是监测的理论知识，还是技术储备都大大不足。因此，加强相关人员的培养、培训尤其必要。教育管理部门和科研单位应该肩负起这个重要责任，一方面，举行定期培训，邀请监测专家对监测人员进行系统教学；另一方面，加强专家的过程指导，确保监测过程的规范及监测数据的准确。

（六）搭建乡村教育质量监测网

乡村教育质量监测网是以区域性教育科研单位为中心，将众多乡村质量监测站点联系在一起的监测网络。从性质上看，乡村教育质量监测网是以科学研究和决策建议为主要目的的非政府机构。从组织上看，它需要一所区域性的教育科学研究单位作为组织者，并在各个乡村设立相对应的监测站点。从功能上看，乡村教育质量监测网利用教育科研单位的综合科研能力，构建区域乡村教育质量监测的大数据库，从更宏观的

---

① 陈瑞生，田腾飞.基础教育质量监测对我国教育政策的启示[J].教育导刊，2013(9)：24—26.

② 董奇.构建具有中国特色的基础教育质量监测体系[J].人民教育，2007(13—14)：3.

层次对各个乡村的教育质量数据进行分析和研判。乡村教育质量监测网能够更有效地提升乡村教育质量监测的效率，其优势有三：第一，将科研单位直接与乡村监测站点关联，节省了中间环节，极大地方便了乡村教育一线监测者与相关理论和技术专家的沟通；第二，各乡村站点监测的数据交由科研单位统一处理，保证了数据的真实性和分析的科学性；第三，科研单位除了对各个站点直接反馈建议外，还可以掌握更宏观的县域、市域乃至省域的乡村教育发展情况，为相应的教育决策和行政部门提供参考建议，形成高效的"科研—决策—执行"体系。

第十章

DI SHI ZHANG

乡村教育发展趋势

乡村教育是乡村地区的教育，即县级行政区划以下的乡镇、村落的教育。它包括乡村的学校教育，也包括乡村地区其他的非正式、非正规的一切文化、风俗等教育活动。乡村教育主要以广大乡村地区的学龄儿童和村民为教育对象，旨在以教育为主要手段，促进乡村儿童和村民的自我发展，促进乡村文化传承和乡村社会建设。乡村教育的发展规律集中体现为乡村教育的"离土化"和乡村教育的"边缘化"，其发展趋势集中体现为重建乡村社会，与乡村发展相结合，发展乡村民办教育等。

第一节 乡村教育发展的基本规律

教育是民族振兴、社会进步的重要基石。作为"帮助乡村孩子学习成才、阻止贫困代际传递的基本通道"[①]的乡村教育，有其自身的发展规律。从哲学层面看，规律是事物之间本质的、必然的联系。乡村教育发展的基本规律是乡村教育系统内部各要素以及乡村教育系统与其他相关系统在运动与发展过程中存在的本质的、必然的联系。乡村教育作为一种具有区域性特征的教育，有其自身发展的基本规律。

一、乡村教育离土化

当前，乡村教育的发展趋势正日益受到教育界乃至全社会的共同关注。现代化作为我国乡村教育的发展方向，成为人们的共识。中国最早认识现代化问题的陶行知先生认为，"现代化作为世界的发展趋势，自然应该成为中国社会的发展方向。作为担负改造乡村社会的乡村教育，就必须顺应时代时势，以现代化作为发展方向，实现乡村教育现代化"。现代化的乡村教育有其鲜明的目的，即通过创造适应农民生活需要的乡村教育来改造乡村；培养活的学生即有"生活力"的学生和真农人，他们具有健康的体魄、农人的身手、科学的头脑、艺术的兴趣和改造社会的精神；乡村教育的内容是生活即教育、社会即学校，方法是教学做合一[②]。生活即教育就是乡村教育以乡村实际为指南，乡村生活中需要什么就学什么，学什么就教什么。没有生活以外的课程，也没有课程以外的生活，在生活中发现问题、研究问题和解决问题。乡村教育以乡村实际生活为主中心，整个生活是教育的范围和场所，通过乡村教育

---

① 光明日报评论员.推进乡村教育发展的关键举措 [N].光明日报，2015-6-9.

② 徐莹晖、徐志辉.陶行知论乡村教育[M].成都：四川教育出版社，2010：5-6.

使人们了解农业生产，掌握现代农业科学技术，从而发展农业，振兴农业经济，这是实现农业现代化的必由之路。但是，随着社会的发展，乡村教育的发展偏离了最初的预期，在"现代性主导下的现代化实质却是城市化和工业化，在此理念主导下，无论在理念、目标的制定上，还是在内容的统筹、设计上，当前我国乡村教育都是城市教育的翻版、延伸和改造对象，其发展模本实为西方城市化、工业化教育的派生物"。[①]现代性的日益加深导致乡村教育"离土化"。作为人类社会发展的一种动力和自然趋势，"现代性"强调使用现代先进的科学技术水平，实现从技术水平的解放到生产力、生产方式的解放，到最终实现人的解放的问题。但我们却绝不可由此就从一个极端走向另一个极端。反观当下我国，较为普遍的情形是我们正在任由现代性片面极致地发展，这种片面性不仅吞噬着乡村教育，也侵蚀着乡村社会的各个方面，城市化趋势有增无减。"现代教育对自然的背离直接导致乡村教育的失序"[②]，乡村教育的失序是造成乡村教育离土化的直接原因。乡村教育离土化大致表现为，一是形式上的离土化，二是实质上的离土化。

第一，形式上的离土化。主要是通过城乡教育并轨，实现乡村教育形式上的"离土化"。20世纪80年代后期以来，国家加大了对乡村教育的投入，改善了乡村学校办学条件，并且逐渐承担起乡村义务教育的出资责任。关键的变化在于乡村学校的制度身份从民办学校转为公立学校。这种乡村学校制度身份的转变似乎疏离了学校与乡村社会的依存关系，乡村与学校转变为单向依赖关系，学校的教育功能对乡村来说依然重要，但学校的运转却不再依赖乡村社会。更为关键的影响体现在师资构成的变化。随着国家对民办教师队伍的清理，以及统一招考制度的确立，乡村学校教师的来源多样化，相应地也使得教师与乡村社会的关联

---

① 容中逵.当代中国乡村教育发展的根柢问题及其解决思路[J].教育研究与实验，2010 (6)：36—39.

② 刘铁芳.乡土的逃离与回归[M].福州：福建教育出版社，2008：7.

弱化。大致发展方向是，乡村学校的功能逐渐单一，它更多的是作为一个专业化的教育机构而存在，其附属的社会功能逐渐减弱。在这个过程中，国家对于乡村学校日常教学过程的控制也得到了强化，对规范化教学的强调也进一步使其乡土元素和地方性知识的弱化与离土化。[①]

第二，实质上的离土化。通过推动布局调整，使地理意义上的乡村教育渐进变得模糊。随着"撤点并校"的开展，乡村彻底打破了学校和乡村社区在地理结构上的对应性，并持续推动乡村教育格局朝一乡一校或一镇一校转变。一是打破原有的乡村社会和学校连接纽带，进而把它从乡村社会抽离。对乡村儿童来说，最直观的表现在于上学地点的改变，步行去邻村或集镇上学的情况变得普遍。由于乡村地理和交通条件的限制，越来越多的乡村儿童只能寄宿于学校。学校布局的改变在一定程度上对乡村儿童的日常生活经验发生了影响。仅就乡村儿童的教育经验来说，乡村学校教育日益成为一个标准的生产过程，重视抽象规则体系的作用。乡村学校已成为主导儿童教育过程的主要力量，乡村学校与乡村儿童家长之间就教育目标基本达成共识，那就是让乡村儿童跳出农门。寄宿制的普遍推行，又导致乡村儿童的乡土体验不断弱化，进一步加深了实质的离土化。因此，乡村教育在朝着离土化的方向发展。离土化表现在多个方面，一是通过教育内容和价值导向强化个体的离土化，通过教育过程中的规范来对个体进行改造，最为激进的是通过学校布局弱化了乡村儿童与乡村社会之间的连接。从这个意义上说，离土化不仅涉及儿童未来发展，也涉及乡村人的当下生活体验。

二、乡村教育边缘化

以现代性和现代化为取向的乡村整体教育设计，不仅导致我国传统乡村知识人与广大乡村民众的日益分离，还致使乡村文化在以物的现代

---

① 单丽卿，王春光.离农：农村教育发展的趋势与问题[J].社会科学研究，2015
（1）：124-132.

诉求中逐渐步入边缘化[①]，乡村文化的边缘化导致了乡村教育的边缘化。根据社会学的观点，所谓边缘化是指某事物处于发展水平低下和不被重视或被边缘的状况。边缘化是相对中心化而言的，就是非中心。乡村教育的边缘化意味着乡村教育处于不被重视的状况。中国社会是乡村人口占大多数的社会，乡村教育就是乡村人的教育，关注乡村教育就是关注乡村人的发展问题。中小学校约七成学生都生活在新村。乡村教育的良性发展对我国的现代化事业和全面建成小康社会目标的实现具有举足轻重的作用，它不仅关系国民素质的普遍提高，而且关系国家综合国力的整体提升，更关涉社会的发展与稳定。联合国教科文组织曾指出，"乡村地区教育服务不足，有可能造成灾难性后果"。中国的社会现实决定了中国基础教育的改革与发展应关照乡村教育现状。若置乡村教育现状于不顾，必将使乡村教育和乡村学生的发展边缘化，影响社会主义新农村的建设，不利于社会主义和谐社会的构建。[②]

（一）乡村教育理念边缘化

乡村教育理念边缘化主要体现在乡村学校课程改革中。乡村学校课程改革是在社会信息化和科技化时代背景下进行的，其诸多理念如研究性学习、校本课程开发、信息技术及其与学科课程的整合、专家引领等，要求教师注重运用先进的教育技术创造多种适合各类学习者需要的教学模式，建构起信息丰富、便于获取、多元传媒的教学环境。这就需要大量供学生选择的信息资源、计算机网络教学的软硬件等设施。但这过于强调与国际接轨却忽视了与国内实际的链接，乡村学校的现实条件与此相差甚远。乡村学校课程改革从教学形式上特别强调学生的参与性、师生互动性，但对于校舍、师资不足、教师结构性缺编的乡村学校

① 容中逵.当代中国乡村教育发展的根柢问题及其解决思路[J].教育研究与实验，2010（6）：36—39.

② 容中逵.当代中国乡村教育发展的根柢问题及其解决思路[J].教育研究与实验，2010（6）：36—39.

来说，很难做到其倡导的个性化教学。比较而言，乡村学校课程改革在设计时主要针对大城市和发达地区，呈现单一的都市化情势。①

（二）乡村教育教学目标城市化

中小学校的教学目标，大多是为了引导学生按照主流社会的要求，通过考试和升学，进入城市就业的行列，而与农业生产、乡村生活和农民生计有关的知识，一直处于主流教育之外。从某种程度上看，这种课程设置下的教学在乡村地区脱离了乡村实际，也脱离了当地人的生存和发展背景，没有为他们提供在当地就业所必需的知识和能力。另外，教材设计城市化。如教材中有关互联网、证券知识等内容，许多乡村学生都从未接触过，很难理解。此外，课程改革与教学改革是在先实验、后推广的基础上进行的，这为后续的推广工作提供了榜样示范、经验支持与思想准备。可是，由于地域、学校教学条件的差异，这种由点到面，由实验区到非实验区的推进模式以及示范、经验和教学理念并不是一种线性的关系，而且课改实验区的布局在结构上与乡村人口区域所在的面积及乡村教育的重要性有着极大的反差。这种在非乡村结构实验区中总结的改革经验，很难在广大的乡村学校推广。

（三）乡村学校评价和管理体系单一

乡村学校的管理体制、管理模式以及管理方法还比较单一。学校内部的管理缺乏民主，不够人性化。学校的管理不能为教师的专业化发展和学生的全面发展服务。教育行政部门对学校教育、教学质量的评价还是单一的学习成绩评价。评价的方法仅集中于纸笔测试，致使教师的一切教学方式与手段都围绕着考试和分数展开，失去了原有的改革热情和创意。评价形式单一及标准化，在一定程度上损伤了师生的积极性、主动性与创造性。调查研究发现，乡村教师存在学科结构性缺编、学历结构性缺编、年龄结构性缺编、生活教师缺编等。由于乡村中小学办学条件恶劣和教师队伍不稳定，教师的教学业务能力不容乐观。相当部分教

---

① 范亮.新课改下的农村教育边缘化[J].上海教育科研，2006（1）：34.

师的教育观念滞后，知识结构老化，教学方法陈旧，专业化水平低，不愿钻研教学，沿用传统教学方式，对新课程与教学改革无所适从，甚至抵触和畏难，缺乏实施新课程改革的主动性、积极性和创造性。主要表现为教学研究风气不浓，教学反思欠缺，教学研究乏力。另外，对乡村师资培训也出现两难境地，国家投入了大量的人力、物力和财力对教师进行各种培训，但是由于学校条件差，教师自身知识水平不高，创新意识不强，培训者和受培训者存在"走过场"现象，致使培训的效果不好，培训深度不够等。

第二节　乡村教育发展的趋势①

一、乡村教育重在重建乡村社会

随着现代性的片面扩张和传统乡村社会人文关怀的失落，导致乡村教育系统内外异质性分离。重建乡村社会是一个回归乡土、构筑乡村社会结构、重建乡村生活方式的整体重建，其根本目的是要建立一个基于传统与现代融合的富庶教德智乐的和谐乡村社会。一是乡村社会的物质重建方面，以乡村经济发展为关节点，促进现代性的充分拓展，丰富乡村物质发展，改善乡村人们生活；二是在乡村社会精神重建方面，以乡村教育为突破口，重视乡村文化建设，尊重乡村传统文化，重塑乡村文化自信，注重乡村精神引领。"乡村教育问题的出发点是乡土价值的激活与重建，而乡村教育问题的中心则是乡村社会的健全发展与乡村社会健全生活方式的引导与培育"。②为此，在观念上，乡村教育建设有赖于

---

① 李森，汪建华.我国乡村教育发展的历史脉络与现代启示[J].西南大学学报（社会科学版），2017（1）：61-69.

② 刘铁芳.乡土的逃离与回归[M].福州：福建教育出版社，2008：11-12.

健全的乡村教育现代化理念和传统乡村文化的有机结合；在实践上，乡村教育建设有赖于乡村人文生态环境的整体优化和乡村文化创造功能的有机结合。其中最为重要的是重塑乡村文化自信，传承创新乡村文化。早在20世纪初期就有乡村建设理论与实践先驱者身体力行解决乡村文化传承与创新的问题。在新型城镇化建设的今天，在乡村教育中传承乡村文化和创新乡村文化，加强新农村建设，整体构建和谐社会，既是新时代发展的重要命题，更是每一位社会建设者肩负的重要使命。

二、乡村教育与乡村发展相结合

我国以农立国，在"无农不稳"的观念指导下，古代统治者都比较重视农业发展。古代乡村的发展突出地表现为农业的发展，我国古代的乡村教育十分重视农业教育。《周礼》曾记载："以土宜教稼穑。"这体现了当时利用初级形态的社会教育指导农业生产的思想，对其后两千多年的乡村教育产生了较大影响。[①]中国古代出现了许多重视农业教育的著作，如北魏贾思勰的《齐民要术》、元代司农司的《农桑辑要》、明代徐光启的《农政全书》等。这些著作对当时农业教育的普及具有相当重要的意义。北魏贾思勰认为，"田者不强，囷仓不满，官御不励，诚心不精"，因此，需要"采捃经传，爰及歌谣，询之老成，验之行事，起自耕农，终于醯醢，资生之业，靡不毕书，号曰《齐民要术》"。春秋战国时期，产生了农家学派；秦始皇焚书坑儒，但其对农、商、医等书籍则着意保护；汉代更是推行重农抑商的治国之策。

可见，古代乡村教育的发展是与整个乡村发展（农业发展）紧密联系的。这突出地表现在乡村教育不仅重视社会教化，也重视向乡村民众传递农业生产方面的知识。清代学者颜元就提出以"垦荒、均田、兴水利"七字富天下，他认为办学应该培养"经世致用""利济苍生"的人

---

① 王嘉元，姚万禄，付泳.当代中国农村教育发展研究[M].兰州：兰州大学出版社，2006：61.

才，为富国强民安天下服务。[①]清代著名思想家方苞也在其《齐民四术》一书中提出农民应该从农业、风俗、法律等各方面注重学习，从而富己。[②]这些重视农业教育和农民教育的思想对促进我国古代农业发展乃至整个乡村社会的发展有着积极的作用。

当代乡村教育的发展首先应该是为乡村发展服务的，其次应该是为满足村民需求服务的。然而，长期以来，我们的乡村教育一度是"离农""离土"的教育，是城市教育的"克隆版"，是"费尽心力"把乡村优秀人才（学生）送往城市的教育，这种脱离乡村发展、留不住乡村精英、鲜少关注乡村民众需求的教育，是一种"无根"的乡村教育，它实质上与中华人民共和国成立以来"乡村支援城市"发展的方式如出一辙，只不过这是通过教育来筛选乡村精英，通过教育促使乡村精英的送往城市。

三、乡村教育发展应充分考虑当地的教育特征

我国古代乡村教育的发展与古代国家权力向以乡村为主的地方延伸有很大关系，但乡村教育的发展却是在充分利用和依靠当地教育的基础上进行的。秦统一六国后即在基层乡一级行政区划中设立"三老"，他们"掌教化"，负责在乡、里推行秦政权的"行同伦"等政策。汉代重农抑商，汉平帝元始三年（3），颁布地方官学学制，要求各级地方政府广设学校。地方官学的主要任务是推行"教化"，县以下庠序"农闲时召集民众进行宣讲演习礼仪，及时对儿童进行启蒙教育"。隋初大兴学校，建立了较完善的州县学制度。唐承隋制，更加重视地方官学教育。武德七年（624）下令州县乡里并置学；开元二十六年（738）正月下诏：天下州县，每乡一学。唐代乡里教育有了较大发展，但"师资、生

---

① 李少元.农村教育概论[M].南京：江苏教育出版社，1996：11.

② 方苞.齐民四术[M].北京：中华书局，1986：2.

徒、经费均无统一规定，一部分学校的经费依靠捐献"[1]。宋朝的地方官学不仅有普通性质的地方学校，还设有各种专科学校，如州医学和县医学，并设置诸路提举学事司掌管地方官学事宜。元承宋制，并创立了社学，择通晓经书者为社师，农隙时使子弟入学。明清时期建立起更为完备的地方官学制度。明代地方儒学教育非常发达，学校种类有府学、州学、县学、社学、义学等，并且首次在少数民族地区设立土司儒学。清朝则在全国各地设立主管教育的官员，代表朝廷管理地方学务。

综上所述，可以看出，我国古代统治者十分重视乡村教育的发展，但也不难发现，古代的乡村教育发展多以当地教育为主要力量，当地教育可根据实际情况灵活组织教育教学，国家则注重对其的宏观管理。我国地域辽阔，不同地区的文化传统、风俗习惯、地理环境差异很大，因此，乡村教育的发展不能"一刀切"，应因地制宜，充分尊重和考虑不同地区乡村教育的发展特点，汇聚多方力量，开展形式多样的乡村教育。

四、民办教育是促进乡村教育发展的重要力量

我国古代乡村教育以地方官学的形式获得了较大发展，但乡村教育的形式仍然是丰富多样的，不局限于官学，以私学为主的民办教育也有着广泛的存在，例如义学、私塾、乡约等曾一度成为乡村儿童接受启蒙教育的主要形式。

义学最早出现于宋代，原是宗族内为穷苦子弟而设的教育机构。一些地方世家大族为使本族子弟能够在当时社会中出人头地，纷纷设置义田、义庄和义学以团结族人，接济本族贫困子弟受教育。清朝则规定由地方官或士民为贫寒子弟和少数民族子弟开办义学。义学办学机制十分灵活，经费管理强调民主公开的原则，发挥群众的监督作用。义学教师一般由当地的生员、贡监担任。教师任用遵循品学兼优的原则，大多要

---

① 王志民、黄新宪.中国古代学校制度考略[M].北京：首都师范大学出版社，1996：123.

经过董事、乡绅公议后，报地方官查考决定等手续。[①]私塾是一种由民间个体设立的基层教育机构，从春秋战国私学诞生到19世纪末，一直是被历代统治者承认并倡导发展的一种教育组织形式。我国古代乡村教育主要靠私塾来满足，在数量和分布上，私学比官学要多得多，可以说，私塾是古代乡村教育的基础。乡约始于宋代，原是群众自定的行为规条和规范，明代地方官则把乡约作为推行教化的重要手段。清朝则将乡约作为成年人的社会教育制度，这种教育方式也是古代乡村社会教育的重要形式。乡约教育不仅促进了封建道德在乡村的传播，也对培养村民尊老敬贤等传统社会公德具有重要意义。作为私学的高级层次的书院教育也是乡村教育的重要力量，其前后存在一千多年，对乡村教育的发展具有一定的积极作用。

可见，我国自古比较重视民办教育。我国历史上民间有着丰富的民办教育资源和深厚的民办教育底蕴。发展乡村教育，需要充分发掘民间教育资源，多渠道办学，也应重视民间教育资源的整合，发挥民办教育的社会效益。

五、优质的师资是推动乡村教育发展的关键因素

我国自古就有尊师重道的传统，教师历来受到社会的尊重和重视。考察我国乡村教育的发展历程，不难发现，优质的师资在推动乡村教育发展过程中起着至关重要的作用。远古时期，氏族部落的教师多由无法从事体力劳动的老者充当，在教育与人类生产劳动还未分离的时期，氏族部落的老者往往掌握着丰富的社会生产经验，他们是当之无愧的优秀教师。西周之后的漫长封建社会里，随着官学和私学的进一步发展，从事乡村教育教学活动的人群进一步丰富，归结起来可以分为以下三类：第一类是未及第的秀才，这些人数年寒窗苦读，虽然没有金榜题名、进

---

① 马镛.中国教育制度通史（第五卷）[M].济南：山东教育出版社，2000：285.

士及第，但文化水平相对较高，应该说这些秀才是我国古代从事乡村教育的主要群体；第二类是一些告老还乡的官吏，这类群体不管是文化水平还是社会经验都足以堪为人师，他们返回故里后，往往会大力扶持当地的教育发展，特别是注重对同姓后辈的教育与培养；第三类是一些创办私学的学者，这些学者由于各种原因或暂时归隐或终身归隐于乡野田间，有的一边从事农业生产，一边讲学，有的专门以讲学维持生计。这些学者由于自身学识渊博，往往能够推动一方教育的兴盛繁荣。近代的乡村建设运动，由于众多知名学者的亲自参与，也曾一度让乡村充满活力，其影响盛极一时。

由此可见，乡村教育的发展有赖于优质的师资力量的推动。当代乡村教育的发展，师资依然是关键因素。在乡村教育发展过程中，尤其要重视乡村师资队伍建设。当然，乡村师资队伍建设与乡村整体建设和发展应该是协同并进的，师资队伍建设服务于乡村发展，乡村的发展与繁荣又为乡村教师的工作与生活提供坚实的物质基础和保障。唯有如此，乡村教育才能真正焕发出新的生机。

主要参考文献

一、著作类

[1]鲍宗豪. 数字化与人文精神[M]. 上海：上海三联书店，2003.

[2]查有梁. 给教师的20把钥匙：教师应掌握的教育学方法[M]. 成都：四川教育出版社，2007.

[3]车文博. 人本主义心理学[M]. 杭州：浙江教育出版社，2003.

[4]陈桂生. 师道实话[M]. 上海：华东师范大学出版社，2004.

[5]陈厚德. 基础教育新概念：有效教学[M]. 北京：教育科学出版社，2001.

[6]陈万思. 知识员工胜任力：理论与实践[M]. 上海：上海财经大学出版社，2007.

[7]褚宏启著. 教育现代化的路径[M]. 北京：教育科学出版社，2000.

[8]丛立新. 沉默的权威——中国基础教育教研组织[M]. 北京：北京大学出版社，2011.

[9]崔岚，黄丽萍. 如何当好教研组长[M]. 上海：华东师范大学出版社，2011.

[10][法]大卫·杜柏伊斯著，李芳龄译. 绩效跃进——才能评鉴法的极致运用. 汕头：汕头大学出版社，2003.

[11][法]让·保尔·萨特著，杜小真译. 自我的超越性[M]. 北京：商务印书馆，2010.

[12]萨特著，陈宣良译，杜小真校. 存在与虚无[M]. 上海：

生活·读书·新知三联书店，2012.

[13]费孝通. 江村经济[M]. 北京：北京大学出版社，2013.

[14]费孝通. 乡土中国[M]. 北京：人民出版社，2008.

[15]冯茁. 教育场域中的对话[M]. 北京：教育科学出版社，2011.

[16]傅道春. 教师行为访谈[M]. 哈尔滨：黑龙江教育出版社，1995.

[17]顾海根. 师范生心理素质的研究与实践总结[M]. 北京：北京师范大学出版社，2002.

[18]顾明远. 存在于发展——语文教学生态论[M]. 青岛：青岛海洋大学出版社，1998.

[19]顾燕萍，李政涛. 课程文化转型中教研共同体建设的校本研究[M]. 上海：同济大学出版社，2011.

[20]国家教育行政学院编著. 区域教育探索（第五辑）[M]. 桂林：广西师范大学出版社，2006.

[21]韩明漠. 农村社会学[M]. 北京：北京大学出版社，2001.

[22]何怀宏. 生命与自由[M]. 武汉：湖北教育出版社，2001.

[23]华国栋. 差异教学论[M]. 北京：教育科学出版社，2001.

[24]黄济著. 教育哲学[M]. 北京：北京师范大学出版社，1984.

[25]黄坤明. 城乡一体化路径演进研究：民本自发与政府自觉[M]. 北京：科学出版社，2009.

[26]黄勋敬. 赢在胜任力：基于胜任力的新型人力资源管理体系[M]. 北京：北京邮电大学出版社，2007.

[27]黄艳. 中国"80后"大学教师胜任力评价研究[M]. 北京：中国社会科学出版社，2013.

[28][加]马克思，范梅南著，李树英译. 教学机智：教育智慧的意蕴[M]. 北京：教育科学出版社，2001.

[29]江西省南昌市西湖区教体局，江西省南昌市西湖区教科所. 联片互动区域性推进[M]. 北京：北京大学出版社，2004.

[30]姜国钧. 中国教育周期论[M]. 北京：北京大学出版社，2005.

[31]姜伟东，叶宏伟. 学习型组织：提升组织的学习力[M]. 南京：东南大学出版社，2003.

[32]杰奎琳·格伦农·布鲁克斯，马丁·格伦农·布鲁克斯著，范玮译. 建构主义课堂教学案例[M]. 北京：中国轻工业出版社，2005.

[33]李彪. 联片教研模式创新：一题一课一报告[M]. 北京：教育科学出版

社，2010.

[34]李秉德. 教学论[M]. 北京：人民教育出版社，1991.

[35]李继秀，江芳. 基础教育专题解析[M]. 合肥：安徽大学出版社，2007.

[36]李森，伍叶琴. 有效对话教学——理论、策略及案例[M]. 福州：福建教育出版社，2012.

[37]李森，张家军，王天平. 有效教学新论[M]. 广州：广东教育出版社，2010.

[38]李森，陈晓端. 课程与教学论[M]. 北京：北京师范大学出版社，2015.

[39]李森，宋乃庆. 基础教育概论[M]. 成都：四川教育出版社，2004.

[40]李森. 教学动力论[M]. 重庆：西南师范大学出版社，1998.

[41]李森. 现代教学论纲要[M]. 北京：人民教育出版社，2005.

[42]李森. 有效教学新论[M]. 广州：广东教育出版社，2012.

[43]李永梅. 教师角色调适力修炼[M]. 长春：东北师范大学出版社，2010.

[44]李志厚. 变革课堂教学方式——建构主义学习理念及其在教学中的运用[M]. 广州：广东教育出版社，2010.

[45]李忠民，刘振华. 知识型人力资本胜任力研究[M]. 北京：科学出版社，2011.

[46]李子建. 校本课程发展教师发展与伙伴协作[M]. 北京：教育科学出版社，2010.

[47]利斯·奥姆罗德著，龚少英译. 教育心理学（第六版）[M]. 北京：中国人民大学出版社，2010.

[48]梁漱溟. 乡村建设理论[M]. 上海：上海人民出版社，2006.

[49]林崇德. 教育与发展[M]. 北京：北京师范大学出版社，2002.

[50]刘婕. 专业化：挑战21世纪的教师[M]. 北京：教育科学出版社，2007.

[51]刘军. 中小学生学习潜力的开发[M]. 芜湖：安徽师范大学出版社，2013.

[52]刘良华. 校本行动研究[M]. 成都：四川教育出版社，2002.

[53]刘铁芳. 乡村教育的问题与出路[M]. 福州：福建人民出版社，2008.

[54]刘旭东. 教学、研究、感悟[M]. 北京：中国水利水电出版社，2013.

[55]罗伯特·伍德，提姆·潘恩著，蓝美贞，姜佩秀译. 职能招募与选材[M]. 汕头：汕头大学出版社，2003.

[56]马欣川. 人才测评：基于胜任力的探索[M]. 北京：北京邮电大学出版社，2008.

[57][美]埃里希·弗洛姆著，刘林海译. 逃避自由[M]. 北京：国际文化出版

公司，2007.

[58][美]加里·D.鲍里奇.有效教学方法[M].南京：江苏教育出版社，2002.

[59][美]加涅著，皮连生、王映学译.学习的条件和教学论[M].上海：华东师范大学出版社，1999.

[60][美]内尔·诺丁斯著，龙宝新译.幸福与教育[M].北京：教育科学出版社，2014.

[61][美]内尔·诺丁斯著，于天龙译.学会关心——教育的另一种模式[M].北京：教育科学出版社，2003.

[62][美]唐纳德·R.克里克山克，德博拉·L.贝勒尔，金·K.梅特卡夫著，时绮等译.教学行为指导[M].北京：中国轻工业出版社，2003.

[63][美]威廉·威伦，贾尼丝·哈奇森，玛格丽特·伊什勒·博斯著，李森、王纬虹译，宋德云校.有效教学决策[M].北京：教育科学出版社，2009.

[64][美]彼得·圣吉著，郭进隆译.第五项修炼——学习型组织的艺术与实务[M].上海：上海三联出版社，1998.

[65]南国农.教育传播学[M].北京：高等教育出版社，2005.

[66][南斯拉夫]弗拉基米尔·鲍良克著，叶澜译.教学论[M].福州：福建人民出版社，1984.

[67]倪文锦.初中语文新课程教学法[M].北京：高等教育出版社，2003.

[68]裴娣娜.现代教学论（第一卷，第二卷，第三卷）[M].北京：人民教育出版社，2005.

[69]裴新宁.面向学习者的教学设计[M].北京：教育科学出版社，2005.

[70]彭剑锋，荆小娟.员工素质模型设计[M].北京：中国人民大学出版社，2003.

[71]皮连生.学与教的心理学（修订本）[M].上海：华东师范大学出版社，1997.

[72]片冈德雄著，贺晓星译.班级社会学[M].北京：北京教育出版社，1993.

[73]邱宁，袁冶，袁晏明.教学资源信息化：以地学实践教学为例[M].武汉：中国地质大学出版社，2009.

[74]区培民.语文课程与教学论[M].杭州：浙江教育出版社，2003.

[75]瞿葆奎.教学[M].北京：人民出版社，1988.

[76]全国十二所重点师范大学联合主编.教育学基础[M].北京：教育科学出版社，2002.

[77]玛扎诺，皮克林，波洛克著，张新立译.有效课堂——提高学生成绩的

实用策略[M]. 北京：中国轻工业出版社，2003.

[78]阮成武. 主体性教师学[M]. 合肥：安徽大学出版社，2005.

[79]邵瑞珍. 教育心理学[M]. 上海：上海教育出版社，1997.

[80]施良方. 学习论[M]. 北京：人民教育出版社，2000.

[81]石佩臣. 教育学基础理论[M]. 长春：东北师范大学出版社，1996.

[82]申克著，韦小满译. 学习理论：教育的视角[M]. 南京：江苏教育出版社，2003.

[83]宋乃庆，李森，朱德全. 中国义务教育发展报告[M]. 北京：教育科学出版社，2012.

[84]宋乃庆，李森，朱德全. 中国义务教育发展报告[M]. 北京：教育科学出版社，2013.

[85]宋培林. 企业员工战略性培训与开发：基于胜任力提升的视角[M]. 厦门：厦门大学出版社，2011.

[86]孙振东. 教育研究方法探索[M]. 重庆：重庆大学出版社，2008.

[87]泰勒著，施良方译. 课程与教学基本原理[M]. 北京：人民教育出版社，1994.

[88]谈松华，王建. 教育现代化区域发展模式研究[M]. 北京：北京师范大学出版社，2011.

[89]谭中长. 留守儿童教育石柱模式[M]. 长春：吉林大学出版社，2011.

[90]汤淑贞. 管理心理学[M]. 台北：三民伟局，1987.

[91]唐松林. 中国农村教师发展研究[M]. 杭州：浙江大学出版社，2005.

[92]陶行知. 中国教育改造[M]. 北京：人民出版社，2008.

[93]陶秀伟. 教研工作的理论与实践[M]. 北京：人民出版社，2011.

[94]滕星. 乡土知识与文化传承[M]. 北京：民族出版社，2013.

[95]王邦佐. 学校优秀教师的成长与高师教改之探索[M]. 北京：人民教育出版社，2000.

[96]王本陆. 现代教学理论：探索与争鸣[M]. 合肥：安徽教育出版社，2007.

[97]王策三. 教学论稿[M]. 北京：人民教育出版社，1985.

[98]王胜桥. 企业员工辅导计划：基于胜任力的视角[M]. 北京：航空工业出版社，2009.

[99]王一涛. 农村教育与农民的社会流动[M]. 北京：社会科学文献出版社，2008.

[100]王永和. 教研组建设简论[M]. 上海：华东师范大学出版社，2008.

[101]王重鸣. 管理心理学[M]. 北京：北京人民教育出版社，2001.

[102]威廉·威伦等著，李森，王纬虹译. 有效教学决策[M]. 北京：教育科学出版社，2009.

[103]吴杰. 台湾乡土教育历史与模式研究[M]. 北京：民族出版社，2013.

[104]吴俊，张承鹄. 大学人文与乡土教育读本[M]. 上海：华东师范大学出版社，2012.

[105]吴小鸥. 教学场论[M]. 长沙：湖南师范大学出版社，2007.

[106]吴永军. 校本教学研究设计——教师教学研究设计指南[M]. 南京：南京师范大学出版社，2007.

[107]吴忠豪. 学校语文课程与教学论[M]. 北京：北京师范大学出版社，2009.

[108]萧鸣政. 人员素质测评理论和方法[M]. 北京：北京大学出版社，2011.

[109]许高厚. 现代教育学[M]. 北京：北京师范大学出版社，1995.

[110]杨晓. 有效学习与有效教学[M]. 北京：北京师范大学出版社，2013.

[111]杨晓奇. 教学资源论[M]. 北京：中国社会科学出版社，2014.

[112]姚利民. 有效教学论[M]. 长沙：湖南大学出版社，2005.

[113][英]戴维·伯姆著，王松涛译. 论对话[M]. 北京：教育科学出版社，2004.

[114]余永德. 农村教育论[M]. 北京：人民教育出版社，2000.

[115]袁纯清. 共生理论——兼论小型经济[M]. 北京：经济科学出版社，1998.

[116]张朝珍. 教师教学决策论[M]. 北京：人民教育出版社，2011.

[117]张大均. 教与学的策略[M]. 北京：人民教育出版社，2003.

[118]张莉. 儿童发展心理学[M]. 武汉：华中师范大学出版社，2006.

[119]张扬，张建中，陆少明，柯慧. 有规矩成方圆——区域推进以校本教研制度建设[M]. 上海：华东师范大学出版社，2010.

[120]章苏静. 数字化教学资源管理[M]. 北京：科学出版社，2008.

[121]郑金洲. 基于新课程的课堂教学改革[M]. 福州：福建教育出版社，2003.

[122]郑金洲. 教师如何做研究[M]. 上海：华东师范大学出版社，2005.

[123]钟启泉，张华. 课程与教学论[M]. 上海：上海教育出版社，2000.

[124]钟启泉. 基础教育课程改革纲要（试行）解读[M]. 上海：华东师范大学出版社，2001.

[125]钟启泉. 现代课程论（第3版）[M]. 上海：上海教育出版社，2015.

[126]朱天利. 新课程学习论[M]. 广州：广东高等教育出版社，2005.

[127]邹敏.农村教育现代化[M].成都：西南交通大学出版社，2011.

[128]佐藤学著，钟启泉，陈静静译.宁静的课堂革命：教师的挑战[M].上海：华东师范大学出版社，2012.

二、期刊论文类

[1]鲍银霞.有效学习的前提、特征和旨趣[J].现代教育论丛，2006（4）.

[2]鲍银霞.有效学习发生的条件及其对教师教学的要求[J].教育导刊，2005（9）.

[3]曹培强.内尔·诺丁斯的德育关怀教育理论及启示[J].首都师范大学学报（社会科学版），2007（3）.

[4]曾思琴.如何建立良好的师生关系[J].广东教育，2004（11）.

[5]曾艳.语文教学中和谐师生关系的构建[J].四川文理学院学报，2007（1）.

[6]常志强.农村学校课堂教学中的人文关怀[J].教书育人，2009（34）.

[7]陈桂生.略论师生关系问题[J].教育科学，1993（3）.

[8]陈桂香.诺丁斯关怀教育理论视角下的高校德育[J].哈尔滨学院学报，2008（8）.

[9]陈桂香.诺丁斯关怀教育理论视野中的高校教师专业发展[J].中国高教研究，2008（6）.

[10]陈惠芳.学校数学生态课堂中师生交往互动的新思考[J].上海教育科研，2011（4）.

[11]陈吉利，黄克斌，杨斌.有效学习模式的构建[J].教育理论与实践，2011（2）.

[12]陈玲棣，赵蓓红.小班教学中的师生关系[J].上海教育，2000（5）.

[13]陈年喜.浅论师生关系在学校语文课堂教学中的重要性[J].科教文汇（中旬刊），2013（6）.

[14]陈琪.新课程理念下生物有效学习策略研究[Z].常熟市立项课题，2009.

[15]陈巧弟，高小爱.人文关怀视角下农村学校体育教学环境的优化[J].内江科技，2010（12）.

[16]陈思坤.诺丁斯关怀伦理思想的人本价值[J].教育学术月刊，2010（4）.

[17]陈喜林. 诺丁斯关怀伦理对我国道德教育的启示[J]. 湖北社会科学，2009（8）.

[18]崔玉中. 小学阶段独生子女师生关系调查报告[J]. 当代教育科学，2004（21）.

[19]单志艳. 小学生师生关系、自我效能感和自主学习策略的关系研究[J]. 教育理论与实践，2012（29）.

[20]邓莉. 诺丁斯关怀道德教育理论的考察与批判[J]. 全球教育展望，2015（1）.

[21]董赟. 诺丁斯关怀教育理论及其对我国学校道德教育的启示[J]. 外国中小学教育，2005（6）.

[22]范红霞. 论"同伴探索"式师生关系模式[J]. 教育研究，2003（4）.

[23]冯君莲，唐松林. 现代农村教师的责任和追求[J]. 教师教育研究，2011（2）：32-36.

[24]冯文全，周晓娜. 诺丁斯的关怀教育理论及其对儿童道德教育的启示[J]. 天津师范大学学报（基础教育版），2006（4）.

[25]高聪聪，李臣之. 关怀伦理视野下教师身份的重建[J]. 教育理论与实践，2015（19）.

[26]高红. 论学校音乐教学中的师生关系[J]. 民族音乐，2012（4）.

[27]龚超，陈莉. "关心贯穿我们生命最本质的部分"——诺丁斯关心道德教育探析[J]. 湖北社会科学，2008（2）.

[28]苟秀英. 构建良好师生关系激励学生主动学习[J]. 四川教育学院学报，2005（10）.

[29]谷双山，马新书. 让"寂寞的花朵"绽开笑脸——谈农村留守儿童的学校关怀[J]. 学校教学参考，2009（9）.

[30]郭娅玲，匡思蕾. 关怀关系的建立——诺丁斯关怀道德教育理论的核心[J]. 湖南师范大学教育科学学报，2013（6）.

[31]韩新梅. 管窥小学班主任与学生共建和谐师生关系[J]. 中国校外教育，2013（31）.

[32]郝林晓，折延东，龙宝新. 论迈向幸福的教育——诺丁斯的幸福教育观探微[J]. 比较教育研究，2013（12）.

[33]何奎莲. 构建有效学习的舞台[J]. 西华师范大学学报，2008（2）.

[34]何艺，檀传宝. 诺丁斯的关怀伦理学与关怀教育思想[J]. 伦理学研究，2004（1）.

[35]侯晶晶，朱小蔓．论基于关怀式道德教育的道德学习[J]．当代教育科学，2005（4）．

[36]侯晶晶，朱小蔓．诺丁斯以关怀为核心的道德教育理论及其启示[J]．教育研究，2004（3）．

[37]侯中太，蔡永红．农村教师生存困境与反思[J]．中国教育学刊，2012（10）．

[38]胡尔纲．角色理论与师生关系初探[J]．教育理论与实践，1987（6）．

[39]胡金连，李辉，方晓义，蔺秀云．少数民族小学生师生关系状况调查分析——以云南为例[J]．云南电大学报，2009（2）．

[40]胡明进，廖芳．小学教师形象的调查分析[J]．教学与管理，2010（30）．

[41]华应龙．改善师生交往途径的探索[J]．教育研究与实验，2000（4）．

[42]黄高庆，申继亮，辛涛．关于教学策略的思考[J]．教育研究，1998（11）．

[43]黄丽衡，梁芸．新课程改革呼唤在教学中建立"关心型"师生关系——诺丁斯关怀教育理论的启示[J]．苏州教育学院学报，2006（3）．

[44]黄星华．浅谈如何建立良好的师生关系[J]．基础教育研究，2009（10）．

[45]"基础教育新三片地区教育发展水平研究"课题组，朱小蔓，曾天山．湖北农村教育调研报告[J]．教育研究，2006（8）．

[46]贾建颖．树立良好形象营造和谐的师生关系[J]．新课程研究（基础教育），2009（2）．

[47]江诚，祁文．小学生师生关系特点及其与学业成绩关系研究[J]．赤峰学院学报（科学教育版），2011（1）．

[48]姜强强，陈晨．农村留守儿童学习问题的成因及对策[J]．黑龙江教育学院学报，2009（1）．

[49]金生．超越主客体：对师生关系的阐释[J]．西南师范大学学报（哲学社会科学版），1995（1）．

[50]李超．师生的和谐交往是提高课堂教学实效的保证[J]．发现，2007（2）．

[51]李海．和谐师生关系是教育活动的灵魂[J]．四川教育学院学报，2000（8）．

[52]李谨瑜．论师生关系及其对教学活动的影响[J]．西北师范大学学报，1996（3）．

[53]李瑾瑜．关于师生关系本质的认识[J]．教育评论，1998（4）．

[54]李琳，张珊珊，刘文．1-3年级小学生气质、师生关系与学业成绩的关

系[J]. 内蒙古师范大学学报（教育科学版），2011（10）.

[55]李森，杜尚荣. 论课堂教学中的"边缘人"及其转化策略[J]. 教育研究，2014（10）.

[56]李森. 论反思性教学中的师生关系[J]. 科学大众（科学教育），2014（1）.

[57]李树培. 教育与生活——内尔·诺丁斯《批判性课程》述评[J]. 全球教育展望，2012（2）.

[58]李小青，邹泓，王瑞敏，窦东徽. 北京市流动儿童自尊的发展特点及其与学业行为、师生关系的相关研究[J]. 心理科学，2008（4）.

[59]李宇辉. 关心教学组织形式的建构——诺丁斯道德教育理念在教学组织形式上的运用[J]. 天津师范大学学报（基础教育版），2006（3）.

[60]李镇西. 共享：课堂师生关系新境界[J]. 课程·教材·教法，2002（11）.

[61]梁雪艳. 浅谈和谐师生关系的构建[J]. 教育实践与研究（学校版），2007（6）.

[62]廖凝. 诺丁斯"关怀教育理论"对留守儿童教育的启示[J]. 江苏教育学院学报（社会科学版），2009（3）.

[63]林崇德，王耘，姚计海. 师生关系与小学生自我概念的关系研究[J]. 心理发展与教育，2001（4）.

[64]刘爱灵. 新课程背景下小学语文教学中师生关系的构建[J]. 企业家天地（理论版），2011（5）.

[65]刘丹丹，唐松林. 论城乡教师知识权力的不对称性：支配与依附[J]. 当代教育论坛，2014（4）.

[66]刘静. 20世纪90年代以来我国师生关系研究述评[J]. 教育探索，2003（7）.

[67]刘万伦，沃建中. 师生关系与中小学生学校适应性的关系[J]. 心理发展与教育，2005（1）.

[68]马多秀. 心灵关怀：农村学校德育质量观的价值取向[J]. 当代教育科学，2014（6）.

[69]马娥. 我国农村学前教师的供给困境与消解策略——来自美国农村教师培训计划的启示[J]. 内蒙古师范大学学报（教育科学版），2013（8）.

[70]毛菊，孟凡丽. 我国内尔·诺丁斯关怀教育理论研究：回溯与反思[J]. 教育理论与实践，2008（28）.

[71][美]拉尔夫·W.泰勒著，吴文胜译．有效学习的条件[J]．杭州教育学院学报，2000（2）．

[72]内尔·诺丁斯．关怀伦理与中小学教育[J]．人民教育，2014（2）．

[73]倪伟，方红．学会关心——诺丁斯的关怀教育理论及其对高校德育的启示[J]．山东师范大学学报（人文社会科学版），2006（5）．

[74]牛立军．师生交往与小学儿童的人格社会化[J]．科技信息，2009（7）．

[75]皮拥军．诺丁斯关心教育思想研究[J]．中国德育，2007（5）．

[76]齐放．20世纪西方主要教育哲学流派关于师生关系的论述及其启示[J]．外国教育研究，1999（6）．

[77]乔宝绪．加强自身修养完善教师形象——学生理想中的老师[J]．中国教育研究论丛，2006（6）．

[78]邵陈标．新课程背景下促进学生有效学习的思考与实践[J]．当代教育科学，2005（2）．

[79]石义堂，王从华．西部农村教师培训团队建设的困境与对策[J]．人民教育，2009（21）．

[80]石中英，余清臣．关怀教育：超越与界限——诺丁斯关怀教育理论述评[J]．教育研究与实验，2005（4）．

[81]苏静．仁爱与关怀——儒家的仁爱教育思想与诺丁斯的关怀教育思想之比较[J]．比较教育研究，2007（4）．

[82]孙彩平．在道德关系建构中生成德性——析诺丁斯道德教育的新理念[J]．比较教育研究，2003（9）．

[83]孙喜亭．也谈教学中的师生关系[J]．教育理论与实践，2000（10）．

[84]檀传宝．子诺子言——诺丁斯教授北京行纪[J]．人民教育，2012（2）．

[85]唐爱华．尊重学生，用爱交流，建立良好的师生关系[J]．现代交际，2010（10）．

[86]唐升锋．如何让小学班主任与学生构建和谐的师生关系[J]．教师，2014（4）．

[87]唐松林．公共性：乡村教师的一个重要属性[J]．大学教育科学，2008（5）．

[88]唐松林．中国农村教师发展面临的基本问题（二）[J]．湖南农业大学学报（社会科学版），2005（6）．

[89]王国明，杨赞悦．文化资本视角下的农村教师补充困境研究[J]．湖南师范大学教育科学学报，2014（3）．

[90]王娟. 浅谈小学数学教学中师生的课堂关系[J]. 佳木斯教育学院学报，2010（2）.

[91]王立国. 师生情感是教学过程中的"活化剂"——论师生情感关系的构建[J]. 黑龙江农垦师专学报，1999（3）.

[92]王丽娟. 在高效课堂教学中构建和谐的师生关系[J]. 教育革新，2013（9）.

[93]王莉. 农村寄宿制小学良好师生关系建立之探索[J]. 教育探索，2010（5）.

[94]王莉. 农村留守儿童学业不良研究综述[J]. 陇东学院学报，2009（5）.

[95]王先明. 中国近代乡村史研究及展望[J]. 近代史研究，2002（2）.

[96]王星明. "关怀伦理"视阈下和谐师生关系的构建[J]. 合肥工业大学学报（社会科学版），2007（1）.

[97]王耘，王晓华，张红川. 3—6年级小学生师生关系：结构、类型及其发展[J]. 心理发展与教育，2001（3）.

[98]王耘，王晓华. 小学生的师生关系特点与学生因素的关系研究[J]. 心理发展与教育，2002（3）.

[99]韦冬余，赵璇. 当前学生学习存在的问题与有效学习的原则[J]. 继续教育研究，2011（12）.

[100]吴惠青. 基于问题学习中的师生角色及师生关系[J]. 教育发展研究，2003（1）.

[101]武江红. 新课程改革下如何构建新型师生关系[J]. 教育革新，2007（7）.

[102]徐洁. 民主、平等、对话：21世纪师生关系的理性构想[J]. 教育理论与实践，2000（12）.

[103]徐猛. 小学师生关系研究综述[J]. 天津市教科院学报，2012（3）.

[104]徐廷福. 快乐学校：诺丁斯对学生幸福的现实关照[J]. 教育导刊，2008（8）.

[105]徐廷福. 试论诺丁斯的幸福教育观[J]. 教育导刊，2010（5）.

[106]徐伟. 改善师生课堂交往的有效途径[J]. 基础教育研究，2002（1）.

[107]杨卉. 浅析农村寄宿制学校中人文关怀的缺失[J]. 知识经济，2010（5）.

[108]杨继平，高玲. 小学生学习心理与师生关系的现状调查研究[J]. 教育研究，2005（1）.

[109]杨雪荣. 促进学生有效学习的教学策略探微[J]. 宁波教育学院学报，2007（4）.

[110]杨勇，杨今宁."有效教学，有效学习"基本内涵及其实施的必要性[J]. 教育理论研究，2012（1）.

[111]于天龙. 学会关心：与内尔·诺丁斯对话[J]. 全球教育展望，2010（11）.

[112]余文森. 略谈主体性与自主学习[J]. 教育探索，2001（12）.

[113]翟淑英. 教师应树立怎样的权威——对教师的角色、地位及新型师生关系的思考[J]. 前沿，2006（6）.

[114]张春玲. 农村留守儿童的学校关怀[J]. 教育评论，2005（2）.

[115]张大均，余林. 试论教学策略的基本涵义及其制定的依据[J]. 课程·教材·教法，1996（9）.

[116]张鸿翼. 基于学生核心素养培育的教学目标改进[J]. 课程教学研究，2018（4）.

[117]张鸿翼，崔友兴. 论教学研究范式变革的机理[J]. 西南大学学报（社会科学版），2018（3）.

[118]张鸿翼，李森. 课堂教学中启发诱导失当的表征及调整[J]. 教学与管理，2017（9）.

[119]张济洲. 农村教师的文化困境及公共性重建[J]. 教育科学，2013（1）.

[120]张世明. 例谈数学课堂中师生的有效交往互动[J]. 教育实践与研究，2012（9）.

[121]赵作林. 抓住机遇壮大队伍，人文关怀促进发展，专业引领共同提高——也谈农村学校新补充教师的管理[J]. 新课程，2013（6）.

[122]甄晶. 诺丁斯关怀理论对我国高校道德教育的启示[J]. 黑龙江高教研究，2010（4）.

[123]周列琴. 谈良好师生关系的建立[J]. 雅安职业技术学院学报，2006（2）.

[124]朱小蔓，马多秀. 留守儿童心灵关怀研究：学校教育视角[J]. 中国教育学刊，2012（7）.

[125]朱小蔓. 认识小学儿童认识小学教育[J]. 中国教育学刊，2003（8）.

[126]祝增华，郑寒欢. 加强师生对话，构建和谐关系[J]. 教学与管理，2006（8）.

三、学位论文类

[1]白小娟. 3—6年级小学生师生关系与自尊的关系研究[D]. 大同：山西大学硕士学位论文，2009.

[2]宝福杰. 农村初中物理数字化教学资源应用现状调查研究[D]. 昆明：云南师范大学硕士学位论文，2014.

[3]曾佳敏. 新课程下中学语文教师素质结构研究——南昌市中学语文教师素质现状调查与思考[D]. 南昌：江西师范大学硕士毕业论文，2007.

[4]陈鸿雁. 高校思想政治理论课教师胜任力研究[D]. 天津：河北工业大学博士毕业论文，2010.

[5]陈丽娟. 中小学有效学习的途径研究[D]. 福州：福建师范大学硕士学位论文，2011（5）.

[6]陈宁. 儿童问题行为与师生关系[D]. 济南：山东师范大学硕士学位论文，2005.

[7]陈万思. 中国企业人力资源管理人员胜任力模型研究[D]. 厦门：厦门大学博士学位论文，2004.

[8]成鹏. 小学教师胜任特征模型的构建与应用研究[D]. 苏州：苏州大学硕士毕业论文，2009.

[9]付宁. 数字化教学信息资源建设与服务研究[D]. 太原：山西大学硕士毕业论文，2009.

[10]郭明霞. 农村中小学教师数字化教学资源使用偏好研究[D]. 开封：河南大学硕士学位论文，2014.

[11]韩立敏. 班主任之师生互动风格与小学生自我概念的关系研究[D]. 武汉：华中师范大学硕士学位论文，2002.

[12]何秋菊. 西南地区农村中小学教师的胜任特征研究[D]. 重庆：西南大学硕士学位论文，2011.

[13]侯晶晶. 内尔·诺丁斯关怀教育理论述评与启示[D]. 南京：南京师范大学，2004.

[14]黄嘉伟. 温州市国际留守儿童教育现状与对策研究[D]. 延吉：延边大学硕士学位论文，2010.

[15]黄丽衡. 内尔·诺丁斯关心教育理论及实践研究[D]. 桂林：广西师范大学硕士学位论文，2007.

[16]李聪. 民族地区高中语文数字化教学资源有效应用研究[D]. 成都：四川

师范大学硕士学位论文，2011.

[17]李静. 诺丁斯关怀教育理论对中学思想政治课教学方法改革的借鉴研究[D]. 开封：河南师范大学硕士学位论文，2012.

[18]李雪. 小学教师教学胜任力模型探究[D]. 锦州：渤海大学硕士学位论文，2014.

[19]李云亮. 小学语文教师胜任力模型研究[D]. 沈阳：辽宁师范大学硕士毕业论文，2011.

[20]林晓霞. 农村学校留守儿童的学习现状及教育策略——以浦口区石桥学校为例[D]. 苏州：苏州大学硕士学位论文，2009.

[21]刘吉良. 我国高校教师胜任力评价体系研究[D]. 长沙：湖南师范大学硕士学位论文，2009.

[22]刘金红. 从课程角度探讨农村儿童教育问题与对策——以重庆市农村留守儿童为例[D]. 重庆：重庆师范大学硕士学位论文，2006.

[23]刘力方. 促进高中文科学生数学有效学习的课堂教学策略研究[D]. 昆明：云南大学硕士学位论文，2007.

[24]刘立明. 上海高中教师胜任力模型初步构建[D]. 上海：上海师范大学硕士毕业论文，2008.

[25]马雪琴. 农村学校留守儿童学习现状、问题及其改善策略[D]. 兰州：西北师范大学硕士学位论文，2010.

[26]孟庆坤. 诺丁斯关心教育理论在我国高校德育中之探析[D]. 哈尔滨：哈尔滨工业大学硕士学位论文，2006.

[27]孟庆涛. 农村中小学数字化教育资源应用现状及对策研究[D]. 兰州：西北师范大学硕士学位论文，2014.

[28]瞿群臻. 基于胜任力模型的中国职业经理人市场研究[D]. 厦门：厦门大学博士学位论文，2004.

[29]邵建芝. 诺丁斯的关怀道德教育理论及其对我国大学生道德教育的启示[D]. 济南：山东师范大学硕士学位论文，2007.

[30]宋森琼. 经济型酒店职业经理人胜任特征研究[D]. 广州：暨南大学博士学位论文，2008.

[31]苏鹏宇. 初中英语数字化教学资源有效应用的个案研究[D]. 长春：东北师范大学硕士学位论文，2007.

[32]唐卫平. 诺丁斯关怀伦理思想及其对婆媳建立关怀关系的启示[D]. 长沙：中南大学硕士学位论文，2009.

[33]唐卓.诺丁斯关怀教育理论对我国大学德育工作的启示[D].长春：东北师范大学硕士学位论文，2007.

[34]王文.小学生社会行为与师生关系、同伴接纳的关系[D].长春：东北师范大学硕士学位论文，2009.

[35]王一华.诺丁斯教育思想研究[D].金华：浙江师范大学硕士学位论文，2010.

[36]韦文华.新课程背景下的语文教师专业化研究[D].贵阳：贵州师范大学硕士毕业论文，2006.

[37]谢飒.诺丁斯的关怀伦理及其德育价值研究[D].海口：海南师范大学硕士学位论文，2013.

[38]徐辉.诺丁斯的关怀道德教育理论及其对我国大学生道德教育的启示[D].济南：山东大学硕士学位论文，2010.

[39]徐建平.教师胜任力模型与测评研究[D].北京：北京师范大学博士学位论文，2004.

[40]徐文闻.小学教师课堂非言语行为对师生亲疏关系的影响研究[D].大连：辽宁师范大学硕士学位论文，2007.

[41]许羿.重庆市渝中区小学师生关系现状调查及对策研究[D].重庆：西南大学硕士学位论文，2006.

[42]杨卉.农村寄宿制学校学生人文关怀问题研究[D].武汉：华中师范大学硕士学位论文，2011.

[43]袁征.初中生课下有效学习方式现状调查研究[D].大连：辽宁师范大学硕士毕业论文，2010.

[44]张鸿翼.协同治理视角下乡村学校教学改进研究[D].重庆：西南大学博士学位论文，2018.

[45]张慧.促进学生有效学习的化学课堂教学策略研究[D].长春：东北师范大学硕士学位论文，2004.

[46]张君玲.我国农村留守儿童的心理问题研究[D].武汉：中南民族大学硕士学位论文，2008.

[47]张震华.创业团队胜任力结构与创业绩效关系的机理研究[D].长春：吉林大学硕士学位论文，2008.

[48]赵璇.中学地理实验教学资源开发研究[D].南京：南京师范大学硕士学位论文，2012.

[49]赵雪霞.诺丁斯关怀教育理论的道德教育初探[D].长春：东北师范大学

硕士学位论文，2002.

[50]郑琦婧.高校数字化教学资源系统的研究与设计[D].成都：电子科技大学硕士学位论文，2013.

[51]周慧霞.小学语文教师的专业发展探究[D].济南：山东师范大学硕士毕业论文，2003.

[52]周楠.关心的缺失与重建[D].重庆：西南大学硕士学位论文，2007.

[53]左晓梅.面向问题解决能力的数字化教学资源设计研究[D].长春：东北师范大学硕士学位论文，2003.

四、外文类

[1] CAMPBELL A, MCNAMARA O, GILROY P. Practitioner research and professional development in education [M]. London: Sage, 2003.

[2] ATKINSON M, SPRINGATE I, JOHNSON F, HALSEY K. Inter-School Collaboration: A Literature Review [J]. National Foundation for Educational Research, 2007:139.

[3] BAILEY K M, CURTIS A, NUNAN D, et al. Pursuing professional development: The self as source [M]. Boston, MA: Heinle & Heinle, 2001.

[4] BISSCHOFF T, GROBLER B. The management of teacher competence [J]. Journal of In-Service Education, 1998, 24(2):191-211.

[5] BOYTZIS R E, The Competent Manager: A Model for Effective Performance [M]. New York: John Wiley & Sons, 1982.

[6] BUBER M, SMITH R G, FRIEDMAN M S. Between man and man [M]. London: Macmillan, 1965.

[7] CHAN C, BURTIS J, BEREITER C. Knowledge Building as a Mediator of Conflict in Conceptual Change [J]. Cognition & Instruction, 1997, 15(1):1-40.

[8] COCKERILL T, HUNT J, SCHRODER H. Managerial Competencies: Fact or Fiction [J]. Business Strategy Review, 1995, 6(3):1 - 12.

[9] BUENO C M, TUBBS S L. Identifying global leadership competencies: An exploratory study [J]. Journal of American Academy of Business, 2004, 5（12）: 80-87.

[10] SCHON D A. The reflective practicioner: how professionals think in

359

action [M]. New York: Basic books, 1983.

[11] AUSUBEL D P. The facilitation of meaningful verbal learning in the classroom [J]. Educational Psychologist, 1977, 12(2):162−178.

[12] DANIELSON C. Enhancing Professional Practice: A Framework for Teaching [M]. Alexandria, VA: Association for Supervision & Curriculum Development, 1996.

[13] MCCLELLAND D C. Testing for competence rather than for "intelligence" [J]. American Psychologist, 1973, 28(1):1−14.

[14] DAY C. Developing Teachers: The Challenge of Lifelong Learning [M]. London: Falmer Press, 1999: 36.

[15] DEWEY J. The school and society [M].Chicago: University of Chicago Press, 1903.

[16] DREYFUS S E, DREYFUS H L. A Five−Stage Model of the Mental Activities Involved in Directed Skill Acquisition [M] Washington DC: Storming Media, 1980.

[17] PETERSON N G, MUMFORD M D, BORMAN W C, JEANNERET P R, FLEISHMAN E A. Development of Prototype Occupational Information Network Content Model [J]. Ability, 1995:1086.

[18] FISHBEIN M, AJZEN I. Belief, Attitude, Intention and Behavior: An Introduction to Theory and Research [M].Boston: Addison−Wesley, 1975.

[19] FLETCHER S, CONSULTANTS G. NVQs, Standards and Competence: A Practical Guide for Employers, Managers and Trainers [M].London: Kogan page, 1992.

[20] GREEN P C. Building Robust Competencies: Linking Human Resource Systems to Organizational Strategies [M]. San Francisco: Jossey−Bass, 1999.

[21] HACKNEY C E. Three Models for Portfolio Evaluation of Principals [J]. School Administrator, 1999, 56(5):36−37.

[22] MCBER H. Research into teacher effectiveness: A model of teacher effectiveness [J]. Dfee, 2000.

[23] HIO W M, Davis J M. The application of the theory of planned behavior to help−seeking intention in a Chinese society [J]. Social Psychiatry and Psychiatric Epidemiology, 2014, 49(9):1501−1515.

[24] HOPKINS E. Classroom Conditions for Effective Learning: Hearing

the Voice of Key Stage 3 Pupils [J]. Improving Schools, 2010, 13(1):39-53.

[25] JACOBY S. Freethinker [M].New York: Metropolitan Books, 2004.

[26] HILLHOUSE J J, ADLER C M, DRINNON J, et al. Application of Azjen's Theory of Planned Behavior to Predict Sunbathing, Tanning Salon Use, and Sunscreen Use Intentions and Behaviors[J]. Journal of Behavioral Medicine August, 1997, 20(4):365-378.

[27] WANG L, GOU J, ZOU Q. The Analysis of Pedestrian Violations Based on the Revised TPB (Theory of Planned Behavior), LISS 2013[M]. Berlin: Springer Berlin Heidelberg, 2015:1181-1186.

[28] LOSEY M R. Mastering the competencies of HR management [J]. Human Resource Management, 1999, 38(2):99-102.

[29] CHANG M K. Predicting Unethical Behavior: A Comparison of the Theory of Reasoned Action and the Theory of Planned Behavior [J]. Citation Classics from the Journal of Business Ethics, 2013: 433-445.

[30] MANSFIELD R S. Building competency models: Approaches for HR professionals [J]. Human Resource Management, 1996, 35(1):7-18.

[31] MCLAGAN P A. Competency Model [J]. Training & Development Journal, 1980, 34(12).

[32] NODDINGS N. The Challenge to Care in Schools [M]. New York: Teachers College Press, 1992.

[33] NODDINGS N. Happiness and education [M]. Cambridge: Cambridge University Press, 2003.

[34] OLSON C O, WYETT J L. Teachers Need Affective Competencies [J]. Education, 2000, (7).

[35] SANDWITH P. A hierarchy of management training requirements: The competency domain model [J]. Public Personnel Management, 1993, 22(1):43-62.

[36] PHAN H P. A Cognitive Multimedia Environment and Its Importance: A Conceptual Model for Effective E-Learning and Development [J]. International Journal on E-Learning, 2011, 10:199-221.

[37] RAVEN J, STEPHENSON J. Competence in the Learning Society [M]. New York: Peter Lang Publishing Company. 2001.

[38] ROTHWELL W J, LINDHOLM J E. Competency identification, modelling and assessment in the USA [J]. International Journal of Training &

Development, 1999, 3(2):90 - 105.

[39] RULLODA R B. Effective Student Learning: By Implementing Three Major Components [J]. Online Submission, 2010:18.

[40] SANDBERG J. Understanding human competence at work: An interpretative approach [J]. Academy of Management Journal, 2000, 43(1):9-25.

[41] SHAPIRO S B. The Place of Confluent Education in the Human Potential Movement: A Historical Perspective [J]. University Press of America, 1998.

[42] SHULMAN L. Knowledge and Teaching: Foundations of the New Reform [J]. Harvard Educational Review, 1987, 57(1):355-356.

[43] SPENCER L M, Spencer S M. Competence at work: models for superior performance [M]. Hoboken, New Jersey: Wiley, 1993.

[44] FILA S A, SMITH C. Applying the Theory of Planned Behavior to healthy eating behaviors in urban Native American youth [J]. International Journal of Behavioral Nutrition & Physical Activity, 2006, 3(1):11.

[45] TETT R P, GUTERMAN H A, BLEIER A, MURPHY P J. Development and Content Validation of a "Hyperdimensional" Taxonomy of Managerial Competence [J]. Human Performance, 2000, 13(3): 205-251.

[46] WATTS D. Can Campus-Based Preservice Teacher Education Survive? Part II: Professional Knowledge and Professional Studies [J]. Journal of Teacher Education, 1982, 33(4):35-39.

[47] WILLIAMS R S. Performance Management [M]. London: International Thomoson Business Press, 1998.

[48] WOODRUFFE C. Competent by any other name [J]. Personnel Management, 1991, 23(9): 30-33.